iCVE 智慧职教

高等职业教育新形态一体化教材
创新创业教育在线开放课程配套

U0685649

创新创业教育 与就业指导

（第二版）

主编 刘莲花 张剑波 张 涛

CHUANGXIN CHUANGYE JIAOYU

YU JIUYE ZHIDAO

中国教育出版传媒集团
高等教育出版社·北京

内容提要

　　本书是高等职业教育新形态一体化教材、创新创业教育在线开放课程配套教材。

　　本书编写坚持贯彻党的教育方针，落实立德树人根本任务，立足职业教育类型特色，紧扣创新创业教育促进大学生就业创业和职业理想实现这一功能定位，以职业探索、就业指导、创新创业教育为内容架构，旨在帮助大学生认识职业、学会求职、完成就业、投身创业，全面提升自身就业创业素质及能力。全书基于工作过程化（问题导入—任务解码—知识对策—能力训练—效果评估）开发思路，强调课程思政理念引领，融合最新互联网技术，借助网络平台资源，注重思维开发与技能实操，使学生能够熟练运用就业创业理论知识和技能，从容面对就业创业新形势，把握机会，最终舞出人生精彩。

　　本书既可作为高职院校创新创业教育、职业发展与就业指导等通识课程的教学用书，亦可作为从事创新创业教育以及职业发展与就业指导有关人员的参考用书。

图书在版编目（ＣＩＰ）数据

创新创业教育与就业指导 / 刘莲花，张剑波，张涛
主编. -- 2版. -- 北京 : 高等教育出版社，2022.10（2024.2重印）
ISBN 978-7-04-058339-7

Ⅰ. ①创… Ⅱ. ①刘… ②张… ③张… Ⅲ. ①创业-
高等职业教育-教材②就业-高等职业教育-教材 Ⅳ.
①G717.38

中国版本图书馆CIP数据核字(2022)第038388号

Chuangxin Chuangye Jiaoyu yu Jiuye Zhidao

| 策划编辑　陈　磊 | 责任编辑　陈　磊 | 封面设计　李小璐 | 版式设计　童　丹 |
| 责任绘图　于　博 | 责任校对　窦丽娜 | 责任印制　耿　轩 | |

出版发行	高等教育出版社	网　　址	http://www.hep.edu.cn
社　　址	北京市西城区德外大街4号		http://www.hep.com.cn
邮政编码	100120	网上订购	http://www.hepmall.com.cn
印　　刷	山东百润本色印刷有限公司		http://www.hepmall.com
开　　本	787 mm×1092 mm　1/16		http://www.hepmall.cn
印　　张	15.25	版　　次	2017 年 9 月第 1 版
字　　数	340 千字		2022 年 10 月第 2 版
购书热线	010-58581118	印　　次	2024 年 2 月第 2 次印刷
咨询电话	400-810-0598	定　　价	38.80 元

本书如有缺页、倒页、脱页等质量问题，请到所购图书销售部门联系调换
版权所有　侵权必究
物 料 号　58339-00

第二版前言

实现中华民族伟大复兴的中国梦，基础在教育，关键在人才。国务院大力推动现代职业教育高质量发展，2021 年首次以党中央名义召开全国职业教育大会，创造性地提出了建设技能型社会的理念和战略。2022 年 5 月 1 日，新《中华人民共和国职业教育法》（以下简称新《职业教育法》）进一步明确，职业教育是与普通教育具有同等重要地位的教育类型，是国民教育体系和人力资源开发的重要组成部分，是培养多样化人才、传承技术技能、促进就业创业的重要途径。新《职业教育法》既为新时代职业教育发展明确了目标与方向，也为技能型社会建设提供了法律基础和法治保障。站在"两个一百年"奋斗目标的历史交汇点，职业教育提质培优、增值赋能恰逢其时。国家需要更高质量的职业教育、人民呼唤更高质量的职业教育，职业教育工作者更应以引领学生树立正确的职业观、就业观、创新创业观，助力学生提升就业创业能力为己任，肩负起时代赋予的重任，奋力推进职业教育高质量发展。

基于以上情况分析和目标界定，立足高等职业教育，遵循高职学生认知特点及事物发展"螺旋式上升"规律，本次修订构建了"职业、就业、创业"三位一体的内容体系。全书共分为四模块、七项目、二十四个子任务，模块一 职业规划篇，始于职业认知与自我探索，旨在帮助学生规划职业生涯、构建职业素质；模块二 择业就业篇，瞄准新时代人才出口，指导学生做好就业准备，强化就业能力；模块三 创业体验篇，激发学生的进取精神，投身创新创业实践；模块四 职业发展篇，再次回归职业，帮助学生实现职业角色转变，从而完成"螺旋式上升"的职业认知到实现的过程。

本次修订，突出以下特色：

1. 注重思政引领与优秀传统文化融入

本次修订，在知识体系构建、栏目设置、案例选取、交互测试设计上，立足高职院校学生的年龄特点、思想特点、心理特点、认知特点及专业特点，紧扣时代主题，传承中华优秀传统文化，大力弘扬劳动光荣、技能宝贵、创造伟大的时代风尚，润物无声地将思政教育、劳动教育及中华优秀传统文化精神等融入学生成长成才全过程。

2. 强调思维开发与技能实操并重

本次修订，对第一版"问题导入—任务解码—知识对策—能力训练—效果评估"的内容体例进行了优化与提升，尤其在"能力训练"环节上，更强调思维开发与技能实操并重，引入批判性思维等思维方法，以及现代互联网技术，使学生置身于就业创业的真实演练中，熟练运用就业创业知识与技能，从容面对就业创业新形势并取得成功。

3. 满足线上与线下混合式学习需求

本次修订，配套数字资源更加注重多样化和立体化，与本书配套的"创新创业教育与就业指导"课程已在智慧职教·MOOC 学院上线，其丰富的数字化教学资源是纸质教材的有益补充和完善，能够满足互联网时代学生线上线下混合式学习与泛在学习的要求。

　　本书基于编者多年从事就业创业教育的教改经验和取得的教学成果，在参考了大量文献以及总结第一版的基础上精心修订而成。本书由刘莲花、张剑波、张涛担任主编，张晓丽、张津、侯涤非、杜文虹、苏倩、杜志强担任副主编。参与具体修订工作的有：刘莲花（河北政法职业学院）、张剑波（河北政法职业学院）、张涛（河北政法职业学院）、张晓丽（河北轨道运输职业技术学院）、张津（河北劳动关系职业学院）、侯涤非（石家庄铁道大学四方学院）、杜文虹（石家庄电子信息学校）。在本次修订过程中，还得到了苏倩（河北尚石文化传媒有限公司）、杜志强（中国石油管道局工程有限公司）的大力支持和帮助，他们为本书数字资源制作及企业实战管理提供了宝贵的意见。高等教育出版社陈磊编辑的悉心指导也为本书最后完成高质量修订，起到了重要作用，在此一并表示衷心感谢！

　　由于创新创业教育以及职业发展与就业指导具有不断变化、快速迭代的课程属性，编者的认知难免存在偏颇、疏漏和不足之处，恳请广大专家和读者批评指正。

编　者

2022 年 6 月

第一版前言

在全球经济发展不平衡、我国经济发展方式发生转变的宏观背景下，我国就业形势依然严峻而复杂。党的十七大报告中提出，实施扩大就业的发展战略，以促进创业带动就业。《国务院关于大力推进大众创业万众创新若干政策措施的意见》（国发〔2015〕32 号）中也明确指出，推进大众创业、万众创新，是培育和催生经济社会发展新动力的必然选择，是扩大就业、实现富民之道的根本举措，更是激发全社会创新潜能和创业活力的有效途径。

关于创业，经济学家熊彼特曾提出："创业包括创新和未曾尝试过的技术。"也就是说，创业者只有在创业的过程中具有持续不断的创新思维和创新意识，才可能产生新的富有创意的想法和方案，才可能不断寻求新的模式、新的思路，最终获得创业的成功。由此可见，就业是民生之本，创业是就业之源，而创新是创业的本质与源泉。针对大学毕业生而言，高质量的就业和创业建立在正确的自我认知、职业探索和生涯规划上，只有树立明确的职业目标，才会有正确的创业与就业选择。鉴于以上理解，在编写此教材时，我们创新性地将职业规划、创新创业与就业指导融为一体，旨在引导学生在认知自我、树立正确的价值观的基础上，实现以创新创业引领就业。

本书共分为四篇，第一篇是职业规划篇，主要通过大学生认知职业，树立正确的职业观，引导学生进行职业性格分析、职业能力发展、职业兴趣培养和职业价值观探索澄清，从而明确职业发展目标，进行职业生涯规划；第二篇是创新指导篇，包含创新思维训练和创新方法训练两部分内容，通过激发学生的创新意识、拓展学生的创新思维，掌握创新技法，提高大学生的创新创意设计能力；第三篇是创业实践篇，旨在训练学生对创业的正确认知，同时熟悉企业的创建与管理过程，了解互联网环境下的企业变革，并从互联网思维的视角认识创新创业；第四篇为求职就业篇，通过指导学生具备就业基本常识、做好就业心理准备和信息准备，树立正确的就业观，培养学生的就业实践能力，从而实现成功就业。

本教材的编写顺应高职教育改革发展趋势，遵循高职创新创业教育与就业指导的规律，立足当前高职创新创业教育与就业指导的实践，借鉴国内外成功的教学经验和实践指导方法，充分利用互联网技术、互联网思维等新方法、新理念，构建创新创业教育与就业指导的课程体系。本教材具有以下三方面的特点：

一是课程内容整合性。创新性地将职业生涯规划、创新创业与就业指导等内容进行整合，旨在阐述一个完整的创新创业教育体系：职业生涯规划是进行创新创业教育的基础，实施创新创业教育为了更好地实现引领就业的目标，将创新创业教育的实施基础和最终目标融入教材中，是课程内容完整性的有益探索。

二是课程资源开放性。开发利用多种形式的课程资源，融合了视频、音频、文字、图片等多种资源形式，利用二维码技术实现课程资源线上与线下的互动，提高了课程内容的可视化和共享性。

三是呈现方式新颖性。各章节教学内容的设计按照"问题引入—本节主题—知识链接—过程训练—效果评估"的环节展开，符合自主性学习特点，注重过程学习。

　　本教材的编者长期从事创新创业与就业指导的管理与教学工作，有着丰富的管理与教学经验。但由于创新创业与就业指导教育是一个不断变化的新兴领域，编者的认识难免会有偏颇、疏漏和不足之处，恳请广大读者批评指正。

编　者

2017 年 3 月

目　录

──────────── 模块一　职业规划篇 ────────────

项目一　千里之行——探索职业世界 / 3
　　任务一　职业与职业观 / 4
　　任务二　自我探索与评估 / 10
　　任务三　职业生涯规划制定 / 23

项目二　千淘万漉——构建职业素质 / 35
　　任务一　核心职业素质 / 36
　　任务二　创新素养提升 / 42
　　任务三　互联网思维与技能 / 62

──────────── 模块二　择业就业篇 ────────────

项目三　博观约取——做好就业准备 / 71
　　任务一　关注政策制度 / 72
　　任务二　调整就业心理 / 78
　　任务三　用好就业信息 / 83

项目四　躬行践履——展开就业行动 / 92
　　任务一　制作求职材料 / 93
　　任务二　应对笔试面试 / 99
　　任务三　保障就业权益 / 110

──────────── 模块三　创业体验篇 ────────────

项目五　历阶而上——踏上创业之路 / 125
　　任务一　全面认识创业 / 126
　　任务二　识别创业机会 / 133
　　任务三　防范创业风险 / 144
　　任务四　组建创业团队 / 156
　　任务五　整合创业资源 / 166

项目六　中流击水——投身创业实践 / 173
　　任务一　研发创业产品 / 174
　　任务二　设计商业模式 / 179
　　任务三　撰写商业计划书 / 188
　　任务四　创办新企业 / 194
　　任务五　管理新创企业 / 199

──────────── 模块四　职业发展篇 ────────────

项目七　行则将至——转变职业角色 / 217
　　任务一　融入职场环境 / 218
　　任务二　提升职场能力 / 225

参考文献 / 233

模块一
职业规划篇

　　2013 年 6 月 28 日，习近平总书记在全国组织工作会议上发表重要讲话，在强调理想、信念的重要性时，引用了"志之所趋，无远弗届，穷山距海，不能限也。志之所向，无坚不入，锐兵精甲，不能御也"这段格言。此言出自清代学者金缨编著的《格言联璧》，大意是，志向所趋，没有不能达到的地方，即使是山海尽头，也不能限制。意志所向，没有不能攻破的壁垒，即使是精兵坚甲，也不能抵抗。全句彰显了一个人的远大志向，以及为理想不断求索的进取精神。

　　立志，是指立下志愿、树定志向。立志是事业的开始，也是基础。广大青年只有把个人的职业理想融入党和国家事业发展之中，以习近平新时代中国特色社会主义思想为指导，才能真正找到自己工作和生活的价值。

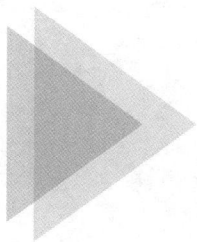

项目一
千里之行——探索职业世界

▶ 项目概览

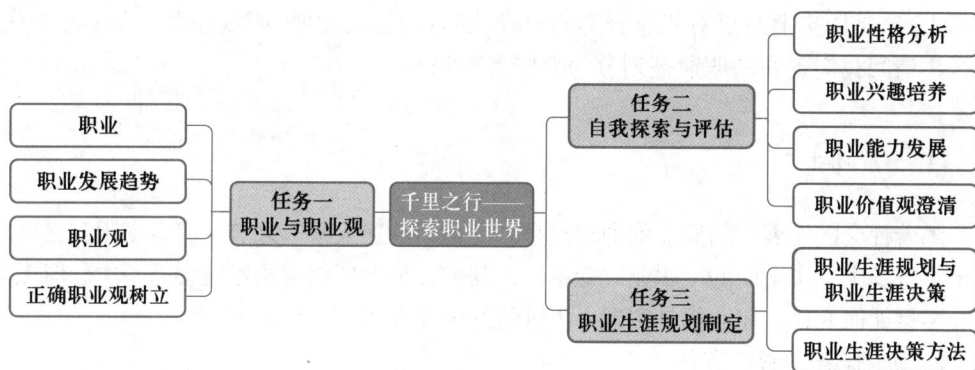

▶ 项目引言

　　"千里之行"语出《老子·道德经》："合抱之木，生于毫末；九层之台，起于累土；千里之行，始于足下。"意为：做什么事，都要从头开始、逐步进行。那我们关于就业创业的探索之旅就从认识职业和自我开始吧！

任务一　职业与职业观

➲ 问题导入

管仲，是春秋时期齐国著名的政治家、经济学家。管仲在经济管理领域的创新思想有很多，其中"四民分业论"尤为著名。《管子》一书中这样记载："士农工商四民者，国之石民也，不可使杂处"。他主张将国民分为士、农、工、商四个阶层，并使其按各自专业聚居在固定的地区。与现在稍有不同的是，管仲所说的"士"，主要指军士。这是历史上最早对职业分类的记载。随着社会的发展，职业分类也发生着变化。那么，请问我们现在的职业被划分为哪些类型呢？

➱ 任务解码

随着社会的发展，新职业的涌现已呈"乱花渐欲迷人眼"之势。有专家预测，今后每十年将发生一次全面的"职业大变革"，其中，重大变化每两年就会有一次。但无论职业类型如何变化，职业仍是实现人生价值的主要方式。

解锁本任务的密码有：

* 知识密码：理解职业的概念、类型、发展；掌握职业观的概念、特点。
* 能力密码：探索职业世界，形成职业认知。
* 素养密码：理解职业的生命、生存及生活层面的意义；树立专业、敬业、乐业、创业、诚信、务实、和谐、发展的职业观。

➲ 知识对策

微课启学：
全面理解
职业

一、职业

（一）职业的概念

"职业"一词是由"职"和"业"两个字组合而成，其中，"职"包含着责任，工作中所担当的职务等意思；"业"含有行业、业务、事业等意思。职业一般是指人们在社会生活中所从事的以获得合理报酬作为主要生活来源并能满足自己精神需求的、在社会分工中具有专门技能的工作。它是人类经济发展以及社会劳动分工的结果。

（二）职业分类

我国第一部对职业进行科学分类的权威性文献是 1999 年 5 月颁布的《中华人民共和国职业分类大典》（以下简称《职业分类大典》），此后随着职业的变迁，2010年逐步启动了《职业分类大典》中各个行业的修订工作。2015 年 7 月 29 日，国家职业分类大典修订工作委员会召开全体会议，审议通过并颁布了修订的 2015 版《职业分类大典》。

在 2015 版《职业分类大典》中，职业分类结构为 8 个大类、75 个中类、434 个小类和 1 481 个职业（表 1-1-1）。

表 1-1-1　2015 版《职业分类大典》职业分类明细

大类	中类	小类	细类（职业）
第一大类　党的机关、国家机关、群众团体和社会组织、企事业单位负责人	6	15	23
第二大类　专业技术人员	11	120	451
第三大类　办事人员和有关人员	3	9	25
第四大类　社会生产服务和生活服务人员	15	93	278
第五大类　农、林、牧、副、渔业生产及辅助人员	6	24	52
第六大类　生产制造及有关人员	32	171	650
第七大类　军人	1	1	1
第八大类　不便分类的其他从业人员	1	1	1
合计	75	434	1 481

《职业分类大典》是反映经济社会发展状况的"晴雨表"，是引领产业转型升级发展的"风向标"，是规范人力资源开发管理的"标准尺"。2021 年 4 月，为更好地适应职业变迁形势需要，人力资源和社会保障部、国家市场监督管理总局、国家统计局牵头组织有关部门、行业组织和企业等，启动对 2015 年版《职业分类大典》的修订工作。

（三）职业的意义

1. 职业对于生命的意义

每种职业都有自己的职业精神和职业智慧。这些凝聚在职业中的敬业、精益、专注、创新等职业精神已经超出了职业的外在形式，而成为"工匠精神"。无论职业形式如何变化甚至消退，这些精神和智慧都将被传承，并启迪后人，因而，职业也便具有了生命的终极意义。

2. 职业对于生存的意义

职业是人们在社会中所从事的作为谋生手段的工作。当代大学生在进行职业选择时，无论是求职就业还是选择创业，都要依托职业作为生存并不断发展的手段，职业的生存意义，对任何人，都不可或缺。

3. 职业对于生活的意义

不同的职业对专业技能、知识技能有着不同的要求，同时从事不同职业的劳动者要遵守相应的职业道德和职业规范。这一过程就对不同职业的劳动者的生活方式产生了影响。例如，创业者的生活方式就与"朝九晚五"的职场员工的生活方式不同；军人的日常行为准则与艺术家不同，其生活方式也就不尽相同。专注于自己的职业，就能获得更好的生活，这也是职业的生活意义。

4. 职业对于社会的意义

当今社会，每一项社会构成要素都有其相对应的职业。例如，科技是社会构成要素之一，科技工作者所从事的职业就为社会提供源源不断的动力。因此，每种职业都对人类社会的发展和进步起到积极的推动作用。

二、职业发展趋势

信息时代的来临带来职业的加速更新：一方面，传统的职业整合了新的运作模式；另一方面，新的职业也层出不穷。总体来说，当前的职业变迁和发展呈现以下几大趋势。

（一）全球化趋势

美国学者约翰·奈斯比特曾说："我们所处的时代，变化速度之快，前所未有，其中最惊人的变化也许就是全世界正迅速成为一个统一的经济体。"未来的世界是全球化的世界，职业的发展也呈现全球化的趋势。一些高科技、高技术型职业开始由发达国家转向发展中国家，职业全球化的发展趋势必然带动职业流动的全球化趋势，这对未来从业者的职业素质提出了新的挑战。

（二）信息化趋势

信息化是指由计算机和互联网生产工具的革命所引起的工业经济转向信息经济的一种社会经济过程。它包括信息技术的产业化、传统产业的信息化、基础设施的信息化、生产方式的信息化、生活方式的信息化五个方面。进入 21 世纪以来，信息化对全球经济社会发展的影响愈加深刻，信息化与经济全球化相互交织，推动全球产业分工深化和经济结构调整，重塑着全球经济竞争格局。在全球知识经济和信息化高速发展的今天，信息化是决定"职场"成败的关键因素，也是实现跨地区、跨行业、跨所有制，特别是跨国经营的重要前提。

（三）高科技产业化趋势

按联合国组织的分类，"高科技"产业主要包括以下种类：信息科学技术、生命科学技术、新能源和再生能源科学技术、新材料科学技术、空间科学技术、海洋科学技术、有益于环境的高新技术、计算机智能技术和管理科学技术（又称软科学技术）。高科技是无国界的，人类共同的命运问题需要全球高科技产业联合应对。由此看出，高科技产业化在 21 世纪的职业发展趋势中将占据重要地位。例如，虚拟现实（Virtual Reality, VR）技术迅猛发展，很多职业逐渐呈现出与 VR 融合的发展趋势，如计算机硬件、光学、电子、文化创意等领域都加大了与 VR 的融合。

（四）文化创意产业化趋势

文化创意产业，是一种在经济全球化背景下产生的以创造力为核心的新兴产业，强调一种主体文化或文化因素依靠个人（团队）通过技术、创意和产业化的方式开发、营销知识产权的行业。文化创意产业主要包括广播影视、动漫、音像、传媒、视觉艺术、表演艺术、工艺与设计、雕塑、环境艺术、广告装潢、服装设计、软件和计算机服务等方面的创意群体。文化创意产业其本质是以创意和知识为核心的产业，核心价值是其产品具有精神内涵，是一种文化资源与其他生产要素紧密结合，文化、科技与经济相互渗透、互相交融、互为条件、优化发展的经济模式。它强调人的主体地位和主导作用，强调以文化为发展经济的理念，依靠的是文化资源优势，使人文资源和文化优势成为新的经济增长点。

（五）职业自由化趋势

职业自由化是指未来终身依附于一个组织的固定职业被不断削弱，独立的、不依赖于任何组织的自由职业不断产生。这是因为随着高科技信息技术的发展，固定职业已经不再是完成各种任务的有效模式。目前许多组织中传统的固定工作已经有相当一部分被临时性工作、项目外包、专家咨询等合作团队或自由职业者所替代。固定化职业已经向自由化职业悄然改变，并对大学生的职业重塑带来机遇和挑战。

三、职业观

（一）职业观的概念

职业观指的是人们对某一特定职业的根本看法和态度，是个人的世界观、人生观、价值观在职业上的反映，也是社会对从事某种专业工作的人员较为恒定的角色认定。一般而言，社会生活中职业化程度越高、职业地位越稳固的职业，人们对其从业者的角色认定也就越明确。职业观包括改善生活、发展个性、服务社会三大要素，对个人的择业意向、从业态度、创业效果和转业行为起支配作用。

（二）职业观的演变

1995 年，我国逐步确立了高校毕业生"以市场为导向、政府调控与学校推荐相结合、学生与用人单位双向选择"的就业目标模式，面对依旧严峻而复杂的就业市场，大学生的职业观不断发生变化，呈现出鲜明的时代特征。

1. 从关注社会到更加关注个人

在计划经济体制下，以社会为本位的职业观强调国家、集体利益至上，具有鲜明的时代特点。而随着市场经济的发展，个人在职业中的自主地位进一步加强，大学生在择业时更加积极地追求个人价值、尊严和利益的实现，自我意识、成就欲望、自我责任感明显增强，这无疑是社会发展和时代进步的表现。

2. 从内在精神型到外在功利型

在计划经济体制下，大学生择业更注重个人志向和人生理想的实现，较少谈及个人现实的利益要求，也较少以物质和经济标准去判断职业。而随着市场经济的发展，大学生在面对各种利益关系的调整和纷繁复杂的社会现象时，其职业观变得相对务实，更加注重以个人发展为目标，以经济利益为导向，以相对先进的地区选择为保障。总之，带有明显的功利色彩。

3. 从一元到多元

随着大学生价值观的多元化，择业观的多元化特点也十分突出。在计划经济体制下，职业的社会地位、名声是大学生择业最看重的因素，因此，国家机关、国营大厂是年轻人最想去的单位。随着社会经济结构的变化，在当代大学生的职业观中，绝对权威崇拜和绝对一元化的选择已经不复存在，取而代之的是受承认个人利益，维护民主、自由、竞争等思想观念的影响而形成的多元纷呈的择业观。

（三）新型职业观的特点

随着社会职业观的演变，新型职业观逐渐表现出"新三观"的特点，即创业观念、事业观念、志业观念。

1. 创业观念

早在党的十七大报告中便提出了实施扩大就业的发展战略，并强调"以创业带动就业"。作为扩大就业发展战略的重要内容，报告提出在坚持实施积极的就业政策的同时，还要完善支持自主创业、自谋职业政策，加强就业观念教育，使更多劳动者成为创业者。

2015年6月，国务院办公厅印发《关于大力推进大众创业万众创新若干政策措施的意见》（国发〔2015〕32号）指出，推进大众创业、万众创新，是发展的动力之源，也是富民之道、公平之计、强国之策，对于推动经济结构调整、打造发展新引擎、增强发展新动力、走创新驱动发展道路具有重要意义，是稳增长、扩就业、激发亿万群众智慧和创造力，促进社会纵向流动、公平正义的重大举措。2021年10月，国务院办公厅印发《关于进一步支持大学生创新创业的指导意见》（国办发〔2021〕35号）指出，纵深推进大众创业万众创新是深入实施创新驱动发展战略的重要支撑，大学生是大众创业万众创新的生力军，支持大学生创新创业具有重要意义。

由此可见，当今时代呼唤大批的创新创业型人才，培养大学生的创新创业精神是时代潮流，大势所趋。

2. 事业观念

事业观念是指对事业的根本看法和对工作的基本态度，是人生观的重要组成部分。现代职业人在事业观上越来越倾向于做自己感兴趣的事情，把职业作为"事业"，不仅将自己所从事的工作作为谋生的手段，还融入了自己的理想和信念，对自己和社会怀有强烈的责任感，不断追寻自我价值的实现。如果说职业是谋生的手段，那么事业就是甘心奉献的岗位。事业观念使职业成为一种信仰方式，它崇尚在造福社会的同时实现自我价值并将其升华。

3. 志业观念

"志业"最早是由德国著名社会学家马克斯·韦伯在其题为《学术与政治》的演讲中使用的词汇，可以理解为一种心志取向的职业或事业，具有较强的价值内涵。事业观念是人类的需求达到"自我实现"阶段产生的职业观念，但"志业"不仅满足了自我实现的需求，而且实现了"自我超越"，是一种对自我价值的高度肯定，是一种超越了名利且不受外界事物影响的工作观念。"志业"是人生的最高境界。抱持"志业观念"的人，通常会将个人的远大理想抱负放在经济利益之前，并将"志业"的发展等同于自己生命的意义，甘愿为之牺牲奉献。

四、正确职业观树立

美国作家理查德·C.卡伯特说过："一个人的工作代表了他在这个世界的位置。"由此可见，工作是我们实践人生观、世界观的途径，而职业就是实现人生信仰的具体方式。当代大学生应该树立正确的职业观，努力将职业观与人生信仰融为一体，如此才能更好地实现自己的人生价值。

当代大学生的职业观应该包括专业观念、敬业观念、乐业观念、创业观念、诚信观念、务实观念、发展观念以及和谐观念等方面的内容。具体来说，专业观念是指每个人在自己的本职工作中，都必须具有很强的专业能力和专业水平；敬业观念是现代人的重要品质，任何工作都需要通过勤勉努力才能成功；乐业观念要求我们能够从职业中领略到人生的乐趣，在奋斗中感知乐、在竞争中体味乐、在专注中享受乐；在"大众创业、万众创新"的时代背景下，具备创业观念则使我们有勇气开创新业务、建立新目标；诚信观念是一个行业的立身之本，如果一个行业中的从业人员不能诚实守信，那么他所代表的社会团体或是经济实体就得不到人们的信任，这个行业也会因此丧失对社会的号召力和影响力；务实是中国人的传统美德，务实观念要求职场人具备实事求是、崇尚实干的精神；发展观念是指每个人在职场中都应有明确的定位，在工作、职能和职位发生变化时，能快速调整自己，在职场中获得持续发展；和谐观念是指在个人的发展过程中，能够比较全面地兼顾事业与家庭、朋友之间的关系，要依照自己的标准寻找平衡点，达成多方面的和谐。

➲ 能力训练

认识专业与职业

【训练形式】
教师指导，学生独立完成相关信息搜集。
【训练目的】
通过查询专业数据库及2015版《职业分类大典》，加深对专业与职业的认知。
【训练过程】
1. 理解专业适配职业
中国高等教育学生信息网（简称学信网）是由教育部学生服务与素质发展中心（原全国高等学校学生信息咨询与就业指导中心）主办的集高校招生、学籍学历、毕业生就业信息为一体的大型数据仓库。登录学信网，依次进入"学职平台—专业洞察—专业库"，可以获取专业及相关职业的信息。

（1）你的专业是：_____。
（2）该专业的人才培养目标是：_____。
（3）与该专业相关的职业有：_____。
（4）与该专业相近的专业有：_____。
（5）与这些相近专业对应的职业有：_____。
（6）你感兴趣的职业是：_____。
点击自己感兴趣的职业，了解其职业定义、任务职责以及从业资格等信息。
2. 了解职业在《职业分类大典》中的划分
2015版《职业分类大典》是职业分类的成果形式和载体，是目前国内最权威的了解职业的工具。使用 2015 版《职业分类大典》，可以获得有关职业的职业代码、职业名称和主要任务等信息。

3. 了解职业日志

了解职业的典型一天是判断自己是否适合这个职业的重要指标。登录学信网，依次进入"学职平台—职业人物—职业人物信息库"，找到自己感兴趣的相关职业人物信息，记录下其典型的一天以及职业故事等内容。

最后，将通过上述方法获得的职业信息进行整理汇总，形成职业图谱。同时，搜集 3~5 种不同类型职业的信息，建立自己的职业库。

⭕ 效果评估

职 业 探 索

在上述"能力训练"环节，每个人都建立了职业库，现在以其中一种职业为例，从"入、做、得、拓"四个方面，做更详细的职业探索，并结合自身实际，评估职业满意度及能力差距。有关内容填于表 1-1-2 中。

表 1-1-2 职业探索内容

职业名称：_____

评估内容	内容描述	评估反馈
入——职业描述，也就是进入这个职业需要具备的技能、能力、教育、培训及经验等		
做——核心工作内容，工作地点、工作环境、职业日志		
得——薪资待遇、收入空间、能力提升、个人满意度		
拓——职业发展潜力、企业发展空间、行业发展前景		

任务二 自我探索与评估

⭕ 问题导入

20 世纪伟大的科学家爱因斯坦，出生于德国的一个犹太人家庭。二战结束后，以色列国会曾邀请爱因斯坦出任总统，却被他婉言谢绝。爱因斯坦说："我整个一生都在同客观物质打交道，既缺乏天生的才智，也缺乏经验来处理行政事务以及公正地对待别人。所以，本人不适合如此高官重任。"爱因斯坦清楚地知道自己的长处和短板，拒绝了不适合自己的职业。

可见，确定职业目标首先要正确认识自己。那么，大学生应该基于哪些方面进行自我探索与评估，为自己寻找合适的职业呢？

⮕ 任务解码

规划职业生涯之前，首先应进行系统的自我认知，对自己的性格、兴趣、能力、价值观进行探索与评估，以便能做出明智的职业目标定位。

解锁本任务的密码有：

- 知识密码：掌握职业性格、兴趣、能力、价值观探索的相关理论与方法。
- 能力密码：通过对性格、兴趣、能力和价值观的梳理，完成自我探索。
- 素养密码：唤起自我觉醒意识，找到自我、固守自我、坚守目标。

⮕ 知识对策

一、职业性格分析

（一）性格的概念

人格是伴随着人的一生不断成长的心理品质。人格也称个性，是个体持久的，带有倾向性的性格特征，这些特征概括起来用以解释个体的行为。人格标志着人有独特性，并反映人的自然性与社会性。

人与人之间的差异，很大程度表现在人格的差异上。人格差异指个体在稳定的心理特征方面的差异，主要表现为认知方式的差异、气质的差异、性格的差异等。其中，性格是人格的核心。性格是人在现实的、稳定的态度和习惯化了的行为方式中表现出来的个性心理特征，是一种与社会最密切相关的人格特征。

影响大学生性格形成、发展的因素是多方面的，主要有生物学条件、社会生活环境、家庭教育、学校教育以及自我教育等。近年来，大学生性格发展的一个突出特点是自我对性格的认知水平逐步提高。大学生常常主动观察自己，自觉地分析、总结和评价自己的态度及行为，并积极做出调整以达到适应环境和完善自我的目的。此外，大学生性格特征的外部表现变得更为丰富、复杂。

心理学家认为，人的性格与职业适应性有密切的关系。如果一个人的性格与所从事的职业符合，就容易取得职业上的成功；反之，则有可能妨碍职业发展。因此根据性格选择职业，可以使自己的行为方式与职业工作相吻合，从而更好地驾驭工作。

（二）MBTI性格分析

20世纪40年代，美国一对母女伊莎贝尔·迈尔斯和凯瑟琳·布里格斯在瑞士心理学家卡尔·荣格的心理学类型理论的基础上提出了一套个性测验模型，并将这套理论模型以她们的名字命名，叫作 Myers-Briggs Type Indicator，简称 MBTI。MBTI 人格分类模型和理论的意义在于"解释人与人之间的差异现象"以及优化决策，对决策流程"进行理性的干预"。它是目前国际流行的性格分析方法。

MBTI 作为一种对个性的判断和分析工具，提炼出了四个维度，即注意力方式、认知方式、判断方式、生活方式，每个维度又有两种倾向类型，具体指标如表1-2-1所示。

微课启学：职业性格分析

表 1-2-1　MBTI 类型指标介绍

维度	类型	类型代码	类型说明	特征描述
注意力方式 （精力来源）	外倾	E（extrovert）	将注意力和精力投注在外部世界	喜欢交往，善于表达
	内倾	I（introvert）	关注自我的内部状况	安静内向，注重思考
认知方式 （如何搜集信息）	实感	S（sensing）	以客观现实为依据	关注现实，注重细节
	直觉	N（intuition）	靠直觉得出结论	相信灵感，忽略细节
判断方式 （如何做决定）	理智	T（thinking）	偏理性，以事为主	擅长分析，爱讲理
	情感	F（feeling）	偏感性，以人为主	体贴，富于同情心
生活方式 （如何应对外部世界）	判断	J（judgment）	井然有序	制定计划，注重结果
	理解	P（perceiving）	灵活自发	随意开放，注重体验

　　每个人的性格都具有四个维度，根据每个维度上的倾向性描述，可以得出四个代码。例如，在注意力方式上你是外倾型还是内倾型，就可以得到代码 E 或是 I。以此类推，四个维度上的代码组合就是 MBTI 类型。

　　MBTI 将四个维度上的倾向性进行组合，将人的性格分为十六种类型，每种性格类型都有其适应的职业（图 1-2-1）。

ISTJ Inspector **稽查员/检查者**	**ISFJ** Protector **保护者**	**INFJ** Counselor 咨询师/劝告者	**INFP** Healer/Tutor 治疗师/导师/化解者
ESTJ Supervisor **督导/监督者**	**ESFJ** Provider/Seller **供给者/销售员**	**ENFJ** Teacher 教师/教导者	**ENFP** Champion/Advocate/Motivator 倡导者/激发者
ISTP Operator/Instrumentor 操作者/演奏者	**ISFP** Composer/Artist 作曲家/艺术家	**INTJ** Mastermind/Scientist 智多星/科学家/策划	**INTP** Architect/Designer 建筑师/设计师
ESTP Promotor 发起者/创业者	**ESFP** Performer/Demonstrator 表演者/示范者	**ENTJ** Field Marshall/Mobilizer 统帅/调度者	**ENTP** Inventor 发明家

图 1-2-1　MBTI 的十六种性格

　　四个维度在每个人身上会有不同的比重，不同的比重会导致不同的表现，关键在于各个维度上的人均指数和相对指数的大小。MBTI 性格分析理论在职业规划中的意义，就是要通过性格分析方法告诉我们：每种类型的人有不同的性格特征，不同性格的人都有适合的职业，根据性格选择职业，能够增加成功的概率。

二、职业兴趣培养

（一）兴趣与职业兴趣的概念

兴趣是人们对客观事物的选择态度。兴趣以需要为基础。需要分为精神需要和物质需要，兴趣则是基于精神需要（如对科学、文化知识等）。当一个人对某件事物或某项活动感到需要，其就会热心接触、观察这件事物，积极从事这项活动，并注意探索其中奥妙。兴趣又与认识和情感相联系。若对某件事物或某项活动没有认识，也就不会对它有情感，因而不会对它有兴趣；反之，认识越深刻，情感越炽烈，兴趣也就会越浓厚。

所谓职业兴趣，是指一个人想从事某种职业的愿望。虽然兴趣本身并不是为了从事某种职业而产生和形成的，但是，兴趣却对职业的选择有着一定的影响。

（二）兴趣在职业活动中的作用

有关资料表明，一个人如果从事自己感兴趣的职业，则能发挥自己百分之八九十的才能，且能在长时间内保持较高的工作效率，反之，则效率低下。因此，兴趣是我们在进行职业规划和选择时应该考量的因素。

（1）兴趣是职业生涯选择的重要依据。兴趣可以使人集中力量和精力去获得你所喜欢的职业知识，并创造性地开展工作。找到自己感兴趣的职业，是迈向成功的重要一步。

（2）兴趣可以提高工作效率、发挥才能。兴趣使工作不再是一种负担，而是一种享受，伟大的发明家爱迪生几乎天天在实验室工作十几个小时，当人们问他是否劳累的时候，他说："我一生从未间断过工作，我每天都其乐无穷。"

（3）兴趣是保证职业稳定、职场成功的重要因素。兴趣是工作动力的主要源泉之一，在其他条件相似的情况下，从事自己感兴趣的职业会让我们对自己的工作和工作环境感到满意，工作的长期性和稳定性也会得到保障。

（三）霍兰德职业兴趣理论

约翰·霍兰德是美国约翰斯·霍普金斯大学心理学教授，美国著名的职业指导专家。他于1959年提出了具有广泛社会影响的职业兴趣理论，认为人的人格类型、兴趣与职业密切相关，兴趣是人们活动的巨大动力，凡是人们感兴趣的职业，都可以提高人们的积极性，促使人们积极地、愉快地从事该职业，并且职业兴趣与人格之间存在很高的相关性。霍兰德认为人格可分为现实型（realistic type, R）、研究型（investigative type, I）、艺术型（artistic type, A）、社会型（social type, S）、企业型（enterprising type, E）和常规型（conventional type, C）六种类型。每种类型的特征及其对应的典型职业如表1-2-2所示。

表1-2-2 兴趣类型与职业对应

类型	人格特性与兴趣倾向	典型职业
R（现实型）	愿意使用工具从事操作性工作，动手能力强，做事手脚灵活，动作协调。偏好于具体任务，不善言辞，做事保守，较为谦虚。缺乏社交能力，通常喜欢独立做事	喜欢使用工具、机器，需要基本操作技能的工作。对要求具备机械方面才能、体力或从事与物件、机器、工具、运动器材、植物、动物相关的职业有兴趣，并具备相应能力。例如，技术性职业（计算机硬件人员、摄影师、制图员、机械装配工）和技能性职业（木匠、厨师、技工、修理工、农民、一般劳动）

类型	人格特性与兴趣倾向	典型职业
I（研究型）	思想家而非实干家，抽象思维能力强，求知欲强，肯动脑，善思考，不愿动手。喜欢独立的和富有创造性的工作。知识渊博，有学识才能，不善于领导他人。考虑问题理性，做事严谨，喜欢逻辑分析和推理，不断探讨未知的领域	喜欢智力的、抽象的、分析的、独立的定向任务，要求具备智力或分析才能，能将其用于观察、估测、衡量、形成理论、最终解决问题的工作，并具备相应的能力。例如，科学研究人员、教师、工程师、计算机编程人员、医生、系统分析员
A（艺术型）	有创造力，乐于创造新颖、与众不同的成果，渴望表现自己的个性，实现自身的价值。做事理想化，追求完美，不重实际。具有一定的艺术才能和个性。善于表达、怀旧、心态较为复杂	喜欢的工作要求具备艺术修养、创造力、表达能力和直觉，并将其用于语言、行为、声音、颜色和形式的审美、思索和感受，具备相应的能力。不善于事务性工作。例如，艺术方面（演员、导演、艺术设计师、雕刻家、建筑师、摄影家、广告制作人、歌唱家、作曲家、乐队指挥）和文学方面（小说家、诗人、剧作家）从业者
S（社会型）	喜欢与人交往，不断结交新的朋友，善言谈、愿意教别人。关心社会问题，渴望发挥自己的社会作用。寻求广泛的人际关系，比较看重社会义务和社会道德	喜欢要求与人打交道的工作，能够不断结交新的朋友，从事提供信息、启迪、帮助、培训、开发或治疗等事务，并具备相应能力。例如，教育工作者（教师、教育行政人员）、社会工作者（咨询人员、公关人员）
E（企业型）	追求权力、权威和物质财富，具有领导才能。喜欢竞争、敢冒风险、有野心和抱负。为人务实，习惯以利益得失、权力、地位、金钱等来衡量做事的价值，做事有较强的目的性	喜欢要求具备经营、管理、劝服、监督和领导才能，以实现机构、政治、社会及经济目标为主的工作，并具备相应的能力。例如，项目经理、销售人员、营销管理人员、企业领导、政府官员、法官、律师
C（常规型）	尊重权威和规章制度，喜欢按计划办事，细心、有条理，习惯接受他人的指挥和领导，自己不谋求领导职务。喜欢关注实际和细节情况，通常较为谨慎和保守，缺乏创造性，不喜欢冒险和竞争，富有自我牺牲精神	喜欢要求注意细节、精确度、有系统、有条理，具有记录、归档，以及按特定要求或程序组织数据和文字信息的职业，并具备相应能力。例如，秘书、办公室人员、记事员、会计、行政助理、图书馆管理员、出纳员、打字员、投资分析员

然而，大多数人都并非只有一种倾向，往往多种倾向结合在一起，例如，根据表1-2-2中对于人格特征与兴趣倾向的描述，可以按顺序选出三项与自己比较接近的类型，按接近程度从高到低排列，就是霍兰德职业兴趣代码。多种

类型结合在一起时，可以弄清楚哪些是强项，以便依据自己的兴趣倾向选择和确定职业。

三、职业能力发展

（一）能力的概念与构成

能力是指顺利完成某一活动所必需的素质，是直接影响活动效率，并使活动顺利完成的个性心理特征。人的能力是在活动中形成、发展和表现出来的，同时也是个人从事某种活动的必要前提，能力直接影响着活动的效果。

能力和兴趣是两个截然不同但相互独立的概念。兴趣表明你喜欢做某事，代表你的偏好；而能力表明你能做某事，说明你具备做某事的资格。

能力是由多种心理品质所构成的系统，具有复杂的结构。由美国教育学家和心理学家加德纳博士提出的多元智能理论认为，每个人的能力结构至少包含八项智能（表1-2-3）。

表1-2-3　能　力　结　构

智能类型	类型描述	代表职业
语言智能	阅读、写作以及日常的会话能力	主持人、记者、律师、教师、文字擅长者、推销员
数理逻辑智能	数学运算与逻辑思考的能力	科学家、工程师、统计人员、财会人员、软件工程师
音乐智能	对声音和韵律的辨别和表达能力	作曲家、歌唱家、指挥家、调琴师
空间智能	用三维空间的方式进行思维，并能以图画的形式表达出来的能力	航海家、飞行员、画家、摄影师、建筑设计人员
身体运用智能	能巧妙地操作物体和调整身体的能力	运动员、影视演员、舞蹈演员、外科医生、机械师、手艺人
人际交往智能	理解别人和与人交往的能力	外交家、领导者、心理咨询师、公关人员、推销员
自省智能	善于自我反思、自我认识，并据此做出适当行为的能力	心理学家、哲学家、作家
自然观察智能	善于观察自然界中的各种形态，对物体进行辨识和分类的能力	天文学家、地质学家、生物学家、考古学家、环境设计师、农艺师

每个人都具有八项智能，但智能的组成是独特的，即每项智能在个体身上表现的强弱不同，多数人在一两项智能上有出色的表现，而有的人可能在多项智能上都具有较高水平，正所谓"人无全才，人人是才"。

（二）职业能力的概念与构成

职业能力是在职业活动中需要具备的能力。职业能力直接影响职业活动效率和职业活动的顺利完成。

职业能力可分为专业技能和可迁移技能。

1. 专业技能

专业技能主要是指从事某一职业的专业能力。在求职过程中，招聘方最关注的就是求职者是否具备胜任岗位工作的专业能力。例如，你去应聘教学工作岗位，对方最看重你是否具备最基本的教学能力。专业技能是一个人成为职业人士的基本条件。

2. 可迁移技能

可迁移技能是指可迁移的通用技能，是在某一种环境中获得，可以有效地移用到其他环境中的技能，是个人能够依靠和持续运用的技能。比如，某人从事市场营销工作，长期与客户打交道的工作经历练就了他的人际交往能力，即使他以后不再从事营销工作，这种人际交往能力依旧会在其他领域中得到发挥和增强。总体上来说，可迁移技能具有迁移性、普遍性和实用性，具体包括交流表达能力、数字运用能力、团队合作能力、创新能力、组织策划能力、信息运用和处理能力、学习能力等方面。

（三）大学生应具备的职业能力

1. 终身学习能力

学会学习是现代人类生存和发展的手段。面对日新月异的职业世界，新时代的大学生需要不断学习，才能不被社会或职业所淘汰，终身学习成为必然趋势。大学生应努力培养自己的学习能力，如阅读能力、理解能力、判断能力、洞察力等，从而为今后的职业发展奠定基础。

2. 实践能力

很多用人单位在招聘人才时就说："企业要求的不是应试人才，而是做事人才。"大学生有了一定的知识积累，并不等于就有了各类岗位所需要的实际应用能力。大学生必须具备实践能力和动手操作能力，才能被用人单位录用。

3. 社会交往能力

人际交往是交流信息、获取知识的重要途径。人际交往是个体认识自我、完善自我的重要手段。一些企业的管理者也表示，员工的交流与沟通能力越来越成为企业在市场竞争中获胜的主要因素。因此，大学生培养自己的人际交往能力不仅是自我发展的完善，也是未来工作环境的要求，这关系到工作效能的高低和事业的成败。

4. 创新能力

联合国教科文组织教育丛书《学会生存——教育世界的今天和明天》中指出，"人们对付当今世界性问题和挑战的能力，归根到底取决于人们能够激发和调动的创造力的潜力"。只有那些思维敏锐，能在发现自然和社会发展中的新问题，并能充分发挥其创造才能、以新颖的创造力去解决问题的人，才能更多地得到企业单位和社会的重视，为企业和社会的发展做出更大的贡献。

5. 就业与创业的能力

大学生学习的一个直接目的就是获得社会劳动的资格和职位。面对当前就业竞争激烈的现状，大学生从现在就要做到：了解职业、认识自我、合理定位、及时把握就业机会；同时还要具备自主择业、自主创业的雄心和胆略，明确创业的理念和目标，构建一定的创业设想和计划，为今后的就业和创业打好基础。这是对每一位大学生的职业能力要求，同时也是每位从事就业与创业教育的工作者的主要任务和教育初心。

堂间小练

学 习 管 理

IBM 公司之所以能成为首屈一指的大企业，其秘诀在于重视产品不断更新以及智力资源开发等工作，企业每年都要拿出 5 亿美元用于员工的学习和培训。公司创始人老托马斯·沃森认为，高级管理部门应该把 40%~50% 的时间用在教育学习和鼓励员工方面，后经小托马斯·沃森的忠实继承，这一信念坚持至今。在纽约市恩迪科特 IBM 教育中心入口处的石碑上，刻着"学无止境"这一沃森家族及 IBM 的座右铭。当代社会科技发展日新月异，知识总量翻番周期越来越短，从过去的 100 年、50 年、20 年缩短到 5 年、3 年。权威人士推算：人类现有知识到 21 世纪末只占当时知识总量的 5%，其余的 95% 现在还未创造出来。这表明，"一次性学习时代"已告终结，学历教育已被终身教育取代。

（1）设定学习任务，在你自己设定的学习任务（可设定学习一种新的计算机程序语言，或学习一门诸如舞蹈、形象设计等技能）中，总目标、分解目标、短期目标和长期目标有哪些？请写在下面的横线上。

_____

_____

_____ 。

（2）你在实施你的学习和工作任务时，分别使用了哪些学习方法和辅助工具？你有没有修正和调整过你的学习计划？通过学习你取得了哪些成果和经验？你的学习方法，还有哪些地方需要改进？请举例说明。

_____

_____

_____ 。

（四）大学生能力培养与提升

众所周知，能力是可以通过培养、锻炼而获得和提高的。大学生应通过不同的渠道获得能力的培养和提升。

1. 勤工俭学

随着国家教育体制的改革和素质教育的全面铺开，勤工俭学成为大学生实践活动的重要环节，它促进大学生顺利完成学业，及时而又满意地就业或更好地开展创新创业。大学生在勤工俭学的过程中，既锻炼了自己、认识了社会、积累了工作经验，又能增强独立自主的能力、增强收入。

2. 社团活动

社团是学校里学生为了某个共同的兴趣、目的而组织起来的业余团体。大学生可以根据自己的喜好和特长选择参加适合的社团活动。参加社团活动，既能丰富课余生活、培养兴趣爱好，同时也能加深和拓宽专业知识的掌握，增强自己的人际交往和组织管理能力。值得关注的是，现在很多用人单位在选择毕业生时对社团的骨干分子也是青睐有加。

3. 社会实践

社会实践即假期实习或在校外实习。它具有帮助大学生加深对本专业的了解，确认适合的职业，为向职场过渡做准备、增强就业竞争优势等多方面的意义。社会实践与前面两种活动相比较，与专业知识的关系更为密切，一个好的社会实践将会使大学生受益无穷，甚至影响大学生未来的职业生涯。

4. 各类竞赛

参加竞赛是大学生展现专业技能、个人风采，培养个人能力的最好契机。教育部倡导的各类竞赛，以促进高等学校实施素质教育、培养创新人才为目的，为大学生提供了广阔的能力培养的舞台。例如，由教育部与政府、各高校共同主办的中国国际"互联网+"大学生创新创业大赛，以及由共青团中央、中国科协、教育部和全国学联等共同主办的"挑战杯"全国大学生系列科技学术竞赛（被誉为中国大学生科技创新创业的"奥林匹克盛会"）等，是目前最受大学生关注的创新创业类竞赛，通过竞赛，为社会培养造就了一大批"大众创业、万众创新"的主力军。

5. 专业实习

实习是每位大学生跨出校门、走向社会之前必须经历的阶段，是其了解社会、了解工作的窗口。通过实习，大学生可以验证自己的职业抉择，了解目标工作内容，学习工作及企业标准，找到自我与职业的差距。

微课启学：
职业价值观
澄清

四、职业价值观澄清

（一）价值观的概念

价值观是指一个人对周围的客观事物（人、事、物）的意义、重要性的总体评价和看法。从其功能来看，价值观是人们心目中用于衡量事物轻重，权衡得失的天平。就社会整体角度而言，它是人和社会精神文化系统中深层的、相对稳定的起主导作用的部分。就生命个体而言，它是每个人生活和事业中最重要的精神追求和动力所在。

⸙ 案例小品

管理大师的选择

著名管理大师彼得·德鲁克在《自我管理》一文中讲到了自己的一段亲身经历："许多年以前，我也不得不在个人价值观和自己擅长做的事情之间进行抉择。那是20世纪30年代中期，我还很年轻，在伦敦从事投资银行业务，工作得心应手。那份工作显然能够让我发挥所长。然而，我并不觉得自己在资产管理人的位置上做出了什么贡献，我意识到自己看重的是人，即便将来墓志铭上刻着我是最有钱的人，那也没有任何意义。当时我既没有钱，也没有别的工作机会；尽管当时'大萧条'仍在持续，我依然选择辞去了工作——这个决定是正确的。换句话说，价值观才是最终的试金石，而且道理上也应该如此。"

（二）价值观分类

美国社会心理学家米尔顿·洛克奇于 1973 年在《人类价值观的本质》一书中，提出 13 种价值观，具体内容如表 1-2-4 所示。

表 1-2-4　洛克奇提出的 13 种价值观

价值观名称	释义
成就感	能够提升社会地位，得到社会认同；希望工作能受到他人的认可，对工作的完成和挑战成功感到满足
美感的追求	能有机会多方面地欣赏周遭的人、事、物，或任何自己觉得重要且有意义的事物
挑战	能有机会运用聪明才智来解决困难；舍弃传统的方法，而选择创新的方法处理事物
健康	包括身体和心理健康，工作能够免于焦虑、紧张和恐惧；希望能够心平气和地处理事物
收入与财富	工作能够明显、有效地改变自己的财务状况；希望能够得到金钱所能买到的东西
独立性	在工作中能有弹性，可以充分掌握自己的时间和行动，自由度高
爱、家庭、人际关系	关心他人，与别人分享，协助别人解决问题；体贴、关爱，对周遭的人慷慨
道德感	与组织的目标、价值观、宗教观和工作使命不相冲突，紧密结合
欢乐	能够享受生命，结交新朋友，与别人共处，一同享受美好时光
权力	能够影响或控制他人，使他人照着自己的意思去行动
安全感	能够满足基本的需求，有安全感，远离突如其来的变动
自我成长	能够追求知性上的刺激，寻求更圆融的人生，在智慧、知识与人生的体会上有所提升
协助他人	认识到自己的付出对团体是有帮助的，别人因为自己的行为而受益颇丰

洛克奇还认为人的价值观可分为终极价值观和工具型价值观。终极价值观，指的是一种期望存在的终极状况，它是一个人希望通过一生而实现的目标，偏重对生命意义及生活目标的思考。工具型价值观，指的是偏爱的行为方式或实现终极价值观的手段，偏重如何实现生活目标。有时候，人们常忽略终极价值观，而仅把工具型价值观当作一生的追求。

许多人之所以在生活中走了弯路，是因为没有弄清楚终极价值观和工具型价值观之间的差异，常常费心于那些并非真正想要的工具价值上。比如，我们所要的并不是"上大学"这个外在表象事物，而追求的是考上大学带来的快乐、自信和成就感。因此，唯有实现终极价值观才能使人得到心灵上的满足，终极价值观才是我们应该追求的价值观。表 1-2-5 揭示了终极价值观和工具型价值观的对比。

表 1-2-5　终极价值观与工具型价值观

终极价值观	工具型价值观
舒适的生活（富足的生活）	雄心勃勃（辛勤工作、奋发向上）
振奋的生活（刺激的、积极的生活）	心胸开阔（开放）
成就感（持续的贡献）	能干（有能力、有效率）
和平的世界（没有冲突和战争）	欢乐（轻松愉快）
美丽的世界（艺术与自然的美）	清洁（卫生、整洁）
平等（兄弟情义、机会均等）	勇敢（坚持自己的信仰）
家庭安全（照顾自己所爱的人）	宽容（谅解他人）
自由（独立、自主选择）	助人为乐（为他人的福利工作）
幸福（满足）	正直（真挚、诚实）
内在和谐（没有内心冲突）	富于想象（大胆、有创造性）
成熟的爱（性和精神上的亲密）	独立（自力更生、自给自足）
国家安全（免遭攻击）	智慧（有知识的、善思考的）
快乐（快乐的、闲暇的生活）	符合逻辑（理性的）
就世（就世的、永恒的生活）	博爱（温情的、温柔的）
自尊（自重）	顺从（有责任感、尊重的）
社会承认（尊重、赞赏）	礼貌（有礼的、性情好）
真挚的友谊（亲密关系）	负责（可靠的）
睿智（对生活有成熟的理解）	自我控制（自律的、约束的）

（三）价值观澄清

每个人都有自己独特的价值观，而且不管喜欢与否，其他人的价值观都会对我们产生影响。对于价值观，重要的不是去评判，而是去考量这些价值观对于自己的生活和职业发展带来怎样的影响，并适时做出调整。同时，也要意识到，一份工作很难满足一个人所有的重要价值观。因此，我们要不断做出妥协和放弃，这是不可避免且必要的。只有对自己的价值观不断进行澄清和排序，才能做出合理的取舍。

当我们对某件事情做出抉择时，为了澄清所做出的抉择是否基于真实的价值观，可以回答以下这些问题。

1. 选择阶段

（1）它是你自由选择的，没有来自任何人或任何方面的压力吗？

（2）它是从众多的价值观中挑选出来的吗？

（3）它是在你思考了所做选择的后果后被挑选出来的吗？

2. 赞誉阶段

（1）你是否珍爱你的价值观，或者为你的选择感到自豪？

（2）你愿意公开承认你的选择和你的价值观吗？

3. 行动阶段

（1）你的行动是否与你选择的价值观一致？

（2）你是否始终如一地践行你的价值观？

如果你能对上述问题都给出肯定答复，那么，说明你确实认为其具有价值。如果对其中一些问题的回答是否定的，那么你需要思考一下自己看重的、想要得到的到底是什么。回答这些问题的过程，正是价值观澄清。如果能依照自己真实的价值观行动，每个人都会感到莫大满足。

➲ 能力训练

自我探索与职业适配

【训练形式】

教师指导，学生独立完成。

【训练目的】

建立清晰的自我认知，并根据自我探索进行职业适配。

【训练过程】

1. 探索性格

根据你的 MBTI 职业测评的结果：_____。自己的性格类型具有_____等优势。这些优势对自己专业学习的影响包括：_____。对自己职业发展的影响包括：_____。结合专业，确立一个你理想中可能从事的职业（也可以是本项目任务一中你已经探索过的职业）：_____

_____

（1）在这个职业情境中，以你的性格特征能做哪些擅长的事情？

_____

_____

（2）在这个职业情境中，你可能会遇到什么困难？以你的性格特征会如何解决？

_____

_____

（3）在这个职业情境中，以你的性格特征，如何发挥你的专业能力？

_____

_____

（4）在这个职业情境中，以你的性格特点，你会如何处理与领导和同事的关系？

_____

_____

2. 探索兴趣

根据你的霍兰德职业兴趣测评结果：_____。上述职业兴趣类型中，此后 10 年（每天 8 小时），你愿意重复去做的是：_____。这是否为你真正的职业兴趣所在？_____。

根据霍兰德职业兴趣理论，可将职业划分为六种类型，无论何种职业，对能力都有一定的要求。参照表 1-2-6，你是否具备这些能力和素质要求？

表 1-2-6　不同职业兴趣对应的能力与素质要求

霍兰德职业类型	能力要求	素质要求
现实型（R）	动手与操作能力	工匠精神
研究型（I）	逻辑分析与推理能力	求知探索精神
艺术型（A）	创造与艺术才能	创新精神、审美能力
社会型（S）	人际交往能力	利他精神、乐于奉献
企业型（E）	影响力与表达能力	冒险精神、引领作用
常规型（C）	计划性、数据组织能力	秩序与细致

3. 探索能力

（1）你的专业是：＿＿＿＿＿＿＿＿＿＿＿＿＿＿＿＿＿＿＿＿＿＿＿。

（2）通过系统地专业学习，你具备的职业技能有：＿＿＿＿＿＿＿＿＿＿＿。

（3）通过参加社会实践，你掌握的技能有：＿＿＿＿＿＿＿＿＿＿＿＿＿。

（4）通过参加培训，你掌握的技能有：＿＿＿＿＿＿＿＿＿＿＿＿＿＿。

（5）针对理想中的职业，重点应该发展的技能有：＿＿＿＿＿＿＿＿＿＿

＿＿＿＿＿＿＿＿＿＿＿＿＿＿＿＿＿＿＿＿＿＿＿＿＿＿＿＿＿＿＿＿。

4. 探索价值观

根据洛克奇提出的 13 种价值观（表 1-2-4），选出 5 项并依重要程度进行排序。可以和其他同学一道讨论以下问题，进一步澄清价值观。

（1）你最重视的工作目的或意义是什么？＿＿＿＿＿＿＿＿＿＿＿＿＿。

原因在于：＿＿＿＿＿＿＿＿＿＿＿＿＿＿＿＿＿＿＿＿＿＿＿＿＿＿＿。

（2）你最不重视的工作目的或意义是什么？＿＿＿＿＿＿＿＿＿＿＿＿＿。

原因在于：＿＿＿＿＿＿＿＿＿＿＿＿＿＿＿＿＿＿＿＿＿＿＿＿＿＿＿。

5. 自我认知总结

＿＿＿＿＿＿＿＿＿＿＿＿＿＿＿＿＿＿＿＿＿＿＿＿＿＿＿＿＿＿＿＿＿

＿＿＿＿＿＿＿＿＿＿＿＿＿＿＿＿＿＿＿＿＿＿＿＿＿＿＿＿＿＿＿＿＿

＿＿＿＿＿＿＿＿＿＿＿＿＿＿＿＿＿＿＿＿＿＿＿＿＿＿＿＿＿＿＿＿。

⊙ 效果评估

兴趣如何成为职业？

兴趣可以分为消费型兴趣和生产型兴趣，消费型兴趣以消费价值为基础，生产型兴趣则是以产出价值为基础。我们经常会被问到"有什么爱好"，有人说喜欢看电影、旅游等，这些就属于消费型兴趣，是一种享乐。消费型兴趣很舒服，但无法持续。而生产型兴趣则可能转化为职业，因为这种兴趣具有价值产出功能。例如，"看电影"是消费型兴趣，而喜欢围绕电影写剧评，则是生产型兴趣；"旅游"是消费型兴趣，乐于将旅游经历写成"路书"，则是生产型兴趣。下面，我们继续探索自己的兴趣，思考如何将消费型兴趣转化为生产型兴趣，换言之，探索如何将兴趣转化为职业。将探索的结果填于表 1-2-7 中。

表 1-2-7　探索兴趣中的产出价值

序号	你的兴趣	挖掘产出价值	与之有关的职业
1			
2			
3			

任务三　职业生涯规划制定

➲ 问题导入

准备一张拇指宽的长纸条，并在纸条上画出 10 个格，然后在格中写上数字，如图 1-3-1 所示。

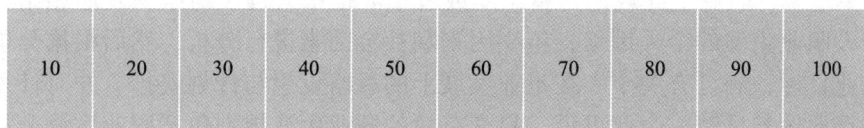

| 10 | 20 | 30 | 40 | 50 | 60 | 70 | 80 | 90 | 100 |

图 1-3-1　生涯撕纸示意图

假如这些格中的数字就代表你个人的生命（从 0~100 岁），请回答：

（1）你期望活到多少岁（把活到岁数后的纸条撕掉，剩下的就是你的生涯）？

（2）你现在多少岁（撕掉已经过去的岁数，就是你剩下的生涯）？

（3）你准备多少岁退休（撕掉退休后的岁数，剩下的就是你的职业生涯）？

（4）你一天 24 小时如何分配（你会发现一天中可以工作的时间仅剩 1/3，再次撕掉不能用于工作的 2/3 长度的纸条）？

请将仅剩的 1/3 长度的纸条和你撕下的那些纸条比较一下长度，并思考一下你要在仅剩的 1/3 的工作时间中怎样努力工作才能提供自己另外 2/3 的时间以及退休后的生活所需？

请问你现在的感想如何？你将如何规划自己的未来？

➲ 任务解码

职业生涯规划是生涯规划的重要组成部分，但由于大学生普遍缺乏职业实践体验，也就对此规划倍感困惑。

解锁本任务的密码有：

- 知识密码：掌握生涯决策工具、了解职业生涯规划的步骤。
- 能力密码：制定并逐步实现职业生涯规划。
- 素养密码：树立生涯意识，将个人职业生涯发展融入实现中华民族伟大复兴的中国梦中，将小我融入大我。

⊃ 知识对策

一、职业生涯规划与职业生涯决策

微课启学：
职业生涯
规划

（一）职业生涯规划

职业生涯是人一生中最重要的历程，是以满足需求为目标的工作经历，包括工作内容的确定和变化，工作业绩的评价，工作待遇、职称的变动等。职业生涯是人追求自我实现的重要阶段。很多大学生在进入劳动力市场之前，不能客观、全面地看待自己，很少能认真地思考如下问题：我想做什么，我会做什么，环境支持或允许我做什么，我的优势是什么，我的不足是什么，我有没有职业和生活的规划，如果有，如何实现？以致在求职过程中，处处碰壁。因此，当代大学生急需对职业生涯进行规划。

简单地说，职业生涯规划是指组织或者个人把个人发展与组织发展相结合，对决定个人职业生涯的个人因素、组织因素和社会因素进行分析，然后根据分析结果选择职业目标，制订有关个人在事业发展上的战略设想与计划安排，并对计划实施过程进行评估与反馈。由此可见，科学有效的职业生涯规划包括职业生涯分析、职业生涯决策、制订职业生涯计划与措施，以及职业生涯实施与反馈等过程，而职业生涯决策是职业生涯规划中最为重要的组成部分。

（二）职业生涯决策

1. 职业生涯决策的概念

职业生涯决策是指个人通过组织有关自我和职业环境的信息，仔细考虑各种可供选择的职业前景，做出职业生涯的决定或选择。职业生涯决策是一项系统性的工作，贯穿整个职业生涯规划活动的始终。

2. 大学生职业生涯决策基本原则

大学生在面临职业生涯决策时，会遇到一些阻碍因素制约他们做出正确的决策。这些常见的阻碍中，有的是由于大学生自身的性格造成的，比如意志薄弱，易受外界因素影响，行动上犹豫不决，过于被动，缺少主见等；有的是由于前期专业选择不当，信息获取不足而造成决策迟迟不能做出等。针对这些阻碍，大学生在进行职业生涯决策时应该遵循以下原则，以突破决策阻碍，开创职业新局面。

（1）择己所爱。对职业生涯事件的决定和选择首先要尊重个体的兴趣和价值观，避免因外界因素而犹豫不决。

（2）择己所能。职业生涯决策要考虑与自己的能力、性格特质等的匹配程度，看是否合适。可以通过本项目任务二讲到的方法明确自己的性格特质，

进行抉择。

（3）择世所需。职业生涯决策必须遵循社会发展规律，不可逆社会规律而行，个人的价值终究要体现在对社会所做的贡献上。

（4）择己所利。决策也是利益选择的过程，两利相较取其大者，两害相权取其小者。

3. 大学生职业生涯决策系统框架

根据职业生涯决策基本原则，我们认为大学生职业生涯决策必须立足系统思考，重点考察价值观、性格倾向、能力等个体资源，同时还要分析政治、社会、技术、经济等环境因素，从而将信息进行整合，选择可能和可行的策略。职业生涯决策系统框架，如图1-3-2所示。

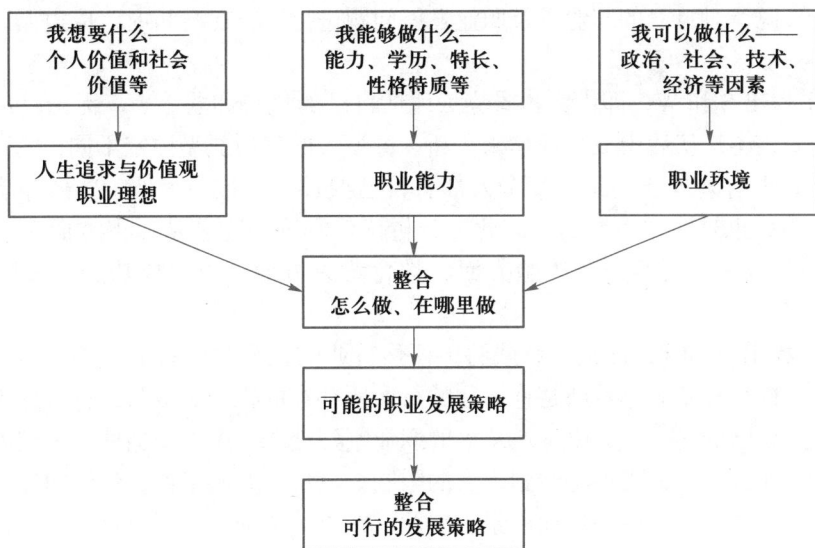

図1-3-2　大学生职业生涯决策系统框架

二、职业生涯决策方法

（一）SWOT分析法

进行有效的职业生涯决策，常用到以下两种实用方法。

SWOT分析法是管理学中一个常用的分析工具，SWOT是四个英文单词首字母的组合，S代表strengths（优势），W代表weaknesses（弱势），O代表opportunities（机会），T代表threats（威胁），其中S、W是内部因素，O、T是外部因素，各因素有关说明见表1-3-1。

近年来，SWOT分析法常被个体作为职业生涯决策分析方法使用，用以检查个体的技能、能力、喜好和职业机会。通过它会很容易知道个人优势和弱势在哪里，并且清晰地认识到自己所感兴趣的不同职业的机会和威胁所在。

表 1-3-1 SWOT 分析法

因素	描述	
内部因素	优势（S） 个体可控并可以利用的内在积极因素：如工作经验、教育背景、专业知识、技能、人格特质、可迁移技能、个人关系网络等	劣势（W） 个体可控并努力改善的内在消极因素：如工作经验少、专业不对口、目标不明确、人际交往能力差、人格特质中的消极因素等
外部因素	机会（O） 个体不可控，但可以利用的外部积极因素：如就业机会增加、再教育机会、紧缺人才、地理位置、经济政策中的有利因素等	威胁（T） 个体不可控，但可以使其弱化的外部消极因素：如就业形势严峻，专业、学校之间的竞争，弱势专业等不利因素

一般来说，对自身的职业以及职业发展问题进行 SWOT 分析时，应遵循以下五个步骤：

（1）找出 S 和 W，即优势和弱势（评估自己的优势和弱势）。无论是从遗传学的角度来看，还是从后天成长环境来分析，每个人的气质类型注定不同，性格特征、天赋、能力也有差异，但是，每个人都有自己擅长的领域。另外，外部环境带给你的优势和弱势也是非常重要的。因此，分析优势和弱势主要从以下方面考虑：比如个性特征方面、主要经历和体验方面、教育背景方面，以及成功和失败的事件分析等。

（2）找出 O 和 T，即机会和威胁（评估行业的机会和威胁）。每一个行业在发展中都存在机会和威胁，看清楚你向往的行业所存在的机会和威胁，将有助于你在职场充分发挥自己的能力。如果你所从事的职业刚好处于一个常受到外界不利因素影响的行业里，那么，你的发展将受到很大的限制。相反，充满了许多积极的外界因素的行业将为职业者提供广阔的职业前景。因此，在决策之前，先列出自己感兴趣的一两个行业，然后认真地评估这些行业所面临的机会和威胁。

（3）列出今后 3~5 年的个人职业目标。列出自己从学校毕业后五年内最想实现的 3~5 个职业目标。这些目标包括你想从事哪一种职业，做到什么样的层次，希望自己拿到的薪水有多少等，并列出这些职业目标对个人和环境的要求。

（4）根据职业目标，组合 SWOT 各种因素，得出决策方案（图 1-3-3）。在了解自己的优势、弱势和外部环境的机会与威胁以后，要想实现制定的职业目标，需要发挥优势因素，克服弱势因素，利用机会因素，化解威胁因素，如此才能做出效益最大化的决策。

（5）根据分析结果，制订职业行动计划。再美好的愿望只有付诸行动才能成为现实。这一步主要涉及一些具体的内容，重点是要达到自己的职业目标而需要提高的内容。列出一份最匹配职业目标的行动计划，并且详细地说明为了实现这一目标需要做的每一件事，以及完成这件事的时间节点。

值得注意的是，规划的职业道路并非一成不变，外界环境因素是动态变化的，随时可能影响到职业的发展。因此，成功的职业生涯决策需要时时审视内外环境的变化，不断对拟好的规划进行评估和修订并调整前进步伐。

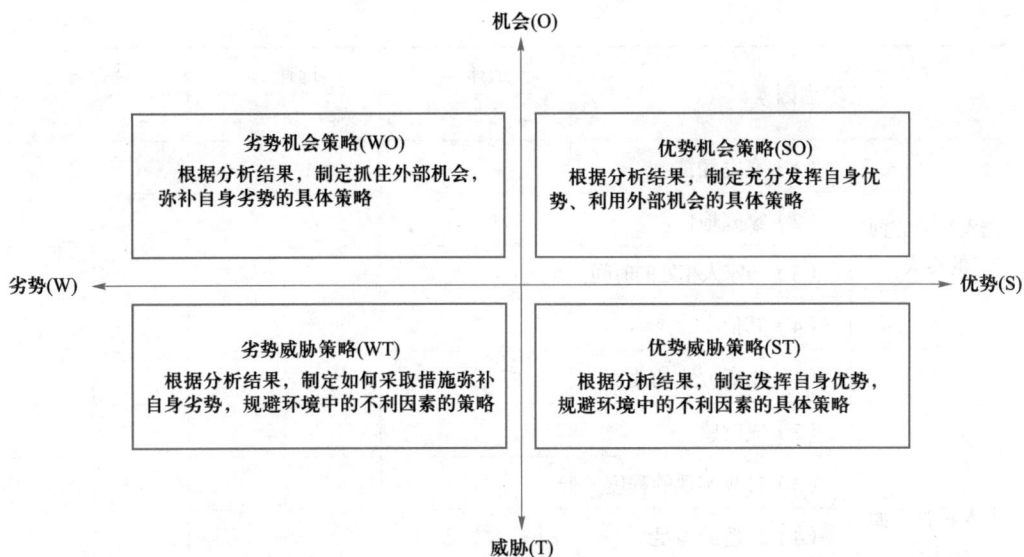

图 1-3-3　SWOT 分析矩阵

（图中内容）

机会(O)

劣势机会策略(WO)
根据分析结果，制定抓住外部机会，弥补自身劣势的具体策略

优势机会策略(SO)
根据分析结果，制定充分发挥自身优势、利用外部机会的具体策略

劣势(W)

优势(S)

劣势威胁策略(WT)
根据分析结果，制定如何采取措施弥补自身劣势，规避环境中的不利因素的策略

优势威胁策略(ST)
根据分析结果，制定发挥自身优势，规避环境中的不利因素的具体策略

威胁(T)

（二）生涯决策平衡单

生涯决策平衡单是将重大事件的决策思考方向集中到四个主题上：个人物质方面的得失，他人物质方面的得失，个人精神方面的得失（自我赞许与否），他人精神方面的得失（社会赞许与否）。个体在进行生涯决策时根据自身不同，可以考虑不同的具体项目加以评价，从而得出不同选项决策目标的相应分数。具体操作如下。

（1）列出你最想做的三份工作。

（2）列出每个工作所考虑的条件，并考虑每个工作能符合这些条件的得失程度，从"-5~5"评分，填入表 1-3-2 所示的生涯决策平衡单样例中。

（3）计算每项选择的总分，依据总分从高到低，列出决策优先级。

表 1-3-2　生涯决策平衡单

考虑因素		选择一		选择二		选择三	
		+	−	+	−	+	−
个人物质方面的得失	（1）收入						
	（2）工作的难易程度						
	（3）升迁的机会						
	（4）工作环境的安全						
	（5）休闲的时间						
	（6）生活变化						
	（7）对健康的影响						
	（8）就业机会						
	（9）其他						

续表

考虑因素		选择一		选择二		选择三	
		+	－	+	－	+	－
他人物质方面的得失	（1）家庭经济						
	（2）家庭地位						
	（3）与家人相处的时间						
	（4）其他						
个人精神方面的得失	（1）生活方式的改变						
	（2）成就感						
	（3）自我实现的程度						
	（4）兴趣的满足						
	（5）挑战性						
	（6）社会声望的提高						
	（7）其他						
他人精神方面的得失	（1）父母						
	（2）师长						
	（3）配偶						
	（4）其他						
总分							

⊃ 能力训练

大学生职业生涯规划步骤

【训练形式】

教师指导，学生独立审慎地完成。

【训练目的】

掌握职业生涯规划技术，完成自己的职业生涯规划制定任务，能够撰写职业生涯规划书。

【训练过程】

1. 职业志向的树立

在制定职业生涯规划时，首先要确立职业志向，这是启动职业生涯规划的关键，也是明确职业生涯规划目标中最重要的一点。明晰职业志向，需要问自己三个问题：当我老去的时候最希望人们怎样评价我？我最希望在哪个领域有所成就和建树？假如不需要考虑时间和金钱，我最想从事的工作是什么？基于上述思考，认真回答以下问题。

（1）我理想的生活方式是：_____。

（2）我未来要创造的成就是：_____。

（3）我将来要从事的主要行业是：_____。

（4）设想我将来的职业名称（3个）：_____。

2. 自我评估与定位

认知自我是个人成熟的表现。只有认识了自己，才能对自己的职业方向做出正确选择。自我评估的内容包括个人的兴趣、特长、性格、智力、知识、技能、职业价值观等。

（1）性格评估。在MBTI性格测试中，自己较适合的职业是：_____。

（2）职业能力评估。根据自己的职业能力特点，较适合的职业有：_____
_____。

（3）职业价值观评估。对于未来的职业，最看重_____，与价值观对应，适合的职业有：_____。

（4）职业兴趣评估。根据霍兰德测试，结合以往的学习和生活经历，认为自己属于的职业兴趣类型是（可依照符合程度排序）：_____。

（5）通过上述自我评估，基于职业志向，适合的职业是：_____。

3. 职业探索与评估

结合项目一任务一中的训练内容，认识自己适合的职业，然后评估职业发展可能性。可以从外部环境和自我内部因素两方面分析自己从事目标职业的可能性。

表1-3-3列举了一些影响职业生涯规划的外部环境因素，请结合实际，完成该表填写。

表1-3-3 职业生涯发展机会自评（1）

外部环境要素	目前情况	未来参加工作时的情况
经济环境分析		
人口环境分析		
科技环境分析		
政治与法律环境分析		
社会文化环境分析		
欲从事职业所处的行业分析		
欲从事职业本身的环境分析		
其他要素		

表1-3-4列举了影响职业生涯规划的内部因素，请完成表1-3-4所示的影响职业选择的内部因素分析，判断职业发展的可能性。

表1-3-4　职业生涯发展机会自评（2）

内部因素	与职业相关的影响	目前状况概述
性别	你所确定的职业前景与你所认为的性别角色相符吗	
身心健康	你的健康状况限制你进入哪些行业及职业？出于对健康的关心，你不想进入哪些职业	
教育背景	这些教育背景能实现你的职业目标吗？所具有的教育背景对你的职业有哪些帮助？你还需要加强哪些方面的学历教育或其他培训	
与职业相关的经历	儿时关于职业的看法和梦想是什么？大学时与职业相关的体验和实践是什么	
地理位置	家庭所在地有哪些与职业发展相关的优势和劣势？学校所在的城市有哪些与职业发展相关的优势和劣势？未来的理想工作地点有哪些地域特点？这些特点能促进职业发展吗	
社会阶层	父母、亲戚所处的社会阶层能为你的职业带来哪些资源与帮助	
家庭、家族背景	家庭、家族背景能为你的职业带来哪些资源与帮助	
学校层次	你所在的学校处于哪个层次？有哪些可以利用的资源能帮助你的职业发展	
专业情况	你所在专业的毕业生历年的就业领域有哪些，情况怎样？有哪些可以用来促进职业发展的资源	

4. 职业生涯目标和路线规划

明确职业生涯目标就是明确自己想要成为什么样的人，具体讲就是想在职业生涯中达到怎样的职位，达到怎样的职称，成为专家还是事务性工作者？

职业生涯目标大致可以分为四个层次（图1-3-4）：第一个层次是愿景目标，是个人内心永远的向往，也就是想要成为什么样的人；第二个层次是职业方向目标，也就是最终要达到的职位、职称等；第三个层次是长期目标，也就是未来5~10年的目标；第四个层次是行动目标；也就是短期可实现的目标。目标的制定要自上而下，而目标

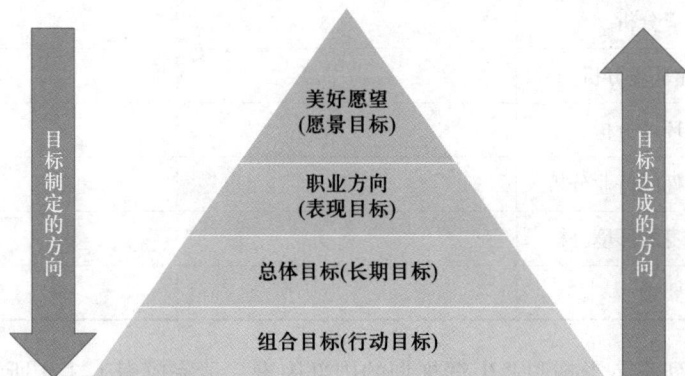

图1-3-4　职业生涯目标层次图

的达成则是自下而上的。

职业生涯发展路线的方向是由低阶至高阶发展的，通过前面的个人评估和环境分析发现，每个人的基础素质不同，适合的职业生涯发展路线也不同，职业生涯发展的路线主要有四种，即管理型路线、专业技术型路线、综合型路线、创业型路线。就业与创业并不是矛盾的两个方面，它们是实现职业生涯规划的不同路径，因此，需要通过详尽的个人与环境分析，明确选择适合自己的职业发展路线。

5. 制订行动计划和措施

大学生职业生涯规划的实施可以分为三个阶段：大一的定向期、大二的拼搏期、大三的冲刺期，各个阶段确定的目标和内容如表 1-3-5 所示。当然，这里列出的方向和目标因人而异，比如有的大学生可能在大学初期就开始创业。

表 1-3-5 大学生职业生涯规划任务表

时期	侧重方向	侧重目标	实施措施
一年级（定向期）	正确认识大学、认识自我；进行职业剖析；制定职业目标，进行生涯设计	了解职业，明确职业目标	
二年级（拼搏期）	夯实基础，拓展素质，科技创新，利用专业成才	加强自身综合素质，培养实现职业目标所需的各种能力，提高求职技能，做好就业创业准备	
三年级（冲刺期）	侧重择业、就业、创业	找工作、学习深造、企业初创	

通过前面的评估分析，可以判定一个职业方向对自己的适合程度。如表 1-3-6 所示，现在请分析，自己要达成这一职业理想，已经具备的条件和欠缺的条件，并明确提升的措施。

表 1-3-6 条件分析表

职业方向	职业方向（最想做的）		
	职业要求		
	适合自己的职业和工种或创业方向		
因素	个人具备的条件	个人欠缺的条件	我的措施
学历			
专业			
能力专长			
兴趣爱好			
社交能力			
身体素质			
性格特征			
相关经验			

接下来,根据以上分析,请完成学年规划(表1-3-7)。每学年末,要总结执行情况,然后修正,制定新的学年规划。

表1-3-7 学 年 规 划

学年		目标	措施	时限
第 学年	第一学期		(1)	
			(2)	
			(3)	
	第二学期		(1)	
			(2)	
			(3)	

6. 定期评估与反馈

定期进行评估与反馈,不断完善自己的职业规划,评估与反馈具体可采用助力与阻力分析表(表1-3-8)和360°评价法。

表1-3-8 助力与阻力分析表

助力	阻力
推动你职业目标实现的积极因素: (1) (2) (3)	阻碍你职业目标实现的消极因素: (1) (2) (3)
能将积极因素最大化,将消极因素消除、最小化甚至转化为积极因素的行动: (1) (2) (3)	

对本年度目标完成的自我分析与评估:

对职业生涯发展反馈,可以采用360°评价法。

(1)辅导员评价:＿＿＿＿＿＿＿＿＿＿＿＿＿＿＿＿＿＿＿＿。

(2)父母评价:＿＿＿＿＿＿＿＿＿＿＿＿＿＿＿＿＿＿＿＿＿。

(3)同学评价:＿＿＿＿＿＿＿＿＿＿＿＿＿＿＿＿＿＿＿＿＿。

(4)自我评价:＿＿＿＿＿＿＿＿＿＿＿＿＿＿＿＿＿＿＿＿＿。

经过评估与反馈,将职业生涯规划方案修正如下:

➲ 效果评估

测测你的生涯适应力

职业生涯是一个漫长的过程，也是一个动态的不断调整的过程。面对变化，职业生涯规划的重要意义在于真正提高一个人的生涯适应力。生涯适应力就是个体应对社会变化和保持与环境和谐的心理资源，能够让我们直面生涯过程中遇到的困难，努力克服困难，最终实现职业理想。

请根据自己的实际情况，在表1-3-9所示的量表中评定在每项能力上的发展程度。总分得分越高，说明你的生涯适应能力较强。另外，学习完全书内容后，你可以再进行一次测试，看看自己在哪些方面有所提高，哪些方面变化不大，并思考还可以采取哪些行动或措施提高这些有待加强的能力。

表1-3-9 生涯适应力测试量表

能力项	不强（1分）	有点强（2分）	强（3分）	很强（4分）	非常强（5分）
我会思考未来我会是什么样子					
我知道现在的选择会塑造我的未来					
我知道要为未来做准备					
我知道必须做出教育和职业选择					
我会为实现我的目标制定计划					
我会去了解未来想从事的工作特性					
保持乐观					
靠自己做决定					
能为自己的行为负责					
做适合自己的事情					
探索周围的环境					
为自己寻找成长的机会					
在做决定前考量各种可能的选择					
观察别人做事的不同方式					
深入研究自己所关心的问题					
对新的机遇感到好奇					
高效执行任务					
认真把事情做好					
学习新技能、经常充实自己					

续表

能力项	不强 （1分）	有点强 （2分）	强 （3分）	很强 （4分）	非常强 （5分）
逐步发展自己的各项能力					
我能克服阻碍与困难					
我会利用各种机会加强自身就业能力					
合计					

交 互 测 试

项目一

项目二

千淘万漉——构建职业素质

▶ 项目概览

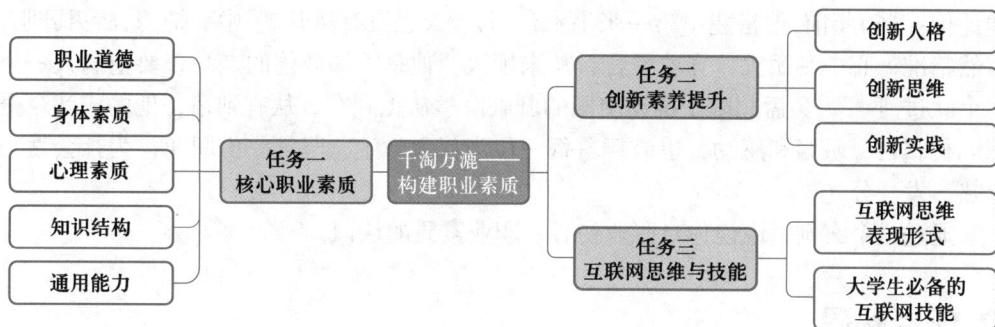

▶ 项目引言

　　"千淘万漉"语出唐代诗人刘禹锡的《浪淘沙》："千淘万漉虽辛苦，吹尽狂沙始到金"。意为：淘金要经过千遍万遍的过滤，历尽千辛万苦，最终方能淘尽泥沙，得到闪闪发光的黄金。同样，良好的职业素质的养成也是一个需要历尽锤炼的过程。

任务一 核心职业素质

⊃ 问题导入

2021年5月22日，中国科学院院士、"中国肝胆外科之父"吴孟超院士因病医治无效在上海逝世，享年99岁。吴孟超是世界上90岁高龄仍然工作在手术台前的唯一一位医生。他不仅是一位优秀的肝脏科临床医生，更是一位杰出的医学研究者，我国肝脏外科医学奠基人。吴孟超院士被评为"2011感动中国十大人物"，其颁奖词这样评价："60年前，他搭建了第一张手术台，到今天也没有离开。手中一把刀，游刃肝胆，依然精准；心中一团火，守着誓言，从未熄灭。他是不知疲倦的老马，要把病人一个一个驮过河。"吴孟超院士推动中国的肝脏医学从无到有、从有到精，他的成就令全球同行瞩目、敬佩和感动，也鼓舞着每一位当代大学生，坚守一份职业，为社会发一分热、发一分光。

通过这个案例，说说你对职业初心、职业素质的认识。

⊃ 任务解码

职业素质是劳动者在一定生理和心理条件基础上，通过教育培训、职业实践、自我修炼等途径形成和发展起来的，在职业活动中起决定性作用的，内在的、相对稳定的基本品质，其是劳动者对社会职业了解与适应能力的一种综合体现。对于当代大学生而言，无论未来选择求职还是创业，是否具有良好的职业素质事关职业成败。

2022年5月1日起实施的新《职业教育法》明确定位职业教育，即为了培养高素质技术技能人才，使受教育者具备从事某种职业或者实现职业发展所需的职业道德、科学文化与专业知识、技术技能等职业综合素质和行动能力而实施的教育。可见，以"德"为先、德技并修，是新时代大学生必须具备的职业综合素质。

解锁本任务的密码有：
- 知识密码：掌握职业道德及职业素质的构成。
- 能力密码：从小事做起、从身边做起，不断提升自身职业素质能力。
- 素养密码：树立爱岗敬业、诚实守信、办事公道、服务群众、奉献社会的职业道德，铸就劳模精神、劳动精神、工匠精神。

微课启学：
核心职业
素质

⊃ 知识对策

一、职业道德

（一）职业道德的概念

职业道德的概念有广义和狭义之分。广义的职业道德是指从业人员在职业活动中应该遵循的行为准则，涵盖了从业人员与服务对象、职业与职工、职业与职业之间的关系。狭义的职业道德是指在一定职业活动中应遵循的、体现一定职业特征的、调整一定职业关系的职业行为准则和规范。不同的职业人员在特定的职业活动中形成了特殊的职业关系，包括了职业主体与职业服务对象之间的关系、职业团体之间的关系、同一职业团体内部人与人之间的关系，以及职业劳动者、职业团体与国家之间的关系。

2019年10月27日，中共中央、国务院印发《新时代公民道德建设实施纲要》明确指出："推动践行以爱岗敬业、诚实守信、办事公道、热情服务、奉献社会为主要内容的职业道德，鼓励人们在工作中做一个好建设者。"爱岗敬业、诚实守信、办事公道、热情服务、奉献社会，成为新时代各行各业劳动者应遵守的基本职业道德。

🔖 知识小阅

习近平总书记在2020年全国劳动模范和先进工作者表彰大会上的讲话（节选）

在长期实践中，我们培育形成了爱岗敬业、争创一流、艰苦奋斗、勇于创新、淡泊名利、甘于奉献的劳模精神，崇尚劳动、热爱劳动、辛勤劳动、诚实劳动的劳动精神，执着专注、精益求精、一丝不苟、追求卓越的工匠精神。劳模精神、劳动精神、工匠精神是以爱国主义为核心的民族精神和以改革创新为核心的时代精神的生动体现，是鼓舞全党全国各族人民风雨无阻、勇敢前进的强大精神动力。

（二）职业道德的培养

职业道德不是一个空泛的概念，也不是靠豪言壮语支撑的，它最终是要落实到人的职业活动中，通过职业道德行为表现出来的。大学生可以通过知识学习、习惯养成、实践强化和自我修养四个环节，不断提高自己职业道德。

1. 知识学习

古人云："知是行之始。"培养职业道德的第一条途径就是学习有关职业道德的知识。职业道德不是强加给我们的戒律，它的背后包含着深刻的人生价值观和理论支撑，包含着具体情境中对于道德问题的判断。我们只有加强对道德知识的学习和理解，才能真正懂得规范背后的道理，认同职业道德的意义，从而提高职业道德意识，形成职业道德信念，增强培养职业道德的自觉性和积极性。职业道德的学习形式是多样的，我们可以从理论中学习，可以从先人总结的格言警句中学习，可以从职业道德行为案例中学习，还可以向具有优秀职业道德的模范榜样学习。

2. 习惯养成

"习惯成自然"，有意识地坚持在日常职业生活中培养自己的职业道德习惯，是职业道德培养的一条有效途径。习惯一旦养成，它的力量是强大的，"勿以恶小而为之，勿以善小而不为。"不能因为"恶"小就去做它，因为这有可能会助长一种不良的习惯，然后逐渐恶化，最后不可收拾；反之，如果养成了良好的道德习惯，就比较容易做出正确的道德选择。所以，我们应当从小事做起，在日常的职业生活中，严守职业道德规范，养成遵守职业道德的习惯。

3. 实践强化

"纸上得来终觉浅，绝知此事要躬行。"良好的职业道德行为不是与生俱来的，而是在长期的职业生活实践中磨炼而成的。丰富的社会实践是指导人们发展、成才的基础，是实现知行合一的主要场所。在社会实践中，把学和做结合起来，以正确的道德观念指导自己的实践，理论联系实际，言行一致，知行合一。

4. 自我修养

自我修养是经常进行内省和努力做到慎独而实现的。内省即内心省察检讨，使自己的言行符合道德标准的要求。内省，一要严于剖析自己，善于认识自己，客观地看待自己，勇于正视自己的缺点；二要敢于自我批评、自我检讨；三要有决心改进自己的缺点，扬长避短，在实践中不断完善自己的职业道德品质。慎独是指独自一个人在没有外界监督的情况下，也能自觉遵守道德规范，不做对国家、对社会、对他人不道德的事情。作为大学生要以此激励和鞭策自己，加强道德修养，自觉做到慎独，特别是在信息网络环境下创业立业，更需要这种慎独的品质。

二、身体素质

早在1917年4月，毛泽东同志在《体育之研究》一文就提出：欲文明其精神，先自野蛮其体魄。苟野蛮其体魄矣，则文明之精神随之。强调了体育之效的同时，也告诉我们一个更加切实的道理：只有拥有健康的身体、充沛的精力，才能为自己的事业提供基础保障。尤其是有志于创业的大学生，面对艰苦而复杂的创业起步和经营，更需要良好的身体素质作为基础。

三、心理素质

心理素质是人的整体素质的组成部分，主要包括人的认识能力、情绪和情感品质、意志品质、气质和性格等个性品质诸方面。心理素质以自然素质为基础，在后天环境、教育、实践活动等因素的影响下逐步发生、发展起来的，因此心理素质是先天和后天的结合。心理素质的提升可以通过后天的培养获得，例如可以从认知自我、学会把控自己情绪以及提高受挫力等方面加强训练。

有志于创业的大学生，更要具备强大的心理素质。除了具备自信、果敢、富于冒险的性格特征外，还可着重培养强烈的成就动机和主动性，学会把控情绪，扛起压力及孤独。

§ 知识小阅

良好心理素质的表现

著名的社会心理学家亚伯拉罕·马斯洛认为，良好的心理素质表现在以下几个方面：

（1）具有充分的适应力。

（2）能充分地了解自己，并对自己的能力做出适度的评价。

（3）生活的目标切合实际。

（4）不脱离现实环境。

（5）能保持人格的完整与和谐。

（6）善于从经验中学习。

（7）能保持良好的人际关系。

（8）能适度地发泄情绪和控制情绪。

（9）在不违背集体利益的前提下，能有限度地发挥个性。

（10）在不违背社会规范的前提下，能恰当地满足个人的基本需求。

四、知识技能

（一）科学文化知识

科学文化是有效研究真实世界的途径和知识生产的理想形态，是富有启发性的文化。在人类所有文化的知识体系中，无论就其系统性和严密性而言，还是就其量的多少和质的精粹而言，科学文化的知识体系无疑独占鳌头。科学文化素质主要指科学知识、技术知识、文化知识、文化修养等方面的素质。理性和实证是科学文化的鲜明标识，一个具有科学文化素质的个体，能够面对不同情境，理性分析，有效论证，得出合理结论或生成有效解决方案，求真务实、开拓创新。一个具有科学文化素质的个体，还能够在理解的基础上认同并传承中华民族优秀文化，能够以平等、尊重的态度看待和理解不同文化间的共性与差异，具有体现中华民族优秀传统文化特点的价值观念、道德伦理和行为习惯等。

（二）专业知识及技能

专业知识及技能是指适应职业岗位所必需的专业技术知识以及实践操作能力，它是大学生知识体系中的核心。掌握牢固的专业知识，练就过硬的专业技能，一方面，是大学生择业的优势，也是胜任岗位工作的保障，更是创造职业成就、服务社会和人民的基础。吴孟超院士的一生，不仅是医者仁心的一生，也是坚守专业、精益求精的一生。另一方面，从创业角度来说，大学生如能结合专业知识和技能进行创业，更能提高创业成功率。

> 🔍 **案例小品**

在清华大学当老师的职业院校毕业生

2022年5月24日，教育部召开了职业教育发展新闻发布会，清华大学基础工业训练中心的邢小颖老师分享了自己的成长经历。2011年，邢小颖考入陕西工业职业技术学院，在校三年，她去得最多的地方就是实训基地，2014年，邢小颖以专业综合排名第一的成绩被推荐到清华大学基础工业训练中心任教，和她一样毕业于陕西工业职业技术学院在清华任职的前后有 5 批 13 人。职业院校超过总学时一半的实训课，让他们掌握了扎实的专业技能，成为他们能够在清华为本科生讲授实践课的根本原因。2015 年，邢小颖报考了中国地质大学的专升本，2017 年顺利拿到学士学位，2021 年获评工程师职称。一位职业院校的毕业生，通过不断提升自身素质，站上了我国著名学府的讲台。

五、通用能力

在项目一任务二中，我们已经讲到大学生应该具备的职业能力，那里所提及的终身学习能力、实践能力、社交能力、专业技能、可迁移技能，这些是每位大学生都要具备的通用能力，此处不再赘述。

需要特别指出，创新型社会的发展，要求每位大学生具备更强的创新思维和创新能力，尤其对于有志创业的大学生来说，创业就是创新。有关创新能力及提升，将在下个任务中做详细讲述。

⊃ 能力训练

利用 6S 管理法提升职业素质

6S 管理是一种管理模式，最早起源于日本，6S 即整理、整顿、清扫、清洁、素养、安全，因其日文罗马标注发音的英文单词均以"S"开头而得名。用 6S 管理法的思想规范大学生的学习、生活和实习过程，可以培养学生劳动精神，提升其职业素质，加快实现职业角色转换。

【训练形式】
教师指导，学生独立完成，并逐步形成习惯。
【训练目的】
培养学生良好的职业习惯、优良的劳动精神，有效提升其职业素质。
【训练过程】
1. 了解 6S 管理法的应用
职业素质的提升是一个长期而系统的工程，其关键在于形成良好的职业习惯。6S 管理法的核心，就是将规范化、标准化要求内化为大学生的自觉行为，及时消除不良影响，养成良好的学习生活习惯。表 2-1-1 是 6S 管理法在大学生学习生活中的应用举例，你可以根据这些内容，盘点自己的实际表现。

表 2-1-1 6S 管理法在学习生活中的应用

6S要素	生活中应用（宿舍生活）	学习上应用
整理	整理宿舍物品，及时清除无用的，只保留有用的	盘点职业目标，明确哪些行为能促进目标达成，哪些行为会成为掣肘

续表

6S要素	生活中应用（宿舍生活）	学习上应用
整顿	有用的东西要摆放有序	为该做的事情制订实施计划
清扫	及时清扫宿舍环境，保持有序	计划实施中，及时清除不利影响
清洁	养成及时清扫的习惯	形成"计划—执行—监督—反馈"制度
素养	积极影响室友，形成良好氛围	积极影响其他同学，形成战斗型团队
安全	排除宿舍不安全隐患	关注健康，珍爱生命

2. 制订行动计划

根据盘点结果，为自己制订一份生活或学习上的计划，比如每日宿舍环境整理计划、健身或学习计划等，并长期坚持。让我们从小事做起、从身边做起，形成良好的学习生活和职业习惯，全面提升自身职业素质。

⊃ 效果评估

提升时间管理能力

时间管理就是用技巧、技术和工具帮助人们完成工作，实现目标。其目的除了要决定你该做些什么事情之外，另一个很重要的目的是决定什么事情不应该做。较强的时间掌控和管理能力，是每位从业者都应具备的能力。

（1）了解时间管理象限法。著名管理学家科维提出一个时间管理的理论，把工作按照重要和紧急两个不同的程度进行划分，基本上可以分为四个"象限"：既重要又紧急、重要但不紧急、不重要但紧急、既不重要也不紧急（图2-1-1）。时间管理理论的一个重要观念是应有重点地把主要的精力和时间放在处理那些重要但不紧急的工作上，这样可以做到未雨绸缪，防患于未然。一般而言，这部分

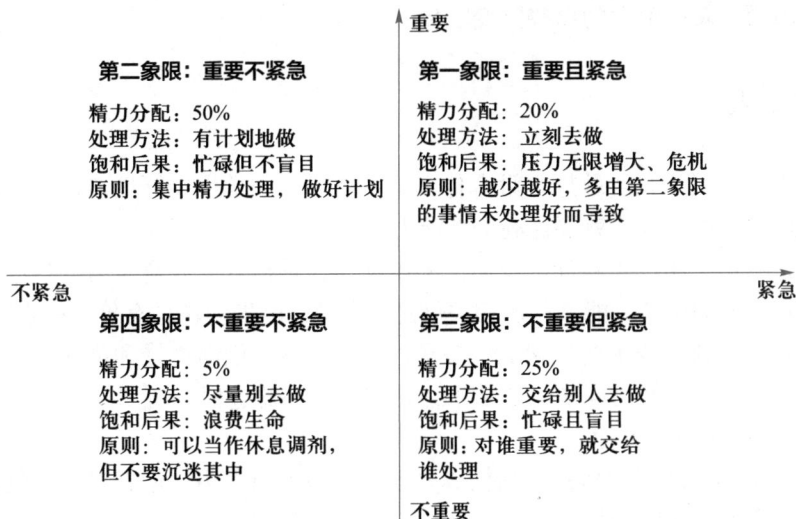

重要

第二象限：重要不紧急

精力分配：50%
处理方法：有计划地做
饱和后果：忙碌但不盲目
原则：集中精力处理，做好计划

第一象限：重要且紧急

精力分配：20%
处理方法：立刻去做
饱和后果：压力无限增大、危机
原则：越少越好，多由第二象限的事情未处理好而导致

不紧急　　　　　　　　　　　　　　　　　　　紧急

第四象限：不重要不紧急

精力分配：5%
处理方法：尽量别去做
饱和后果：浪费生命
原则：可以当作休息调剂，但不要沉迷其中

第三象限：不重要但紧急

精力分配：25%
处理方法：交给别人去做
饱和后果：忙碌且盲目
原则：对谁重要，就交给谁处理

不重要

图 2-1-1　时间管理四象限法

工作要占用我们 50%~60% 的时间和精力。

　　根据工作的重要与紧急程度，画出你的时间管理四象限图，具体指出未来一周或一个月中你要完成的工作或学习内容属于哪个象限。

　　（2）制订时间使用计划。你可以以星期为单位制订一个较长的计划，在时间四象限图中要显示出你对不同工作的时间分配，并制定相应的处理方法，而且，最重要的是要严格执行。例如，每天都要有当天的工作计划表和时间使用表，严格按照计划执行，并自觉检查和总结。

　　（3）更新和完善。一天结束后，记录和分析自己一天时间的使用情况，并不断更新完善自己的时间计划表。相信经过长时间的自律和坚持，你会成为一个时间的掌控者！

任务二　创新素养提升

➲ 问题导入

　　当今，一台计算机可以储存中世纪所有图书馆里的全部抄本和卷轴的信息；5 艘现代的货船可以装下公元 1 500 年全世界所有船队的货物；人类的首次环球之行用了三年时间，现在却用不了一天。所有这些，似乎都能关联到一个词语，这就是"创新"。2021 年 9 月 20 日，世界知识产权组织（WIPO）发布的《2021 年全球创新指数报告》（以下简称《报告》）显示，中国排名第 12 位，较 2020 年上升两位。这是中国自 2013 年起，全球创新指数排名连续九年稳步上升，上升势头强劲。到目前为止，中国仍是全球创新指数排名前 30 名中唯一的中等收入经济体，其拥有 19 个全球领先的科技集群，将有望跻身全球创新十强之列。

　　创新，让未来的一切皆有可能。现在就请大家细数一下，在我们日常的衣食住行等领域，因为创新所引发的那些巨变吧！

➲ 任务解码

　　"创新无极限，只要敢想，没有什么不可能！"大学生要开创自己的事业，使自己的职业道路走得更远，就要提高创新能力。

　　创新是人类文明进步与社会发展的根本动力，是提升个人竞争力的核心要素。一个具有创新素养的个体，能够利用相关信息、资源，产生新颖且有价值的观点、方案、产品等成果。创新素养主要包含三个要素，创新人格、创新思维和创新实践。创新素养的提升是这三个要素协同作用的结果，是知行合一的过程。

　　解锁本任务的密码有：

　　● 知识密码：理解创新素养的构成要素，掌握创新人格、创新思维及创新实践对于提升创新素养的协同作用。

　　● 能力密码：善于运用创新方法，提高创新效率。

● 素养密码：塑造创新人格，激发创新思维，培养创新精神，把个人发展与国家创新驱动发展战略相结合。

➲ 知识对策

一、创新人格

创新人格是指有利于创新活动顺利开展的个性品质，它具有高度的自觉性和独立性，是一个人的品质与德行问题。创新人格是创新主体进行创新活动的心智基础和能力基础，具有创新人格的个体在追求创新目标上的有恒性、在实施创新构想上的敢为性、在克服创新困难上的灵活性和在控制创新行为上的自律性，都为其提升竞争能力、凸显竞争优势，最终形成创新能力提供了极好的基础。创新人格具有以服务社会为己任，敬业爱岗，刻苦钻研，开拓进取，坚韧不拔的特点。

> **🗍 知识小阅**
>
> ### 创新人格表现
>
> 北京师范大学中国教育创新研究院发布的《21 世纪核心素养 5C 模型研究报告（中文版）》中，列举出以下与创新人格有关的行为表现：
> （1）有很强的好奇心和旺盛的求知欲。
> （2）具有开放心态，愿意接纳新生事物，不断拓宽视野。
> （3）敢于冒险，能容忍不确定性。
> （4）勇于挑战，乐于探究复杂事物，面对批评、挫折有韧性。
> （5）对自身的创造性有信心。
> （6）能坚持自己的观点，具有较强的自主性、独立性。

二、创新思维

所谓思维，是指人脑利用已存在的知识，对记忆的信息进行分析、计算、比较、判断、推理、决策的动态活动过程。全世界无产阶级和劳动人民的伟大导师和领袖恩格斯称赞思维是地球上最美丽的花朵。创新思维就是创造者利用已掌握的知识和经验，从某些事物中寻找新关系、新答案，创造新成果的高级的、综合的、复杂的思维活动。创新思维是人类思维的高级形式，是具有开创意义的思维活动，是人类探索事物本质、获得新成果、促进个人发展和社会进步的有效手段。

微课启学：
何谓创新
思维

（一）创新思维模式

创新思维通常有以下几种模式。

1. 发散思维

发散思维（divergent thinking），又称辐射思维、放射思维、扩散思维或求异思维，

是指大脑在思维时呈现的一种扩散状态的思维模式。心理学家认为，发散思维是创新思维最主要的特点，是测定创造力的主要标志之一。

对于发散性思维来说，当一种方法不能解决问题时，它会主动地否定这种方法，而向另一种方法跨越。例如，大发明家爱迪生在发明电灯时，为试制灯丝，他实施了1 600多种不同类型的方案，直到找到碳化丝片为止。

✐ 堂间小练

火 柴 游 戏

见图 2-2-1，五根横排和三根竖排的火柴，能拼出几个汉字？（不能改变横竖方向）

见图 2-2-2，移动三根火柴，能得到最大的数字是多少？

图 2-2-1 火柴游戏（1）　　　图 2-2-2 火柴游戏（2）

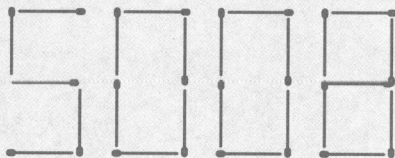

发散思维训练

根据以下问题，发挥你的发散思维，产生更多的设想。

（1）请列举铅笔的用途，越多越好。

（2）如果你是服装设计师，可以设计出多少种裤腿的形状？

（3）设计两室一厅（一厨一卫）的多种户型。

（4）你正给朋友打电话，讨论着重要事情，突然手机没电了，你会怎么解决？

（5）参考图 2-2-3 中所示的平时厨房里用的打蛋器，你还能创造出多少种不同类型的厨房用具？

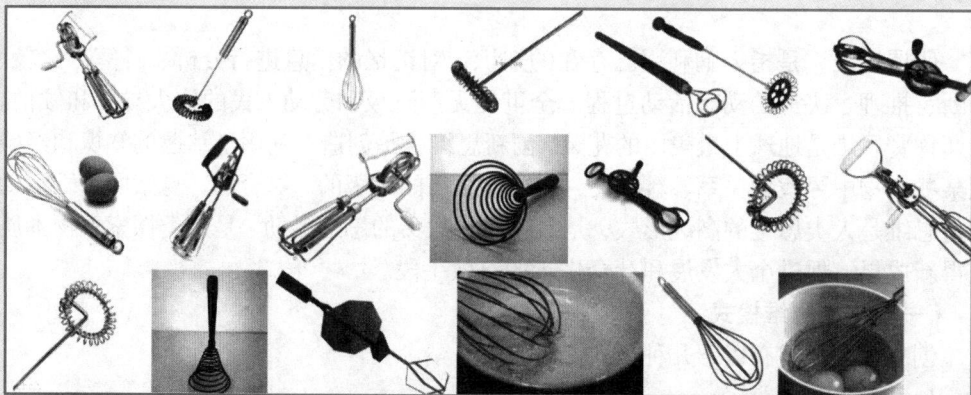

图 2-2-3 厨房用具的创新设计

2. 收敛思维

收敛思维（convergent thinking），又称"聚合思维"。收敛思维是一种从众多答案或方案中寻求唯一正确答案或最佳方案的思维方式。其特点是使思维始终集中于同一方向，使思维条理化、简明化、逻辑化、规律化。收敛思维与发散思维，如同"一个钱币的两面"，是对立的统一，具有互补性，不可偏废。收敛思维常常使我们能够得到最终的创造性结论。

✐ 堂间小练

收敛思维训练

做以下练习时，尽可能多地写出可行性方案，然后运用收敛思维，确定最佳方案。

（1）春运期间，一票难求，假如你家在深圳，火车票很难买，设计你回家的方案，并选择最经济又不太劳累的方案。

（2）著名的"囚徒困境"：两个共谋犯罪的人被关入监狱，不能互相沟通情况。如果两个人都不揭发对方，则由于证据不确定，每个人都坐牢一年；若一人揭发，而另一人沉默，则揭发者因为立功而立即获释，沉默者因不合作而入狱五年；若互相揭发，则因证据确凿，二者都判刑两年。你认为最有可能发生的是哪种情况？

（3）假如你是一个钟表店的经理，门前要挂两个大的钟表模型作为装饰，时针和分针位置的设计有哪些方案？在什么位置上最好？

3. 逆向思维

逆向思维（reversed thinking）也叫反向思维，是指改变一般的思维程序，从事物的反面去思考问题的思维方法。这种方法常常使问题获得创造性的解决。

⑨ 案例小品

逆 向 营 销

有一种番茄酱，跟同类产品比起来，浓度太高，特别稠，很多家庭主妇在使用时，总觉得不方便，市场前景不被看好。起初，经销公司想重新研制配方，降低浓度，重新生产，但又觉得十分困难，风险又大。于是，他们认为，产品的缺点，其实正是它的优点。因为浓度高，说明番茄酱的成分多、水分少，营养更加丰富，味道更加纯正。于是，他们加大宣传力度，使这种观点家喻户晓。很快，番茄酱的市场占有率跃居同类产品榜首。有时，按照常理，"循规蹈矩"地做营销，往往成效甚微，甚至蚀本。倘若打破常规，逆向思维，独辟蹊径，想人之所未想，为人之所未为，很可能会出奇制胜。

堂间小练

"抬杠"游戏

两个同学为一组进行练习，一个同学先说出"我喜欢×××，因为它有×××的优点和好处"，另一个同学就要抬杠说"我不喜欢这种东西，因为它有×××缺点"，然后两个人再交换角色进行练习。

你知道吗?

我们经常吃的酒心巧克力、果汁巧克力，酒心和果汁是怎样注入巧克力里面的?

4. 联想思维

联想思维（associative thinking）是指人脑记忆表象系统中，由于某种诱因导致不同表象之间发生联系的一种没有固定思维方向的自由思维活动。主要思维形式包括幻想、空想、玄想。其中，幻想，尤其是科学幻想，在人的创造活动中具有重要的作用。

堂间小练

联想思维训练

读完题目，要进入题目的情境，设身处地进行联想，虚拟的情境越逼真，联想的效果越好。

（1）以"你我他"为主题，用简洁的语言编写小故事，越多越好。

（2）某航班发生空难事故，你能产生哪些因果联想?

（3）读到《念奴娇·赤壁怀古》中的"大江东去，浪淘尽，千古风流人物"时，你会产生哪些联想?

5. 逻辑思维

逻辑思维（logical thinking），人们在认识事物的过程中借助概念、判断、推理等思维形式能动地反映客观现实的理性认识过程，又称抽象思维。只有经过逻辑思维，人们对事物的认识才能达到对其本质的把握，进而认识客观世界。它是认识的高级阶段，即理性认识阶段。

堂间小练

逻辑思维训练

在一个办公室里有王老师、李老师、赵老师三位老师,他们分别讲授数学、物理、政治、英语、语文、历史,且每位老师都要授两门课。他们之间有这样的规定：

（1）政治老师和数学老师住在一起。

（2）王老师是三位老师中最年轻的。

（3）数学老师和赵老师是一对优秀的象棋手。

（4）物理老师比英语老师年长，比另一位老师又年轻。

（5）三人中最年长的老师住得比其他两位老师远。

请问，他们分别是教什么的老师？

6. 灵感思维

灵感思维（inspirational thinking）又称顿悟，是指凭借直觉而进行的快速、顿悟性的思维。它不是一种简单逻辑或非逻辑的单向思维运动，而是逻辑性与非逻辑性相统一的理性思维整体过程。现代科学研究表明，灵感是大脑的一种特殊技能，是思维发展到高级阶段的产物，是人脑的一种高级的感知能力。正如著名科学家钱学森所说："我认为现在不能以为思维仅有逻辑思维和形象思维这两类，还有一类可称为灵感，也就是人在科学和文艺创作的高潮中，突然出现的、瞬息即逝的短暂思维过程。它不是逻辑思维，也不是形象思维，这两种思维持续的时间都很长，但是灵感时间极短，几秒钟而已。总之，灵感是又一种人们可以控制的大脑活动，又一种思维，也是有规律的。"

🔖 知识小阅

捕捉灵感的好方法

清晨日志可以帮你在有自我意识之前去捕捉创意、思想或感情，从而进入主观的创造性空间。《艺术家的方式》一书的作者朱丽亚·卡梅伦建议，在设置平时起床闹钟的时候，不如试着提前半小时，她说，"醒来后，立刻手写三段以上的文字，这叫'意识流写作'，它可能是一个梦、前一天的一个活动，甚至一段情感，任何溜进你心里的东西，都可以记下来"，卡梅伦建议，你只需坚持记录，为你的想法创造一个自由流动的空间，灵感创意自然会产生！

（二）常见思维障碍

生物学家贝尔纳曾经讲过："妨碍人们创新的最大障碍，不是未知的东西，而是已知的东西。"思维一旦形成惯性，就会阻碍新观念、新想法的产生，成为解决问题的障碍。因此，要想提高创新能力，也要注意识别思维障碍。

微课启学：
常见思维
障碍

🔖 案例小品

鸟笼逻辑

鸟笼逻辑（Birdcage Logic）被认为是人类无法抗拒的十种心理之一，是由一个心理学故事引出的效应。挂一个美丽的鸟笼在房间里最显眼之处，过不了几天，主人必定会做出下面两个选择之一：把鸟笼扔掉，或者买一只鸟回来放在鸟笼里，因为这比无休无止的解释和说明要轻易得多。其实并不是每一个漂亮的鸟笼里都应该养鸟，但可惜的是人们总是逃不出这个逻辑的局限，这就是鸟笼逻辑。鸟笼逻辑的原因很简单：人们通常采取惯性思维。很多事情常常因为别人用习惯思维

的逻辑进行推理而被误解，最终不得不屈服于强大的惯性思维，而一些创新、改革碰到的阻力大多来自传统和习惯。

1. 习惯性思维障碍

习惯性思维障碍是生活中最常见的思维定式，产生于人们生活、思考等诸多习惯。人们的思维有惯性，还有惰性，遇到比较复杂的问题或问题情境改变时，还沿用习惯性的思维方式解决问题，就会使我们犯错误。

自我小测

找 不 同

将十个手指交叉在一起，观察一下你的左手大拇指在上还是右手大拇指在上？请你第二次交叉十个手指，但要做一下改变，如果刚才你是左手在上，现在请右手在上；刚才是右手上的请换成左手，有什么感觉？会不会觉得有点不舒服，为什么？

2. 权威型思维障碍

权威型思维障碍是指迷信权威，不敢怀疑权威的理论或观点，一切都按照权威的意见办事，不敢逾越权威半步，也是创新思维的极大障碍。权威人物往往会被自己的知识和经验限制，他们的意见具有时间和空间的局限性，即在一定的时空内才是适用的。大量的创新成果都是在克服了对权威的无条件崇拜，打破了迷信权威的思维障碍后取得的。

案例小品

敢于挑战权威

在一次欧洲举办的指挥家大赛上，要求每一个指挥家都指挥同一支曲子。轮到日本青年指挥家小泽征尔，他在指挥到一半的时候，忽然感觉到乐谱中出了错，使得曲子的这一段听上去不和谐。于是，他停了下来，指出了这个错误。可是每个评委都肯定地说乐谱没有问题，小泽征尔重新指挥。又到了那个不和谐的地方，他又停了下来，这一次他肯定地说："不，一定是乐谱错了！"话音刚落，评委们全站起来为他鼓掌，祝贺他大赛夺魁。原来，乐谱确实是错的，这是评委们精心设计的一个圈套。其实，当时并不只小泽征尔一个人发现了乐谱上的错误，可是他们都顺滑而过、不了了之。只有小泽征尔一个人以充分的自信和严谨的艺术态度，勇敢地指出了错误，所以也只有他一个人获得了金奖。

3. 直线型思维障碍

直线型思维障碍是指死记硬背现成答案，生搬硬套现有理论，不善于从侧面、反面或迂回地去思考问题。客观世界是复杂的，直线型思维方式对解决一些复杂的问题帮助不大，甚至可能起阻碍作用。要想巧妙地解决问题，就必须克服直线型思维障碍。

案例小品

失算的心算家

伯特·卡米洛是个心算家，从来没有失算过。这一天他做表演时，有人上台给他出了道题："一辆载着283名旅客的火车驶进车站，有87人下车，65人上车；下一站又下去49人，上来112人；再下一站又下去37人，上来96人；再再下站又下去74人，上来69人；再再再下一站又下去17人，上来23人……"那人刚说完，心算大师便不屑地答道："小儿科！告诉你，火车上一共还有……""不！"那人拦住他说，"我是请您算出火车一共停了多少站口。"伯特·卡米洛呆住了，这组简单的加减法成了他的"滑铁卢"。

4. 自我中心型思维障碍

自我中心型思维障碍是指人们一叶蔽目，不见森林，局限在自己已有的知识或成果的范围内，思考问题时以自我为中心，阻碍了创新。实际上，客观情况是发展变化的，而成绩只能说明过去，自己掌握的知识和技能只在一定范围内适用。

5. 书本型思维障碍

书本型思维障碍是指人们迷信书本上的理论，不敢质疑、纠正前人的失误、探索新的领域。书本上的知识是前人知识和经验的总结，有特定的适用范围，不能无条件地照抄照搬。更何况书本上的知识可能原来就是错误的或片面的。因此，既要学习书本知识，接受书本知识的理论指导，又要对书本知识进行严格的检验。

案例小品

纸 上 谈 兵

战国时期赵国名将赵奢之子赵括，年轻时学兵法，谈起兵事来父亲也难不倒他。后来他接替廉颇为赵将，在长平之战中，只知道根据兵书带兵打仗，不知道变通，结果被秦军大败。

6. 从众型思维障碍

从众型思维障碍是指人们因懒于独立思考，或不敢标新立异、为天下先，而盲目从众，一切都随大流，抑制了创新的勇气。在实际生活中，每个人多多少少都有从众心理，很多人甚至因从众心理而陷入盲目，明明稍加独立思考就能正确决策的事，却因为从众走了弯路。

毛毛虫实验

　　法国心理学家约翰·法伯曾经做过一个著名的实验，称为"毛毛虫实验"：他把许多毛毛虫放在一个花盆的边缘上，使其首尾相接，围成一圈，在花盆周围不远的地方，撒了一些毛毛虫喜欢吃的松叶。毛毛虫开始一个跟着一个，绕着花盆的边缘一圈一圈地走，一小时过去了，一天过去了，又一天过去了，这些毛毛虫还是夜以继日地绕着花盆的边缘转圈，一连走了七天七夜，它们最终因为饥饿和精疲力竭相继死去。法伯在做这个实验前曾经设想：毛毛虫会很快厌倦这种毫无意义的绕圈而转向它们比较爱吃的食物，遗憾的是，毛毛虫并没有这样做。导致这种悲剧的原因就在于毛毛虫的盲从。

微课启学：
突破思维
障碍

（三）突破思维障碍

1. 培养质疑的态度

　　保持质疑的态度，是促进创造性思维所必需的。如果盲目地接受现状，就不会有创新的动因，就不会看到需求和问题之所在。所以对问题的敏感性是一个人富有创造力的重要特征之一。一旦发现了问题，就必须不断地采取质疑的态度，一定要找到全新的解决方法。一个富有创造力的人对现存的答案和方法应该持有健康的怀疑态度。

2. 增加与问题直接接触的机会

　　很多时候，产生思维障碍，是因为人们仅仅凭借经验而非与问题的实际接触。如果深入问题中，对问题进行调研，就会得到对问题的全新解释。因此，当解决问题陷入思维障碍、停滞不前时，创新者有必要跳出设计者的问题情境，尝试造访客户，或深入使用者的不同环境，进行实地考察，可能会得到不同的思路。

3. 改变思维视角

　　人的思维活动不仅有方向，有次序，还有起点。在起点上，就有切入的角度。实际上，对于创新活动来说，这个起点和切入的角度非常重要。思维开始时的切入角度，就是思维视角。改变思维视角，有利于创造型思考。

说出你的心愿

　　有这样一则神话故事：一位缺衣少食、无依无靠的老妇人，无意中救了一个"妖怪"，"妖怪"要报答她，让她提三个心愿，但是有一个条件：无论提什么要求，她的仇人将得到她所要的东西的一倍。如果你是这位老妇人，你该怎样提出这三个心愿？

堂间小练

修 辞 训 练

修辞训练法是一种常见的创新思维训练方法，它可以使人们获得看待事物的不同视角，你一共知道多少种修辞方法？有人做过统计，常用的修辞方法有：比喻、白描、比拟、避复、层递、衬托、倒文、倒装、叠字、顶真、对比、对偶、翻新、反复、反问、反语、仿词、仿化、飞白、分承、呼告、互体、互文、换算、回环、回文、降用、借代、设问、排比、拈连、摹绘、列锦、连及、夸张、警策、示现、双关、重言、指代、用典、引用、移用、谐音、歇后、象征、镶嵌、析字、委婉、婉曲、通感、跳脱、转类、复沓。

其中，比喻又可以分为：明喻、暗喻、借喻、博喻、倒喻、反喻、互喻、较喻、饰喻、引喻等。

中国的语言是不是博大精深、变幻莫测？举个例子，大家就懂了，比如原句是：一只长颈鹿走过大街。

以几种常用的修辞方法为例，就能得到不同的表达方式。

明喻：一只长颈鹿像一块画布一样，缓缓走过大街。

暗喻：走过大街，那只长颈鹿成了一位哲人。

借喻：一本巨大的童话书走过大街。

引喻：一只长颈鹿走过大街，总是很轻闲；正如公园里的人们，总是踱着方步。

倒装：走过大街，是那只长颈鹿。

反问：一只长颈鹿正在走过大街，这还用怀疑么？

歇后：长颈鹿过大街——横竖都是路！

仿词：一只长颈鹿的脖子很长，真是"脖"古通今啊。

两人为一组，完成修辞训练。比如，围绕"春雨洒在大地上"进行修辞训练。

注意事项：训练时先给出一个原句，用修辞时，先求准确，再求精彩，也就是先把修辞写对，然后再尝试把修辞写得更好。修辞的训练值得尝试至少三次，让每个手法成为自己的常用方法，可以为语言增加不少趣味和魅力，也可以有效地拓展我们的思维视角。

改变思维视角，可以尝试以下方法：

（1）改变思考问题的思路。可以变顺着想为倒着想，倒着想，其实就是逆向思维的思考方式，也就是因势利导，从结果开始思考；可以从事物的对立面出发去想，即直接跳到矛盾一方的对立面去想；还可以换位思考，就是把自己换到其他人的位置上，特别是站在所考察的对象的位置上去思考。如果研究科学技术问题，你可以更换观察的位置，从前后、左右、上下等多个方向去分析。对于企业来说，站在客户的角度思考问题，设计产品，企业的产品会有更好的市场满意度。

❓ 案例小品

反其道而行之

孙膑是战国时期著名的军事家，至魏国求职，魏惠王心胸狭窄，忌其才华，故意刁难，对孙膑说："听说你挺有才能，如你能使我从座位上走下来，就任命你为将军。"魏惠王心想：我就是不起来，你又奈我何！孙膑想：魏惠王赖在座位上，我不能强行把他拉下来，把皇帝拉下来是死罪。怎么办呢？只有用逆向思维法，让他自动走下来。于是，孙膑对魏惠王说："我确实没有办法使大王从宝座上走下来，但是我却有办法使您坐到宝座上。"魏惠王心想，这还不是一回事，我就是不坐下，你又奈我何！便乐呵呵地从座位上走下来。孙膑马上说："我现在虽然没有办法使您坐回去，但我已经使您从座位上走下来了。"魏惠王方知上当，只好任命他为将军。

（2）转换问题获得新视角。问题是多种多样的，但彼此之间有相通的地方。对于难以解决的问题，与其盯着不放，不妨把问题转换一下。比如可以把自己生疏的问题转换为熟悉的问题。"曹冲称象"就是将自己生疏的问题转换为熟悉的问题的典型事例。

（3）把直接变为间接。在解决比较复杂、比较困难的问题时，直接解决往往遇到极大的阻力。这时，就需要扩展思维视角，或退一步来考虑，或采取迂回路线，或先设置一个相对简单的问题作为铺垫，为实现最终目标创造条件。

三、创新实践

创新实践是指个体参与并投入旨在产生新颖且有价值的成果的实践活动。众多研究表明，个体对创新实践的投入程度越高，最后表现出来的创造力水平就越高。大学生要多参与勤工俭学、社团活动、社会实践以及各级各类创新创业大赛等实践活动，对于实践中出现的问题，引入新的思路和方法分析问题，或者对已有解决方案进行重组，以产生创意或解决问题，并形成各种形式的创新成果。可见，创新实践包含分析问题、澄清目标、搜集信息、创意产生、问题解决等环节，本质上就是分析问题、解决问题的过程。有效运用创新思维和创新技法，是问题解决的关键。常用的创新技法有以下三种。

（一）学会分析思考——5W1H分析法

5W1H法，也叫六何分析法，是一种思考方法，也是一种创新技法。5W1H法为人们提供了科学的工作分析方法，常常被运用到制订计划草案以及对工作的分析与规划中，能使工作被有效执行，从而提高效率。具体来说，就是对选定的项目、工序或操作，都要从原因（何因why）、对象（何事what）、地点（何地where）、时间（何时when）、人员（何人who）、方法（何法how）六个方面提出问题、进行思考，从而更全面地反映事物的本质（表2-2-1）。

微课启学：
问问5W1H

表 2-2-1　5W1H 分析法的内容

要素	内容
why	为什么要这么做？理由何在？原因是什么？
what	目的是什么？做什么工作？
where	在哪里做？从哪里入手？
when	什么时间完成？什么时机最合适？
who	由谁来承担？谁来完成？谁负责？
how	怎么做？如何提高效率？如何实施？方法怎样？

有效使用 5W1H 方法，可以通过这六个方面多层次地设问，从而使问题更加清晰，并找到解决问题的方法。

案例小品

找　问　题

某航空公司在机场候机室二楼开设了多个小卖店，生意很清淡，公司经理运用 5W1H 的方法分析问题，结果发现问题出在 who、where 及 when 上。

（1）who——谁是顾客？机场的小卖店应该把乘机的旅客当作主顾，而这些旅客不需要上二楼，在二楼逗留的大部分是等待接送旅客的人。

（2）where——小卖店的位置，没有设置在旅客乘机的必经路线上。

（3）when——何时购物？乘机旅客只有托运行李后才有闲情光顾小卖店，而机场原来规定只有临上机前才能办理行李托运。

通过分析，总结出小卖店生意不佳的原因是：没有把旅客当主顾，小卖店的位置偏离了旅客必经路线，旅客没有购物时间。针对以上三点，机场做了如下改进：以旅客为主顾，调整安检路线和行李交付时间。此后，小卖店生意兴隆。

知识小阅

5W2H 方法

在原有的 5W1H 的基础上再加一个新问题"how much"，进一步对问题的程度、范围进行分析，5W1H 法就演变为 5W2H 法。5W2H 分析法在应用时，可从 4 个层面、28 个问题入手对问题进行分析，可使问题得出更清楚、更精确的结论。比如，当我们需要制订工作计划时，可按照表 2-2-2 所示的问题层层深入来制订计划。

表 2-2-2 利用 5W2H 法确定计划

28问	层次一	层次二	层次三	层次四	结论
who	是谁	为什么是他	有更合适的人吗	为什么是更合适的人	定人
when	什么时候	为什么在这个时候	有更合适的时间吗	为什么是更合适的时间	定时
where	什么地点	为什么在这个地点	有更合适的地点吗	为什么是更合适的地点	定位
why	什么原因	为什么是这个原因	有更合适的理由吗	为什么是更合适的理由	定原因
what	做什么事情	为什么做这件事情	有更合适的事情吗	为什么是更合适的事情	定事
how	如何去做	为什么采用这个方法	有更合适的方法吗	为什么有更合适的方法	定方法
how much	花费多少	为什么要这些花费	有更合理的花费吗	为什么是更合理的花费	定耗费

堂间小练

随机讲故事

我们可以运用 5W1H 法来激发创意。准备 6 个盒子，分别代表 "when" "who" "where" "what" "why" 及 "how" 6 个方面，每人围绕这 6 个方面任意编写一段内容，将写好的纸条放到对应的盒子中。分组并派出代表从 6 个盒子里随机取出一张纸条，将 6 张纸条上的内容连起来，以小组为单位编成一则故事。小组代表讲述故事时，6 个方面的内容可以颠倒顺序、任意组织。

微课启学：
头脑旋出
风暴

（二）善于群策群力——头脑风暴法

头脑风暴法（Brain-storming）是最常用的训练创新思维的方法。在组织群体决策时，要集中有关专家召开专题会议，主持者以明确的方式向所有参与者阐明问题，说明会议的规则，尽力创造融洽轻松的会议气氛。一般不发表意见，以免影响会议的自由气氛。由专家们"自由"提出尽可能多的方案，其目的在于通过这种群体讨论产生新观念或激发创新设想。

1. 头脑风暴法实施原则

为使与会者畅所欲言，互相启发和激励，取得较好效果，必须严格遵守下列原则。

（1）禁止批评和评论，也不要自谦。对别人提出的任何想法都不能批判，不得阻拦。即使自己认为是幼稚的、错误的，甚至是荒诞离奇的设想，亦不得予以驳斥；同时也不允许自我批判，在心理上调动每一个与会者的积极性，彻底防止出现一些"扼杀性语句"和"自我扼杀语句"。禁止出现诸如"这根本行不通""你这想法太陈旧了""这

不符合某某定律"以及"我提一个不成熟的看法""我有一个不一定行得通的想法"等语句。只有这样，与会者才可能在充分放松的心境下，在别人设想的激励下，集中全部精力开拓自己的思路。

（2）目标集中，追求设想数量，越多越好。在头脑风暴法实施会上，只强调大家提设想，越多越好。会议以追求设想的数量为目标。

（3）鼓励利用和改善他人的设想。这是激励的关键所在。每个与会者都要从他人的设想中激励自己，从中得到启示，或补充他人的设想，或将他人的若干设想综合起来提出新的设想。

（4）坚持平等。与会人员一律平等，无论是该方面的专家、员工，还是其他领域的学者，以及该领域的外行，一律平等；各种设想，无论大小，甚至是最荒诞的设想，记录人员也要认真地将其完整地记录下来。

（5）主张独立思考，不允许私下交谈，以免干扰别人思维。

（6）提倡自由发言，畅所欲言，任意思考，主意越新、越怪越好，因为它能启发与会者产生新的观念或想法。

（7）整体原则。不强调个人的成绩，应以小组的整体利益为重，激发个人追求更多更好的主意。

2. 头脑风暴法实施程序

（1）提出论题。在头脑风暴会议前，确定论题是很必要的。提出的论题一定要表述清楚，不能范围太大，而要落在一个明确的问题上，比如"现在手机里有什么功能是无法实现，而人们又需要的？"如果论题设得太大，主持人应将它分解成较小的部分，分别提问。

（2）制作背景资料。头脑风暴会议的背景资料包含在给予参与者的邀请函中，通常是一封介绍会议背景资料的信件，信件内容包含会议的名称、论题、日期、时间、地点等。论题以提问的形式描述出来，并且会列出一些设想作为参考。背景资料要提前分发给参会者，这样他们可以事先思考一下论题。

（3）选择与会者。主持人要负责组建头脑风暴专家小组。一般来说，小组由十来个成员组成比较行之有效。小组要包括领域内几位有经验的成员、领域外的几位嘉宾和一个记录员。一般人数控制在 10~15 人。

（4）创建引导问题。在头脑风暴会议中大家的创造力可能会逐渐减弱。这个时候，主持人应该找出一个问题来引导大家回答，借以激发创造力，比如，我们能综合这些设想吗？换一个角度看，怎么样？最好在开会前就准备好一些诸如此类的引导问题。

（5）会议的进行。主持人要负责引导头脑风暴会议议程并确保会议遵循基本原则。

（6）对于提出的设想方案进行汇总评估，并进行决策。

3. 会议过程中需要注意的事项

（1）鼓励参与者把暂时无法陈述的设想记录下来，迟一点再提出。

（2）记录员应该给每个设想编号，以便主持人能使用这些号码鼓励参与者提出更多的建议来达成目标，如主持人说：我们已经有 44 条，让我们达到 50 条吧！

（3）当同时有很多设想被提出时，与主题最相关的具有优先被陈述权。

（4）在头脑风暴会议中，不鼓励经理和高层参与会议，这样做可能会削弱基本原则的使用效果，尤其可能会限制奇思妙想的产生。

（三）借助图形图像——鱼骨图法和思维导图法

随着多媒体技术的广泛应用，我们进入了一个视觉驱动时代。在表达抽象概念时，图像往往比文字更有优势，借助图像化工具更利于我们分析问题并解决问题。

微课：构造
视觉鱼骨

1. 鱼骨图法

鱼骨图由日本管理大师石川馨先生发明，故又名石川图。它是一种发现问题"根本原因"的方法，也称为因果图。其特点是简捷实用，深入直观，如图2-2-4所示。我们可以将问题或缺陷（后果）标在"鱼头"处。也可以在鱼骨上画出鱼刺，在鱼刺上按出现次数的多少列出产生问题的可能原因，这有助于说明各个原因之间是如何相互影响的。

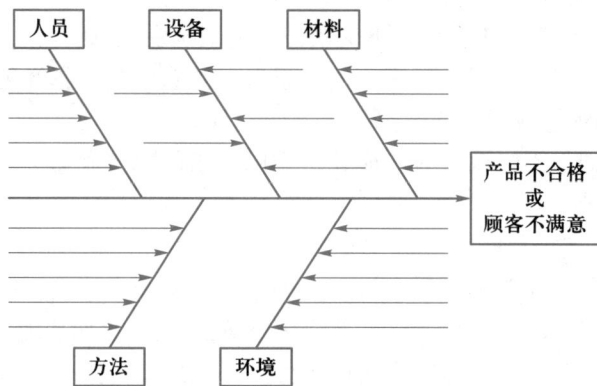

图 2-2-4　鱼骨图

鱼骨图的类型主要有以下三种：

（1）整理问题型鱼骨图。各要素与特性值之间不存在因果关系，而是结构构成关系，对问题进行结构化整理。

（2）原因型鱼骨图。一般鱼头在右，特性值通常以"为什么……"来描述。

案例小品

鱼骨图解难题

有一家炼油厂，市场占有率一直很低，该厂采用原因型鱼骨图法对市场份额少的问题进行了分析，分析结果如图2-2-5所示。

图中的"鱼头"表示需要解决的问题，即该炼油厂的产品在市场中所占份额少。根据现场调研，可以把导致产品的市场份额少的原因概括为五类，即人员、渠道、广告、竞争和其他。在每一类中，进一步列举出造成这些原因的若干可能因素，如营销人员数量少、销售网点少、缺少宣传策略、进口油的广告攻势强等。将五类原因及其相关因素分别以鱼骨分布态势展开，形成鱼骨分析图。

下一步的工作是找出产生问题的主要原因，为此可以根据现场调研获得的数据，计算出每种原因或相关因素在产生问题的过程中所占的比重，以百分数表示。

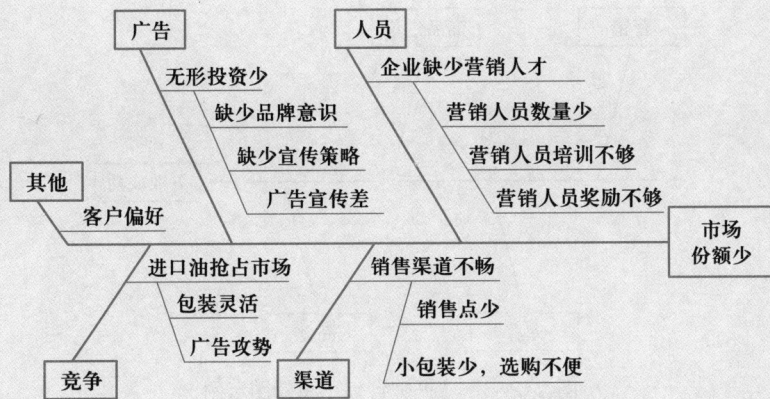

图 2-2-5　某炼油厂市场份额少原因分析图

例如，通过计算发现，"营销人员数量少"，在产生问题的过程中所占比重为 35%，"广告宣传差"为 18%，"包装形式单一"为 25%，三者在产生问题的过程中共占 78% 的比重，可以被认为是导致该炼油厂产品市场份额少的主要原因。如果针对这三大因素提出改进方案，就可以解决 78% 的问题。

（3）对策型鱼骨图。一般鱼头在左，特性值通常以"如何提高（或改善）……"来进行描述。

使用鱼骨图法，要遵循以下步骤：

（1）查找要解决的问题。

（2）把问题写在鱼骨的头上。

（3）召集同事共同讨论可能导致问题出现的原因，尽可能多地找出问题。

（4）把相同的问题分组，在鱼骨上标出。

（5）根据不同问题征求大家的意见，总结出正确的原因。

（6）拿出任何一个问题，研究为什么会产生这样的问题。

（7）针对问题的答案再问为什么？这样至少深入五个层次（连续问五个问题）。

（8）深入到第五个层次后，认为无法继续时，列出这些问题的原因，而后列出至少 20 种解决方法。

📎 堂间小练

利用鱼骨图法制订计划

利用鱼骨图法可以帮助我们梳理思路，找到解决问题的办法。比如，小 A 想开家服饰店，他希望能利用鱼骨图法帮助自己制订"开业计划"。

首先，他在鱼头上工工整整填写上"开业成功"。接着就开始画出每根主分支，如商品定位、资金、库存处理、营销等。图 2-2-6 为小 A 画出的鱼骨图框架。之后开始逐项细化，以商品定位为例，在主刺上还可以画出商品选型定位、目标消费群、价格定位、商圈定位等分叉。现在就拿起笔，帮助小 A 在图 2-2-6 的基础上完善他的鱼骨图，并利用鱼骨图帮小 A 制订开服饰店的计划书吧！

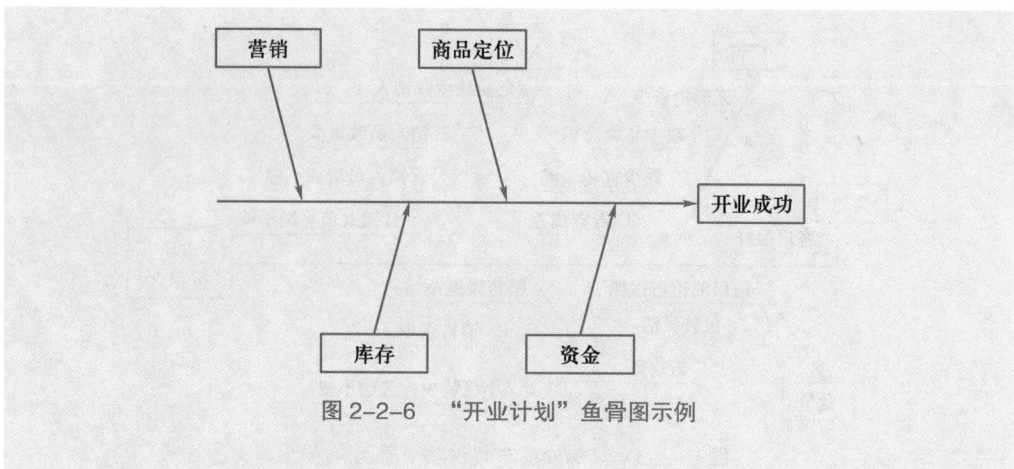

图 2-2-6　"开业计划"鱼骨图示例

2. 思维导图法

思维导图又叫心智图，是表达发散性思维的极为有效的图形思维工具。发散性思维是人类大脑自然的思考方式，每一种进入大脑的资料，无论是感觉、记忆或是想法，都可以成为一个思考中心，并由此中心向外发散出成千上万的节点，每一个节点代表与中心主题的一个联结，而每一个联结又可以成为另一个中心主题，再向外发散出成千上万的节点，呈现出放射性立体结构。思维导图充分运用左、右脑的机能，利用记忆、阅读、思维的规律，协助人们在科学与艺术、逻辑与想象之间平衡发展，从而开启人类大脑的无限潜能，因此具有人类思维的强大功能。

思维导图的发明人托尼·博赞是国际心智文化概念的创始人，他提出使用思维导图的"七步法"（图 2-2-7）。该图既说明思维导图的操作步骤，同时也注明了在使用思维导图时的注意事项，就是要用图像、线条、色彩、字词等元素绘制思维导图。你只需要准备白纸、彩色马克笔和铅笔，运用你的大脑和想象，就能梳理思想，提高智力水平和创新思维。比如，参加一个演讲活动，如何让演讲更精彩，图 2-2-8 所示的思维导图中提出了一些不错的建议。

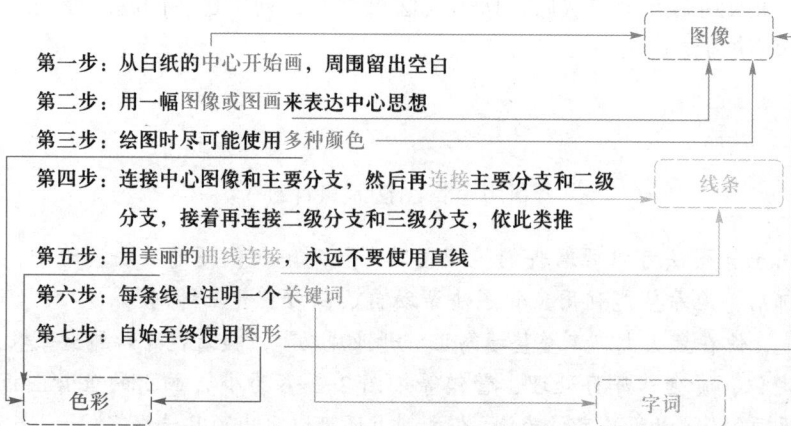

第一步：从白纸的中心开始画，周围留出空白
第二步：用一幅图像或图画来表达中心思想
第三步：绘图时尽可能使用多种颜色
第四步：连接中心图像和主要分支，然后再连接主要分支和二级分支，接着再连接二级分支和三级分支，依此类推
第五步：用美丽的曲线连接，永远不要使用直线
第六步：每条线上注明一个关键词
第七步：自始至终使用图形

图 2-2-7　博赞的思维导图"七步法"

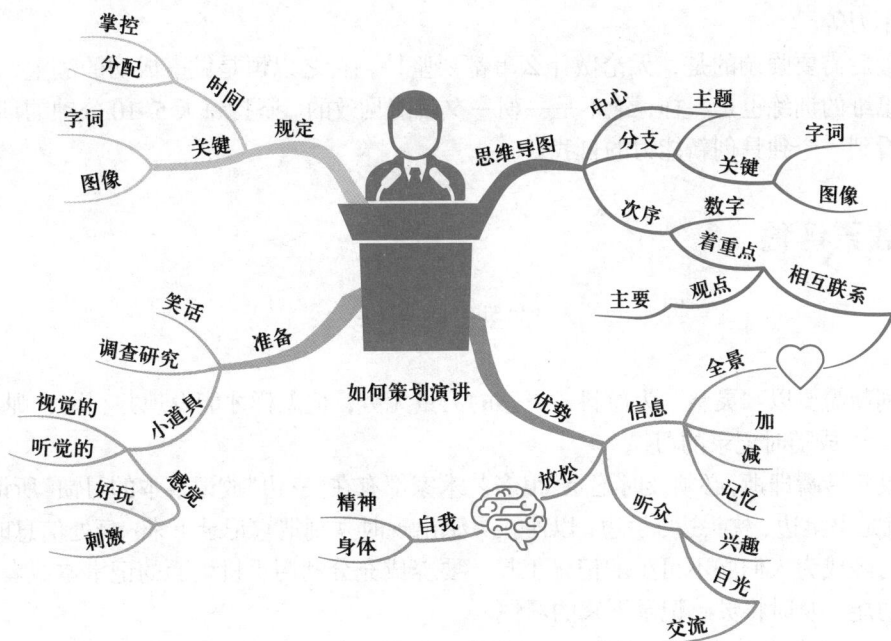

图 2-2-8 思维导图应用实例

⟱ 能力训练

求同—求异—求合

【训练形式】
每天早晨刚睡醒的 5~10 分钟完成。

【训练目的】
培养善于发现的习惯，善于在生活中找到不同事物的相同点和相同事物的不同点，并且发现生活中各事物的联系，以创新的视角来发明创造新事物。

【训练过程】

1. 求同

每天早晨起床的时候，头脑里很空旷，思维就像新生儿，这时在脑海里想出四种完全没有联系的事物，然后将它们两两分类。以想到电视、项链、书、可乐四种事物为例，电视和项链可以归为一类，因为它们相对较昂贵，而书和可乐相对便宜；当然，也可以将书和电视归为一类，因为它们能承载信息，而项链和可乐却不能。总之，想出的相同点越多越好。

2. 求异

与求同正相反，类似于找不同，不断发现相同事物的不同点。

3. 求合

在求同和求异的基础上，将发现的不同事物的相同点和不同点结合起来创造一种新的事物，也就是把事物的优点结合于一身发明创造出新事物，比如带橡皮的铅笔、瑞士军刀等。

最后需要强调的是，无论做什么事都要坚持，持之以恒是做事成功的法宝，进行创新思维的训练也是一样，绝不是一朝一夕就能见效的。坚持每天 5~10 分钟的训练，你会看到一个独具创新能力的自我！

⊃ 效果评估

挖掘灵感思维

创新需要以"灵感"为原料，灵感的力量无穷，但怎样才能发现并利用它呢？

1. 养成随时记录的习惯

灵感转瞬即逝，必须及时记录。很多艺术家都有在"三边"放记事本的习惯，所谓"三边"就是书桌边、枕头边、手边，以便在灵感出现时立刻把它记录下来。身处信息时代，手机已经成为人们必不可少的记录工具，要养成充分利用手机里面的记事本或者备忘录的功能，及时将灵感记录下来的习惯。

2. 留意事物中的反常现象，它往往能激发灵感

❓ 案例小品

事出反常　必有机会

你是否思考过全球电子商务中存在的反常情况？比如在拥有 1 亿中产阶级消费者、7 500 万网络用户的欧洲某国，电子商务市场理应蓬勃发展。但是，该国的电子商务仅占国家零售总额的 1.5%。一位创业家意识到了个中原因——该国的邮政系统非常不可靠，而且很少人拥有信用卡。这一洞察促使创业家创建了一家服装零售网站，公司雇用了一大批快递员负责送货上门，同时收取现金，甚至提供时尚方面的建议。网站集成商店、时尚顾问以及收款台业务，将这个充满创意的体验直接送到消费者家门口，成功建立起了一个适合该国市场的电子商务模式。

对于生活或学习中出现的反常现象，明智的创新者一定要抓住这些反常的现象进行分析研究，进而采取行动。反常的现象或许是冰山一角，背后隐藏着更有价值的灵感。那么，你最近是否发现了周围的一些反常现象呢？如果发现了，对此你有什么解释？

_____

_____ 。

3. 善于整合及可行性分析

这是"过程训练"环节中提到的求合思维。比如，如果将人口老龄化（人口趋势）、移动网络（技术趋势）以及不断攀升的医疗费用（经济趋势）相结合，就可能从中创造出适用于老年人的远程监护系统等服务。如果将人才招聘成本的增加与愈加普及的移动录像设备相结合，就会发现一个基于视频的招聘应用商机，人力资源主管就可以通过视频筛选大量候选人，从而节省大量成本。事物之间往往存在着一定的相关性，

关键在于我们要善于思考并发现这种相关性。

🔍 案例小品

六度空间理论

一个数学领域的猜想，名为 Six Degrees of Separation，中文译作六度空间理论或小世界理论。该理论指出：你和任何一个陌生人之间所间隔的人不会超过 6 个，也就是说，最多通过 5 个中间人你就能够认识任何一个陌生人（图 2-2-9）。这个理论表达了这样一个重要的结论：任何两个素不相识的人，通过一定的方式，总能够产生必然联系或关系。换句话说，事物之间只有通过聚合才能产生效应，因此，创新思维要善于思考不同事物之间的关联，并进一步进行整合。

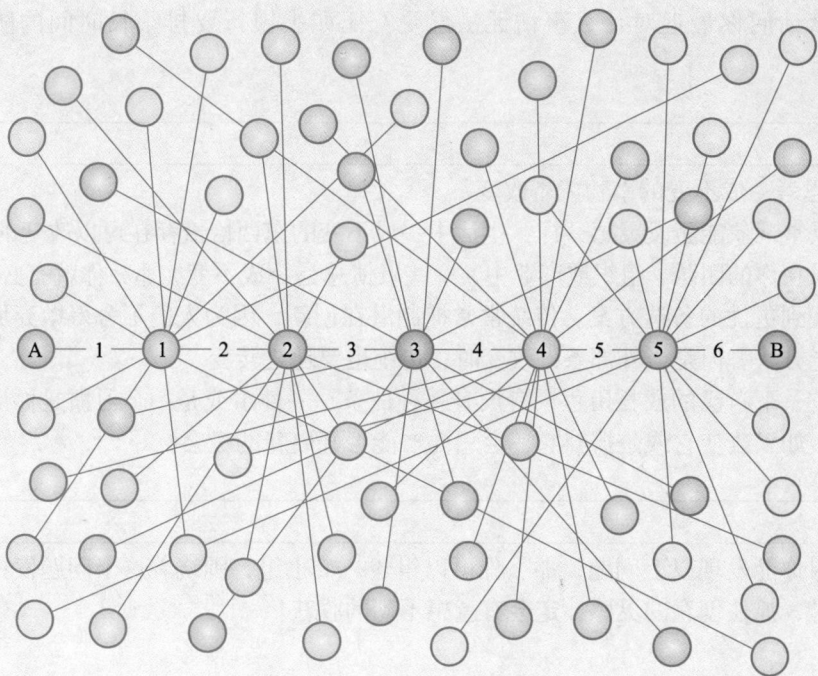

图 2-2-9　六度空间理论示意

✏️ 堂间小练

找 关 联

发现以下事物之间的联系：

（1）风—（　　）—（　　）—（　　）—收音机——根据两者联系，你能设计出的新产品是：_____。

（2）球—（　　）—（　　）—（　　）—火——根据两者联系，你能设计出的新产品是：_____。

4. 善于发现事物中激怒你或你不能忍受的现象

❓ **案例小品**

生活不如意催生的妙计

在 20 世纪 90 年代末，马克·瓦登还是一位年轻的咨询师。一次他去选购一枚订婚戒指，却被购物过程搅得心烦意乱。钻石分类与估价体系极其复杂，那些热心肠的销售人员只会平添顾客的压力。瓦登随即想到，其他男性可能也面临类似困扰。这一灵感使他萌生了创立 Blue Nile 的念头。这家网上珠宝销售商成立于 1999 年，它向消费者提供实用的教程以及宝石信息，现已成为获认证钻石及上乘首饰的全球知名的在线钻石和珠宝品牌。

那么请问你最近对什么事情无法忍受？比如去银行要排很长时间的队？能否改善？

_____。

5. 思考一成不变的事物能否改变

同反常现象能激发灵感一样，生活中一成不变的东西恰恰存在可以改变的可能！

如果在你的团队、组织或产业中，一些事情总是一成不变，那么你就有必要反省，是否能找到更优的备选方案。传统常常抑制潜在创新，因为人们不舍得抛弃那些行之有效的老方法。但是当外部条件改变时，传统也要随之转变。

回首一下自己的成长历程，有没有一种信条、一件事或是一个习惯是你认为不可改变的？如果改变它或是摒弃它，会怎样？能否开启新的机会？

_____。

如果你能发现以上问题，那么你可以组建一个小组，围绕着这个问题发挥集体思考的智慧，抓住创意的灵感，定会有意想不到的收获！

任务三　互联网思维与技能

➲ 问题导入

图 2-3-1 揭示的是传统的商业世界，它的商业逻辑是：企业通过"销售中介—经销商"销售商品；企业通过"信息中介—媒体"传播信息；不同消费者之间是隔绝的。

图 2-3-2 揭示的是互联网时代下的商业世界，它的商业逻辑是：企业可以直接将产品销售给消费者；企业可以直接将信息传播给消费者，消费者也可以直接反馈信息给企业；消费者相互之间不再隔绝，信息在其中自由传播。

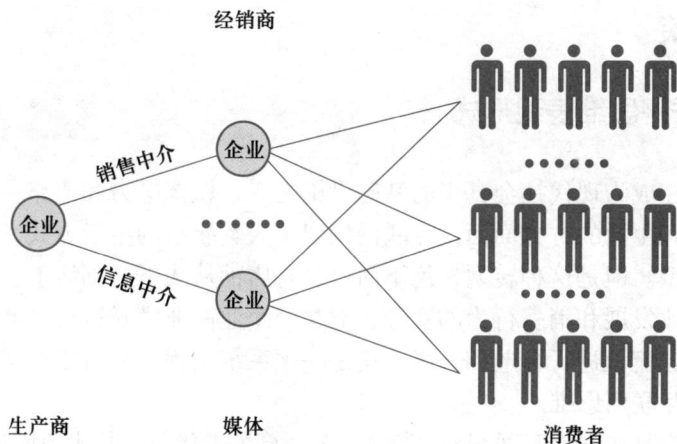

图 2-3-1　传统的商业模式

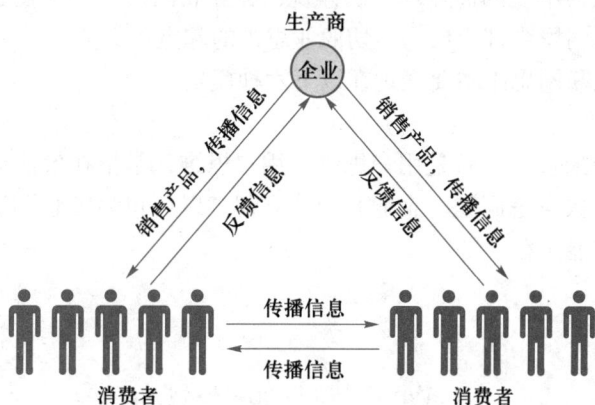

图 2-3-2　互联网商业模式

通过这两张图的对比，我们可以发现，商业世界的逻辑彻底改变之后，企业的运作要求有新的商业思维，这种新的商业思维就是互联网思维。那么，对于互联网时代的大学生而言，应该如何转换思维参与到社会与经济的发展中，又应该掌握哪些技能才能与时俱进呢？

⊃ 任务解码

互联网时代，机会与挑战并存，大学生只有具备互联网思维，才能触及机会；掌握基本的互联网技能，才能应对变化的挑战。

解锁本任务的密码有：

- 知识密码：理解互联网思维及其表现形式。
- 能力密码：掌握并熟练运用互联网信息搜索、处理及传播技术。
- 素养密码：与时俱进，与网络时代共思维。

➲ 知识对策

一、互联网思维表现形式

微课启学：
互联网思维
奥秘

互联网正在成为现代社会真正的基础设施之一，就像电力和道路一样，渗透到人类学习、生产和生活的方方面面。互联网构建了人类崭新的生活方式，推动了传统企业的互联网转型。但是这种转型，绝不简单是将店铺从线下搬到线上，而是基于互联网影响下的产业发展和消费行为的变迁，对整个企业商业模式进行重新思考，对企业管理体系、业务流程进行再造和升级。这是一项系统工程，其背后所贯穿的就是商业思想，也就是互联网思维。

互联网思维是在移动互联网、大数据、云计算等现代信息技术不断发展的背景下，对市场、用户、产品、企业价值链乃至对整个商业生态进行重新审视的思考方式。互联网思维是"以人为本"的商业理念的体现，在互联网技术飞速发展和商业形态剧烈演变的今天，互联网思维理应成为一切商业思维的起点。

具体来说，互联网思维主要表现在以下六种模式。

（一）用户思维

互联网思维中最重要的就是用户思维。用户思维，是指在价值链各个环节中都要"以用户为中心"去考虑问题。企业必须建立起"以用户为中心"的企业文化，只有深度理解用户，才能生存。

> **⑧ 知识小阅**
>
> ### Who-What-How 模型
>
> 用户思维体系涵盖了最经典的品牌营销的 Who-What-How 模型：
>
> （1）who——清楚目标用户是谁。任何产品的营销必须有自己的目标用户，当企业产品不能让用户成为产品的一部分，不能和他们联结在一起时，企业的产品必然是失败的。微信、百度、淘宝、小米，无一不是先从锁定目标用户开始的。
>
> （2）what——了解目标用户需要什么，提高用户参与感。要想提高用户参与感，一种情况是按需定制，提供满足用户个性化需求的产品；另一种情况是在用户的参与中去优化产品，比如一些网络原创品牌会吸引其用户参与到产品设计中，并根据用户反馈去优化。
>
> （3）how——满足目标用户的需求。也就是重视用户的体验与感受，打造"全程用户体验至上"。好的用户体验应该从细节开始，并贯穿品牌与目标用户沟通的整个链条。

（二）简约思维

大道至简，越简单的东西越容易传播，产品越专注越有竞争力。尤其在创业时期，做不到专注，就很难生存下去。产品设计方面，要做减法。外观要简洁，内在的操作流程要简化。百度首页永远都是简洁的界面，即是简约思维的体现。

（三）迭代思维

所谓迭代，指的是不断代替、轮换。"敏捷开发"是互联网产品开发的典型方法论，是一种以人为核心、迭代、循序渐进的开发方法，允许有所不足，不断试错，在持续迭代中完善产品。这里的迭代思维，对传统企业而言，更侧重于迭代的意识，意味着我们必须要及时乃至实时关注消费者需求，把握消费者需求的变化，快速推出满足消费者需求的产品。互联网时代，产品从生产到消费整个环节变短，企业组织扁平化程度也比较高，使得产品迭代要求更快。每周迭代一次的小米，推出一年内迭代发布 44 次的微信，都是快速迭代的代表。

（四）大数据思维

互联网使得搜集和获取数据更加便捷，而且随着大数据时代的到来，数据分析预测对提升用户体验有着非常重要的价值。对企业来说，可以通过对数据的分析来了解客户需求，进而实现营销目的。

（五）平台思维

"平台"是指在平等的基础上，由多主体共建的、资源共享的、能够实现共赢的、开放的一种商业生态系统。平台思维就是一种强调"共建、共享、共赢、开放和平等"的思维。据统计，全球百强企业里，有 60 家企业的主要收入来自平台商业模式。对创业者而言，当你不具备构建生态型平台实力的时候，那就要思考怎样利用现有的平台。

（六）跨界思维

所谓跨界思维，就是多角度、多视野看待问题和提出解决方案的一种思维方式。互联网技术飞速发展，产业边界变得相对模糊，我们已很难定义一家互联网企业到底是一家怎样的公司。传统企业要勇于突破传统工业时代的思维局限，重塑产业格局。

二、大学生必备的互联网技能

（一）帮助分析问题的信息能力

这里的信息能力主要指两方面：一是信息搜索的能力，另一个就是信息甄别能力。互联网技术的发展使获得信息变得容易，但是面对海量的信息，甄别信息的真伪，精准定位信息更为重要。

1. 信息搜索能力

信息搜索能力强，主要表现在：善于借助各类网络平台，知道有问题时去哪找答案。

第一利器就是搜索引擎，最常用的就是百度，百度是排名第一的中文搜索引擎，随着搜索引擎技术的提高，不仅文字、图像、视频、音频可以被检索，而且人类面部特征、指纹等也可以被检索到。

微课：信息搜索技巧

第二利器就是各类社交平台。以微信为例，随着微信成为互联网用户的网络名片，这里也成为海量的有价值信息的聚集地。使用微信页面的搜索功能，能够快速搜索来自各个公众号、小程序、朋友圈的信息；微信中"扫一扫"功能，除了能扫码外，也能识物，还能把看到的文字直接进行中外文翻译。

第三利器就是各类问答类网站。共享开放的网络空间为问题的解决提供了一个相

互分享和交流的平台。只需要输入我们的问题就可以找到与问题相关的答案，可谓快速便捷。

2. 信息甄别能力

信息甄别，在于能判断信息的可信度。每个人都有自己的知识库，知识越丰富、越容易判断信息的真伪；反之，知识越贫乏，认识也就越绝对，因为根本没听过与此对立的观点，也就越容易轻信。丰富知识库的重要方法，在于广泛阅读、自由交谈、培养探究的态度。互联网技术，打破了信息的垄断，各种知识网站、学习网站为广泛阅读提供可能；而社交平台又为自由交谈拓展了空间，在遵守网络礼仪的前提下，交谈获取知识的广度和深度都在增加，随着个人知识库的不断丰富，信息甄别能力随之也会提高。

（二）有助思维拓展的视觉呈现能力

随着多媒体技术的广泛应用，人类进入了一个视觉驱动时代。我们发现，用画图的方式表述某个想法时，有时候比文字表述能更快地得到结果，视觉呈现让表达更精确、更简捷。互联网技术中，很多视觉呈现技术都是基于大数据基础上的应用，比如现在很流行的词云图（见图2-3-3），也叫文字云，是对文本中出现频率较高的"关键词"予以视觉化的展现，词云图过滤掉大量的低频低质的文本信息，使得浏览者只要一眼扫过文本就可领略文本的主旨。热力图，是一种以特殊高亮的形式显示访客热衷的页面区域和访客所在的地理区域，使用热力图可以帮助商家快速锁定商圈，分析市场消费能力。这些图形的制作，只要掌握一些在线制作平台的使用就可以轻易获得。

图2-3-3 词云图样例

（三）借势推广的自媒体营销能力

随着微博、微信、各类短视频这些社交平台的发展，人类已经进入自媒体时代。自媒体时代是指以个人传播为主，借助现代化、电子化手段，向不特定的大多数或者特定的单个人传递规范性及非规范性信息的媒介时代。这种媒介凭借其交互性、自主性的特征，使得新闻自由度显著提高，传媒生态发生了前所未有的转变，人人都是新闻的制造者和传播者。因而具备营销思维的个体，只要善于借助平台，都能打造属于自己的品牌。

⊃ 能力训练

平 台 思 维

【训练形式】

教师指导，学生独立完成。

【训练目的】

基于自我兴趣与能力分析，寻找并利用现有的互联网平台，实现共享和共赢。

【训练过程】

（1）写下你的兴趣或擅长的领域？

_____。

（2）如果对自己喜欢的兴趣或能力领域发表观点，你会使用哪种媒体表达方式？文字？图像？音频？视频？还是综合使用？

_____。

（3）与这种媒体表达方式相关的平台，你经常使用哪些？至少写出五种。

_____

_____

_____。

（4）浏览这些平台，是否都为创作者提供了平台，比如类似"创作者中心"的功能？

_____。

（5）汇总这些创作功能，写下你利用这些平台的创作计划。

_____

_____

_____。

⊃ 效果评估

产 品 迭 代

产品迭代是产品生命中非常重要的一环。为快速适应不断变化的需求，产品需要不断推出新的版本满足或引领用户的需求。好的产品迭代能够延长产品生命周期，甚至成为一款优秀产品。如果让你举出一款 App 产品，这款产品的使用频率最高，使用领域遍及生活方方面面，你会最先想到哪款产品？下面就以这款产品为例，通过查询其产品从上线到不断迭代的过程，进而理解迭代思维。完成表 2-3-1 的填写。

表 2-3-1　产品迭代表

产品名称：＿＿＿＿＿＿

迭代时间	迭代内容	较上一个阶段新增功能
结论 （理解产品迭代，探索自我如何不断迭代）		

交 互 测 试

项目二

模块二
择业就业篇

2022 年 5 月 10 日，习近平总书记在庆祝中国共产主义青年团成立 100 周年大会上指出，广大青年要"**勇做新时代的弄潮儿，自觉听从党和人民召唤，胸怀'国之大者'**，担当使命任务，到新时代新天地中去施展抱负、建功立业，争当伟大理想的追梦人，争做伟大事业的生力军，让青春在祖国和人民最需要的地方绽放绚丽之花！"

生逢盛世的新时代中国青年应积极响应国家号召，紧密围绕科技创新、乡村振兴等国家重大发展战略进行人生选择、职业选择，到基层去、到社区去、到边远地区去、到农村去、到军营去，只有当青春同党和人民事业高度契合时，青春才会闪光。

项目三

博观约取——做好就业准备

▶ 项目概览

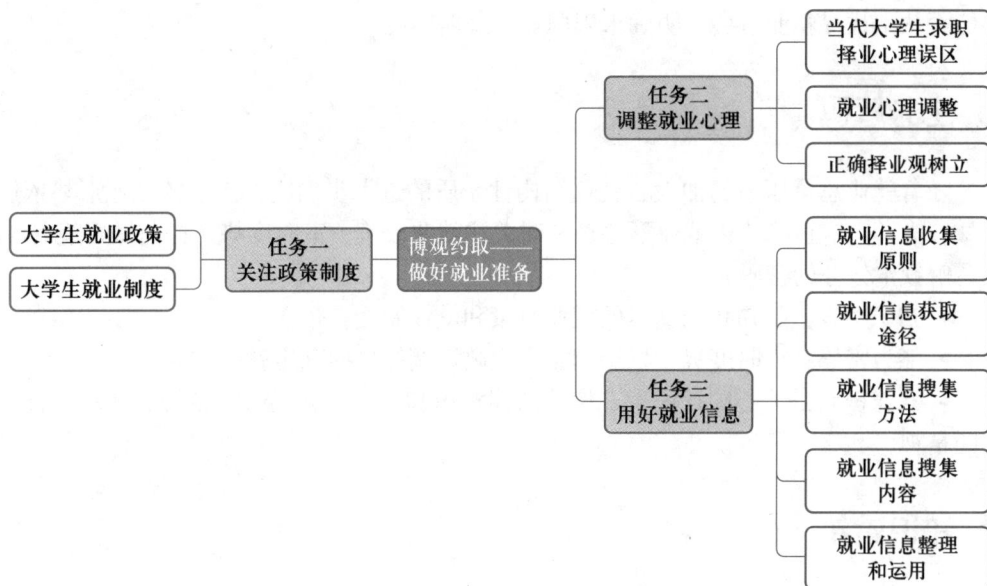

▶ 项目引言

"博观约取"语出宋代大诗人苏轼《稼说送张琥》："呜呼，吾子其去此，而务学也哉！博观而约取，厚积而薄发，吾告子止于此矣。"博观，广泛地阅读，约取，扼要地选取，能够"约取"往往在于"博观"。就业成功的关键就在于"博观"，即全面做好准备。

任务一 关注政策制度

⤵ 问题导入

2022年5月5日，《国务院办公厅关于进一步做好高校毕业生等青年就业创业工作的通知》公开发布。通知指出，通过扩大企业就业规模、拓宽基层就业空间、支持自主创业和灵活就业、稳定公共部门岗位规模等具体措施多渠道开发就业岗位，做好当前和今后一段时期高校毕业生等青年就业创业工作。通过解读最新就业政策，大学生能否从中找寻就业机会，明确未来职业发展航向呢？

⤵ 任务解码

随着就业总量压力的加大、就业结构性矛盾的进一步加剧，当前的就业形势依然严峻。大学生应正确认识就业形势，及时关注就业政策、审时度势、提前做好规划。

解锁本任务的密码有：

- 知识密码：熟知我国基本的就业政策和就业制度。
- 能力密码：审时度势，根据国家宏观政策调控导向确定就业方向。
- 素养密码：关心国计民生，增强法律意识和素养，弘扬劳模精神、劳动精神、工匠精神。

⤵ 知识对策

微课启学：
做好求职
准备

高校毕业生等青年就业关系民生福祉、经济发展和国家未来。国家"十四五"规划和2035年远景目标纲要提出"实施就业优先战略"，将"实现更加充分更高质量就业"确定为"十四五"时期经济社会发展主要目标的重要内容。大学生在求职就业过程中，要了解有关就业政策和就业制度，主动适应社会需要，做好就业认知准备。

一、大学生就业政策

就业政策主要包括两个部分：一是有关就业方面的法规，二是有关就业方面的措施和办法。因此，就业政策在毕业生就业过程中起着两方面作用：一是导向作用，就业政策可以引导毕业生正确地选择就业方向，少走弯路，提高就业满意度；二是保护作用，就业政策能够维护毕业生的合法权益，确保就业的公正性。党和政府根据形势的变化不断调整相关大学生就业政策。

（一）就业法规类

就业法规主要是指适用于大学生就业的国家法律法规，包括新《职业教育法》和《中华人民共和国劳动法》（以下简称《劳动法》）、《中华人民共和国劳动合同法》（以下简称《劳动合同法》）、《中华人民共和国民法典》（以下简称《民法典》）、《中华人民共和国就业促进法》（以下简称《就业促进法》）、《普通高校毕业生就业工作暂行规定》等。

⎯⎯⎯⎯⎯⎯

🙾 知识小阅

新《职业教育法》促进更加充分更高质量就业

新《职业教育法》第五章第五十三条规定：用人单位不得设置妨碍职业学校毕业生平等就业、公平竞争的报考、录用、聘用条件。机关、事业单位、国有企业在招录、招聘技术技能岗位人员时，应当明确技术技能要求，将技术技能水平作为录用、聘用的重要条件。事业单位公开招聘中有职业技能等级要求的岗位，可以适当降低学历要求。

新《职业教育法》首次以法律形式明确"职业教育是与普通教育具有同等重要地位的教育类型"，规定职业学校学生在升学、就业、职业发展等方面与同层次普通学校学生享有平等机会，为建设教育强国、人力资源强国和技能型社会提供人力资源支撑。

（二）就业措施及办法类

随着社会的发展和就业形势的变化，国家制定了一系列促进大学生就业创业的政策，各地区也根据本地区的情况出台了针对性更强的鼓励大学生就业创业的政策。每年国务院及相关主管部门、地方政府还会根据实际情况制定具体的就业政策。这些政策措施均可通过国务院、教育部等官方网站查询。

（三）其他政策规定

1. 就业准入政策

就业准入政策是指大学毕业生获准进入某些职业或地区的相关政策。

（1）地区方面的就业准入政策。一些地区会根据本地区的具体情况出台一些具体的政策，如北京、上海等一些超大城市，每年都会出台一些关于接收非本地生源大学毕业生的相关政策。

（2）职业方面的就业准入政策。根据《劳动法》和新《职业教育法》的有关规定，"对从事技术复杂，通用性广，涉及国家财产、人民生命安全和消费者利益的职业（工种）的劳动者，必须经过培训，并取得职业资格证书后，方可就业上岗"。

2. 招考录用政策

招考录用政策是指在选拔大学毕业生过程中的关于招考方面的政策，主要包括国家公务员招考的相关政策和企事业单位录用大学毕业生的相关规范等。

3. 有关政策性就业的规定

相关部门已出台大学毕业生参加"三支一扶"计划、农村特岗教师计划、大学生志愿服务西部计划等就业的相关规定，每年还要根据当年的具体情况制定具体实施办法。

8 知识小阅

主要政策性就业

"三支一扶"计划是人力资源和社会保障部牵头，中组部、教育部、财政部、农业农村部、国家卫健委、国家乡村振兴局、共青团中央共同组织开展的高校毕业生到农村基层从事支教、支农、支医和扶贫工作的简称。招募的高校应届毕业生服务期间的身份是"三支一扶"志愿者。

农村义务教育阶段学校教师特设岗位计划（简称特岗计划），由教育部等四部门联合启动，公开招募高校毕业生到西部"两基"攻坚县以下农村义务教育阶段学校任教。

大学生志愿服务西部计划由团中央、教育部、财政部联合实施，每年招募一定数量的普通高等学校应届毕业生或在读研究生，到西部基层开展为期1至3年的教育、卫生、农技、扶贫等志愿服务。

二、大学生就业制度

大学生就业制度是指为大学生就业创造条件，提供就业机会，实现大学生充分就业，而由国家制定的行为准则。随着我国市场经济体制的建立和发展，我国高校毕业生就业制度经历了"统包统分""供需见面""双向选择""自主择业"几个发展阶段。"双向选择""自主择业"，是将市场机制引入人才资源配置，是一种国家政策指导实现毕业生自主择业和用人单位择优录用双向选择相结合的就业方式，"双向选择""自主择业"是毕业生现行就业政策中最基本的精神。

（一）劳动合同制度

《中华人民共和国劳动合同法》从劳动合同的订立、履行和变更、解除和终止等多个方面，进一步完善了劳动合同制度，明确了劳动合同双方的权利和义务，保护了劳动者的合法权益。目前，我国已经基本实现全员劳动合同制，"全员劳动合同制度是企业与全体职工在平等自愿、协调一致的基础上，通过签订劳动合同，明确双方的责、权、利，以法律形式确定劳动关系，并依照合同进行法制管理的新型用工制度"。在这种制度下，用人单位和劳动者可以在平等的基础上实行双向选择。劳动者和用人单位的关系也由原来的行政关系转变为两个主体之间的平等契约关系，而国家主要负责调控、监督劳动力市场，保护用人单位和劳动者双方的合法权益，实现劳动力资源的合理配置。

（二）人事代理制度

人事代理是在社会主义市场经济条件下产生的一种新的人事管理方式，是指由政府人事部门所属的人才服务中心，按照国家有关人事政策法规要求，接受单位或个人委托，在其服务项目范围内，为多种所有制经济尤其是非公有制经济单位及各类人才提供人事档案管理、职称评定、社会养老保险金收缴、出国政审等全方位服务，是实现人员使用与人事关系管理分离的一项人事改革新举措，有利于促进人才资源的社会化和职业选择的自由化，对于保障大学生和用人单位的合法权益发挥着重要的作用。

人事代理的当事人为代理方和委托方，代理方一般是县级以上政府人事行政部门所属的人才流动服务机构；委托方为需要人事代理服务的各类企业、事业单位和个人。委托代理的方式由委托方与代理方商定，并以合同的形式予以明确。

1. 人事代理的具体内容

人事代理的具体内容由代理方和委托方协商确定，代理方可以提供如下服务：

（1）为委托方提供人事政策咨询，并协助委托方研究制订人才发展规划和人事管理方案等。

（2）为委托方管理人事关系、人事档案。办理专业技术人员专业技术职务任职资格的申报工作；办理大中专毕业生见习期满后的转正定级手续，调整档案工资；出具因公或因私出国、自费留学、报考研究生、婚姻登记和独生子女手续等与人事档案有关的证明材料。

（3）为国家承认学历的大中专毕业生提供人事代理服务，从签订人事代理合同之日起按有关规定承认身份，申报职称，计算工龄，确定档案工资，办理流动手续。

（4）为委托方接转党团组织关系，建立流动人员党团组织，开展组织活动。

（5）为委托方代办失业、养老等社会保险业务。

（6）为委托方代办人才招聘业务，提供人才供需信息，推荐所需专业技术人员和管理人员，负责聘用人员合同签证。

（7）根据委托方要求，开展岗位培训，并协助委托方制订培训计划。

（8）根据委托方要求，开展人才测评业务。

（9）代理与人事管理相关业务。

2. 人事代理程序

（1）委托方向代理方提出申请，并提供有关材料。个人办理委托人事代理，根据各自情况的不同，须向当地人才流动机构分别提交下列有关证件：应聘到外地工作的，须提交委托人事代理申请书、聘用合同复印件、身份证复印件、聘用单位证明信（证明其单位性质、主管部门、业务范围）等；自费出国留学的人员，须提交委托人事代理申请书、原单位同意由人才流动机构保存人事关系的函件、出国的有关材料等；辞职、解聘人员尚未落实单位的，须提交委托人事代理申请书及辞职、解聘证明，身份证复印件等证件。

（2）代理方对委托方申报的材料进行审核。

（3）委托方与代理方签订人事代理合同。

（4）代理方向有关方面索取人事档案及行政、工资、组织关系等材料，办理相关手续。

（5）人事代理当事人的权利和义务，由双方以协议的形式予以明确，共同遵守。

⊃ 能力训练

利用多种途径促就业

（1）了解就业途径。大学生在制定就业规划的时候，要了解国家的就业政策举措，多路径实现就业。随着国家对高校毕业生就业工作支持力度不断加大，就业市场机制的不断完善，当前大学生就业方式和途径已经呈现出了多样化的发展趋势。图 3-1-1 所示的是大学生就业的多种途径。除了我们所熟知的找工作签约就业、求学深造、自主创业等主要就业方式外，还有政策性就业方式。搜集政策性就业方式的有关信息，了解其选拔时间、选拔条件、选拔程序以及优惠政策等。

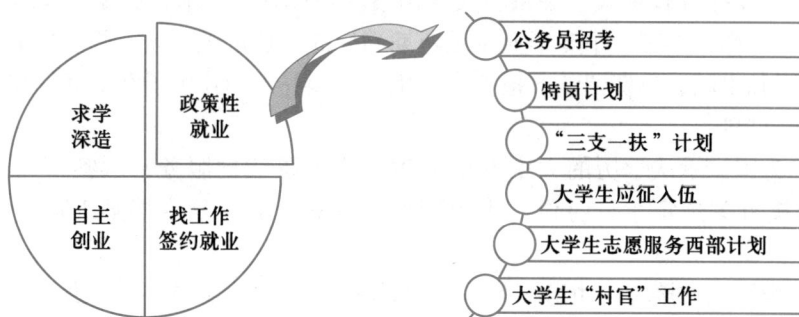

图 3-1-1 大学生就业途径

（2）结合自身专业、学业及国家政策，确定就业方向。比如，结合国务院发布的《"十四五"就业促进规划》（国发〔2021〕14 号），从政策的宏观调控导向中找到更广阔的就业创业机会，并填于表 3-1-1 中。

表 3-1-1 从政策的宏观调控导向中找寻就业创业机会

你的专业：_____

你的地理位置（比如学校或家乡所处区域）：_____

相关政策	具体内容	发现就业机会	发现创业机会
全面增强就业吸纳能力	促进制造业高质量就业		
	扩大服务业就业		
	拓展农业就业空间		
	支持中小微企业和个体工商户持续稳定发展增加就业		
培育接续有力的就业新动能	促进数字经济领域就业创业		
	鼓励传统行业跨界融合、业态创新，增加灵活就业和新就业形态就业机会		
提高区域就业承载力	推动就业机会向中西部和东北地区扩散		
	以脱贫地区为重点，支持欠发达地区因地制宜发展吸纳就业效果好的富民产业		

续表

相关政策	具体内容	发现就业机会	发现创业机会
提高区域就业承载力	支持革命老区、边境地区等发展本地特色产业		
	推进新型城镇化和乡村振兴战略有效衔接，推动县乡村联动发展		
	推进以县城为重要载体的城镇化建设		
	完善农村一二三产业融合发展体系，丰富乡村经济业态		

➲ 效果评估

理性认识职业与就业

就业是民生之本。党和国家历来高度重视解决就业问题，不断创新思路，制定政策促就业、稳就业。大学生更应该树立理性的职业和就业信念，积极面对就业、努力拓宽就业途径。表 3-1-2 中梳理了对于职业和就业的一些认知，你可以对照相关内容，逐步树立理性的职业和就业信念。

（1）对照表 3-1-2 中的理性和非理性信念，哪些比较符合你的认知？

_____。

（2）除这些信念外，你还有哪些理性和非理性的职业与就业信念？

_____。

（3）思考一下，你的这些认知对自己的就业行动有怎样的影响？

_____。

表 3-1-2　关于职业与就业的认知

类型	理性认知	非理性认知
就业市场	市场处于变化中，有的行业目前可能充满机会，但也许会在数年内饱和 创业不一定能成功，但一定能积累经验	当前社会职位几乎饱和，找不到什么心仪的工作 创业的门槛很低，只要有资本就大胆地放手一搏吧
职业性质	自由职业也是一种职业，需要塑造核心竞争力和自我管理能力 职业的流动是必然的，个人要做好充分的准备	每个人终身只能有一个适合的职业 这个行业不适合男生/女生
从业条件	不会有哪种职业能满足自己所有要求 每个专业都有自身的优势，未来更需要跨专业的复合型人才	这种职位的工作条件要求不高，不用太努力就能做好 这种工作所要求的条件非常苛刻，我不是这个专业，一定做不了

续表

类型	理性认知	非理性认知
工作地点	回家乡就业也能发挥我的价值 基层就业也未必不能施展抱负，一切要体验过才能知道	现在都流行"逃离大城市，跟风回家乡"应该没错吧 "基层舞台"小，不能发挥我的能力
职业要求	不是有热情和能力就一定能干好，有时团队力量大于个人发挥 工作和家庭的平衡是可能的	只有感兴趣的工作才能做得很好 只要自己努力，一个人什么都能做得好
职业期待	工作不仅是解决经济需求的手段，同时也满足精神需求的途径	我所做的工作应该满足我所有的要求

任务二　调整就业心理

⊃ 问题导入

李婷是某高职院校旅游专业的毕业生，经常到人才交流会上去找工作，但由于她好高骛远，所以不是用人单位认为她学历低，就是她找的工作专业不对口，总之，一直求职无果，李婷逐渐对找工作失去了信心……一次，妈妈做菜故意不放盐，菜显得寡淡无味。通过这件小事，李婷认识到每个人都有自己合适的位置，她决定做一颗快乐的"小盐粒"，从小事做起，做好自己的本分工作。

从这个案例可以看出，每个人都是社会大机体上一分子，各有各的作用。大学生就业之前，一定要准确定位，顺应社会的发展，才能快乐地工作，快乐地生活。你知道我们该做好哪些就业心理准备吗？

⊃ 任务解码

求职择业是一个复杂的过程，受家庭、社会、学生自身等诸多因素的影响，常常会使大学生陷入各种心理误区，以致在人生的十字路口踌躇不前。所以，大学生应该做好充足的心理认知，树立正确的就业观。

解锁本任务的密码有：

- 知识密码：理解择业心理误区，学会调整就业心理。
- 能力密码：正确看待择业，树立正确择业观。
- 素养密码：胸怀"国之大者"，到祖国最需要的地方实现职业理想的抱负。

⊃ 知识对策

一、当代大学生求职择业心理误区

（一）期望过高

大学生常被称为"天之骄子"，但由于年龄和阅历的局限，对社会缺乏全面、实际的体验，因此在进行择业时对未来职业期望值过高，他们不仅希望目标职业符合自己的专业和兴趣爱好，还要求工作稳定、环境舒适、收入高、发展空间大。另外，在就业单位的选择上，部分大学生也倾向于大城市、大企业，而不愿意到经济欠发达地区、中小城市或基层单位去工作。

（二）过于功利

部分毕业生择业时片面追求实惠，过于看重工资收入、福利待遇，而对自己所学专业是否与工作对口，能否发挥自己的特长则考虑得较少。须知，随着我国市场经济的发展，行业之间、人与人之间的竞争也已越来越激烈，不思进取、只图安乐，注定要被社会淘汰。此外，直面现实需要理性分析，工资收入、福利待遇等的高低并不是体现求职者自身价值的唯一衡量标准。有关调研结果表明，职业发展已成为激发员工敬业的首要因素，员工对自己的职业发展已经超过了对薪酬的关注度。因此大学生择业过程中应该顺势而为，调整收入第一的观念，转而关注企业发展潜力及自身职业发展前途。

（三）盲目从众

盲目从众的心理主要表现为在求职择业的过程中把他人的择业标准作为自己的参照物，人云亦云，患得患失，缺乏自主性和竞争意识。往往社会上什么职业热门，就倾向于选择什么职业，全然不顾自己的能力和现状，甚至不会扬长避短。

（四）消极等待

有的大学毕业生在求职时对自己的目标没有明确的定位，缺乏主见，见异思迁，反复无常。对一个单位是否适合自己，往往不是根据自己的情况来决策，而是更多地依赖父母、老师、朋友的建议进行取舍，甚至有的大学毕业生在求职面试时带上亲戚朋友，将自己的命运交与家长或朋友掌控。大学毕业生的依赖心理还表现在求职缺乏主动性，不能主动利用各种渠道收集就业信息，不主动与用人单位联系，一味等靠学校、家长推荐工作，从而使自己的就业面过窄，错过了许多就业机会。

（五）优柔寡断

在择业的过程中，很多大学生犹豫不决、举棋不定。常见的现象就是有的大学生明明已经签订了劳动合同，但还在不断地参加招聘会，一旦寻找到更好的工作后，就和原劳动单位毁约。之所以会出现这样的择业心态，还是因为大学生未能对自己进行准确定位，不知道自己适合做什么，缺乏必要的自我分析能力。

二、就业心理调整

（一）正确认识自己，增加择业自信心

毕业生选择职业，实质上就该将个人的主观愿望和社会需求的有机结合。每个毕

业生均应冷静思考自身的条件和就业定位，分析个人的优势和不足，这是大学生择业成功的前提和基础。大学生可借助科学测评手段和专业测评系统进行准确的自我评价，做好择业前的准备，增强择业自信心，做出适合自己的求职决策。有关"自我职业测试"内容已在项目一做详尽介绍，此处不再赘述。

（二）理性对待就业的差异，及时调整择业方向

目前，我国社会经济发展不均衡，东部等地区的一线城市人口密度大、人才相对集中，经济发展较快。大学毕业生应该能够理智地看待就业形势，大城市固然发展机会较多，但竞争也更为激烈。此外，对于专业技术性较强的学生来说，更应冷静地看待专业的变化，比如报考时的热门专业毕业时可能成了冷门，针对这样的现象，毕业生要适时调整自己的择业方向，不可怨天尤人、盲目从众，只要做出冷静正确的自我分析和定位，总会找到属于自己的机会。

（三）积极参加竞争，坦然面对挫折

大学生应该珍惜双向选择的机会，积极参与竞争，对于职场上的得失要树立平常心，冷静分析优势和劣势，学会化解求职过程中心理压力，以积极的态度面对挫折，努力实现自己的职业理想。

（四）克服依赖心理，实现真正自立

现实社会是一个竞争激烈的社会，是一个需要每个社会成员积极参与竞争的社会，大学生应该认识到自己才是求职的主体，要发挥自身的积极主动性，树立强烈的主体意识，摒弃把求职希望寄托在"拉关系""走后门"上的投机心理。

（五）适应市场，及时调整就业期望值

就业市场化和自主择业给大学生带来机遇和挑战。用人单位招不到人，而大量的毕业生找不到单位的"错位"现象普遍存在。大学生的就业期望值普遍较高是造成这种现象的原因之一。大学生应正确分析当前的就业形势，及时调整就业期望值，例如，在当前获得一个理想职业的时机不成熟时，应采取"先就业、后择业"的办法，先增加工作经验，然后再凭借自己的努力，通过正当的职业流动逐步实现自己的职业理想。

三、正确择业观树立

（一）勇于面对竞争的观念

每个人都有争强好胜之心，竞争是一种本能。首先要认识到培养竞争能力是自身发展和社会发展的需要，其次竞争是实力的展示，培养竞争能力的重要前提是提高自身的综合实力，而不是一种争强好胜的抽象意识。竞争是对人才的考验，因此每个毕业生都要培养竞争意识。要敢于竞争，克服自卑、胆小、怯懦等不良心理状态。

（二）先就业、后择业的观念

改变一步到位的思想，树立灵活的就业观念。大学生要面对现实，降低起点，先融入社会，再寻求发展的道路，这对自己既是一种锻炼，也是一种适应社会的准备。工作一段时间后，有了一段就业和择业经历，各方面经验和能力得到提高，具备了自信心和实力，时机一旦成熟，就可以重新选择职业，实现自己的职业规划。

（三）自主创业与终身学习的观念

大学生应有积极创业的思想准备。择业是起点，创业是追求。创业是拓展职业生活的关键环节，在就业压力较大的社会环境中，创业意识强烈并且思想准备充分就能获得更好的发展机会，甚至还能帮助别人就业。当今社会增加了许多新职业，既体现了新的社会需要，又体现了创业者的智慧和贡献。同时，为适应社会主义市场经济发展的要求，大学生还要不断地加强学习，尽快熟悉并掌握有关的业务，也只有不断地学习，养成终身学习的观念，才能适应当今时代科学技术迅猛发展的需要，为事业成功奠定基础。

（四）勇于到基层、到农村就业的观念

2016 年 12 月 30 日，中共中央办公厅、国务院办公厅联合印发《关于进一步引导和鼓励高校毕业生到基层工作的意见》（中办发〔2016〕79 号），多渠道开发基层岗位，积极引导高校毕业生投身扶贫开发和农业现代化建设、到中西部地区、东北地区和艰苦边远地区工作、到乡镇一线和其他基层单位工作、鼓励大学生参军入伍、鼓励高校毕业生到中小微企业就业。广大青年应积极响应党和国家的号召，树立到基层、到农村、到祖国需要的地方去就业的观念，在实践中磨炼意志、增长才干。

（五）既发挥专业所长又注重综合素质的观念

毕业生在择业时首先要考虑所学的专业，根据专业特点选择职业，做到专业特点与职业要求相匹配，发挥专业优势；同时也要考虑综合素质和能力，一味强调专业对口，会使毕业生在激烈的竞争中失去很多机会。

⊃ 能力训练

从三个维度进行择业

【训练形式】

教师指导，学生独立完成。

【训练目的】

认识择业的三个维度，正确看待择业，树立正确的择业观。

【训练过程】

1. 从自身角度认识职业选择

职业选择是自己把握自己命运的开始，选择机制要求人们树立自立的精神，以主动者的身份对待职业选择。择己所爱、择己所长，从而获得较高的职业满意度，提高事业的成功率。

图 3-2-1 为人的内在世界和职业世界的关系。可以看出每一个人的人格特征、兴趣爱好、能力所长和价值观在一定程度上跟职

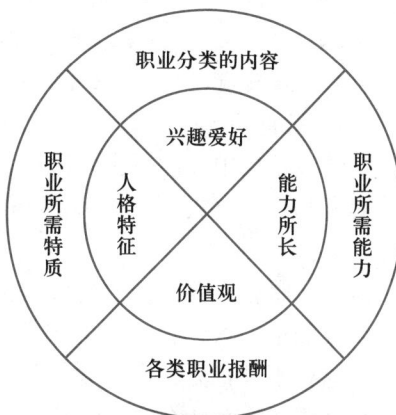

图 3-2-1　人的内在世界和职业世界的关系

业的选择有一定关系，因此要做到从自身角度进行职业选择，相关知识可回顾本书项目一有关内容。

2. 从竞争的角度认识职业的双向选择

选择是双向的，有选择必有竞争。当求职者按照自己的意愿进行择业时，用人单位也在按照职业的要求进行选择。因此，大学生要分析自己是否具备职业要求的素质，如果不具备的话，就会在竞争中失败。对于欠缺的职业素质，要采取有效的措施，制订职业成长计划进行弥补。

（1）你的理想职业是：_____。

（2）该职业的岗位职责、职业要求、必备技能是：_____

_____。

（3）你具备哪些职业素质：_____。

（4）还有哪些欠缺：_____。

（5）如何弥补：_____。

3. 从创造和发展的角度进行职业选择

树立发展的职业观，以创造为动力，适时调整自己与环境的关系，使个人潜力得到最大的发挥。

⊃ 效果评估

描述成就事件

成就事件是管理心理的有效工具，它是指成长过程中那些令人印象深刻的充满成就感的事。通过挖掘成就事件对自己的意义，可以提高自信，有效调节心理。

1. 梳理描述

梳理成就事件时候的原则：每件事都应当包含以下四个要素（我们把这四个要素简称为 STAR 原则），分别是：

（1）S（situation）：事情发生时的背景。

（2）T（target）：面临的任务/目标，重点可以是阻碍、难度、挑战。

（3）A（action）：采取的行动或态度。

（4）R（results）：取得的结果。

2. 提炼加工

从这些事件中，能看出自己在完成这些事时呈现了哪些能力和优势（包括品质，以及思考和行动模式）？统计这些事件中相似要素出现的次数，并圈出最突出的几个。

3. 效果评估

这个步骤很重要，需要好好地审视被自己遴选出的这些经历，挖掘它们的存在对自身而言的重大意义。

给这些事件打分（十分制），每件事带来的成就感和价值感分别是多少分？能否发现什么规律？有什么启示？经常总结，会使你变得越来越自信！

任务三　用好就业信息

⊃ 问题导入

　　有关数据显示，大学生获取就业信息主要是通过亲友、网络、实习等渠道。如果按照信息获取的难度及获得信息的精确度对这些渠道进行分析，得到的结果如图3-3-1所示，一般而言，通过实习或者与行业内专业人物访谈获得的信息准确度较高，但是这种渠道不容易获得。不得不承认，虽然网络渠道的信息准确性很低，但是却成为人们获取信息的主流渠道。那么，当大学生通过键盘和浏览器获取信息的时候，应该保持怎样的态度？应注意防范哪些求职陷阱呢？

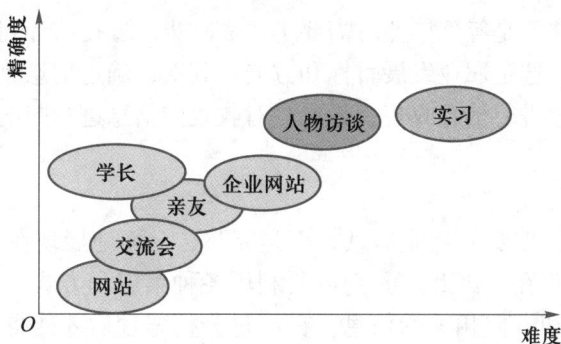

图 3-3-1　大学生获取就业信息渠道分析图

⊃ 任务解码

　　及时获得就业信息是大学生在激烈的就业竞争中占得先机的条件之一。掌握就业信息的收集与利用方法，做好就业信息准备，对于成功就业来说非常重要。
　　解锁本任务的密码有：
- 知识密码：理解信息在求职中的作用，掌握就业信息搜集的渠道、内容和方法。
- 能力密码：熟练运用就业信息、找寻就业机会。
- 素养密码：树立信息意识、网络安全意识。

⊃ 知识对策

一、就业信息收集的原则

　　就业信息是指通过各种媒介传递的与就业有关的消息和情况，包括就业政策、就业机构、劳动力供求情况、行业发展趋势、毕业生资源等。收集和整理就业信息，应

微课启学：
就业信息
收集

遵循以下四项原则。

（一）真实性

真实性是就业信息收集的前提条件。虚假的就业信息不仅使毕业生判断失误，还会浪费宝贵的时间和钱财，甚至给自己带来人身伤害。社会上存在一些以营利为目的的中介机构，他们打着提供招聘信息的幌子，骗取中介费。也有一些单位借着招聘为名骗取报名费、培训费以及风险抵押金等。还有一些非法传销组织以招聘为借口骗取学生的信任，毕业生一旦陷进这样的传销组织，人身财物都会受到很大的损失，必须加以警惕。

（二）针对性

网络时代，信息呈爆炸式增长，面对海量的就业信息，毕业生往往难以取舍。毕业生一定要根据自己的职业发展目标和方向，结合自己的专业、特长、兴趣、能力、性格等方面因素综合考虑，有针对性地甄别和选择。

（三）计划性

收集就业信息并不是等到毕业时需要了才去收集，要提前计划。首先，要进行职业规划，自我认识，选定职业发展目标和方向；其次，确定信息收集的方向、途径、范围和内容；再次，进行信息收集；最后，对收集的信息进行归纳、整理，排除一些价值不大的信息。

（四）全面性

很多情况下我们需要的就业信息并不是完整、全面地展现在我们面前，信息往往是以分散的形式存在。因此，我们需要利用各种渠道和方式，充分收集与我们制定的职业发展目标和方向相关的信息，在经过分析整理后才能得到较为全面的就业信息。

二、就业信息获取途径

（一）政府渠道

政府渠道包括国家政府就业网站、地方政府就业网站、地方政府举办的招聘会等。政府在就业信息方面做的工作主要有以下几个方面：制定就业政策、就业法律法规；公布各级政府公务员和事业编制的招考信息；举办公益性人才交流会等。政府渠道提供的信息真实可靠。政府应从宏观上把握社会就业的整体状况，掌握大学毕业生的流向，通过制定相应的政策，引导大学生面向人才紧缺的地区、行业就业，使大学毕业生就业与经济社会发展相协调。

（二）市场渠道

市场渠道包括各类职业中介服务机构、社会和用人单位的人才网站、报纸、杂志、广播、电视等媒介。

社会各类职业中介服务机构是就业信息提供的一个重要载体，它们与高校、毕业生以及用人单位都有联系，一般以广告、报纸等形式发布就业信息。目前我国的职业中介服务还存在一些不规范的行为，提供的就业信息也是良莠不齐，甚至还存在一些违法的行为。政府应对职业中介机构的服务加强引导和规范。

随着网络媒体技术的发展，网络媒体具有信息量大、快捷方便、覆盖面广的特点，在信息提供方面日益扮演着重要的角色，也成为大学生就业信息来源的主要渠道。当然网上也存在很多虚假的信息，大学生要加强甄别，以防上当受骗。

就业市场是通过市场的调节作用，实现人才的合理流动。随着就业市场机制的进一步完善和发展，市场渠道不应仅仅是信息的提供者，可以有更多的作为，可以组织人才交流会，进行职业培训等活动。

（三）学校渠道

学校渠道包括高校校园网上的就业网站、高校举办的大型现场招聘会和专场招聘会等。一般高校会在学校的就业网站上宣传国家的就业政策法规，公布需求信息，如特岗教师计划、选调生、选聘生以及大学生应征入伍计划等；另外，很多用人单位的校招信息，在学校网站上也会即时予以公布。一般在每年的 11 月份学校还会举办毕业生和用人单位的双选会，以及各类专场的招聘会。毕业生应关注学校的就业网站，及时掌握就业信息，每年有很多毕业生通过学校途径成功就业。高校提供的就业信息及时、真实且具有针对性，已成为大学生获取信息的重要途径。

（四）其他渠道

其他渠道包括家人、朋友、老师、校友的推荐，在实习、社会实践中获得的信息，通过信件、电话访问以及上门自荐等。大学毕业生通过这些渠道也可以获得大量的就业信息。

人是生活在社会关系当中，大学生的亲友、老师以及校友组成了一个庞大的关系网络，他们提供的信息一般比较准确、可靠，也是大学毕业生获取就业信息的重要渠道之一。亲友、老师以及校友所织成的信息网络不同于政府、市场和学校渠道，他们比较了解学生个体的情况，所提供的信息更有针对性。

大学生毕业前一般都要到单位实习实训，实习实训不仅是学生巩固理论知识的过程，也是学生和用人单位加强联系、获得就业信息的好途径。因此，重视每一次实习实训的机会，为自己拓宽就业渠道。

三、就业信息搜集的方法

一般而言，搜集就业信息常用的有三种方法。

（一）全方位搜集法

把与自己专业有关的就业信息统统搜集起来，再按一定的标准进行整理和筛选，以备使用。这种方法获取的就业信息广泛，选择的余地大，但较浪费时间和精力。

（二）定方向搜集法

根据自己选定的职业方向和行业范围搜集相关的信息。这种方法以个人的专业方向、能力倾向和兴趣特长为依据，便于找到更适合自己的就业信息。需要注意的是，当你选定的职业方向和行业范围过于狭窄，特别是集中于竞争激烈的"热门"行业时，很可能给你下一步的择业带来困难。

（三）定区域搜集法

根据个人的地区偏好来搜集信息，而对职业方向和行业范围较少关注和选择，这是一种重地区、轻专业方向的信息收集法，按这种方法搜集信息和选择职业，也可能由于所面向地区的狭小和"地区过热"（有较多择业者涌向该地区）而造成择业困难。

四、就业信息搜集内容

（一）就业政策、就业法律法规

我们做任何事情都不能违反政策法规。大学毕业生在就业过程中必须了解国家就业政策以及相关的就业法律法规。掌握政策法规：一方面可以知道毕业生在择业中享有哪些权利，如何利用就业政策求职或创业；另一方面在自身利益受到侵害时可以利用法律武器保护自己。

（二）就业市场供求情况

这些信息主要包括当年毕业生总数、社会总需求量情况、本地区毕业生数量和市场需求情况、不同行业的需求情况，以及行业未来发展前景。

（三）用人单位的详细信息

这些信息主要包括用人单位的全称、单位性质（国有单位了解隶属关系，私企民营单位要了解人事代理关系）；单位的规模，产品服务范围，区域位置，交通状况，企业文化；单位人事部门联系人，联系方式；内部员工对企业的看法及心声。对用人单位信息的掌握除了打电话询问，上用人单位网站查看以外，最好能到单位实际调查，有些信息必须实地考察才能做出客观的评价。

（四）应聘岗位的详细信息

这些信息主要包括工作性质与内容、工作环境与工作地点、收入及薪资、任职所需技能及经验、未来发展前景及职业发展通道等。

五、就业信息的整理和运用

（一）就业信息的筛选

一般来说，毕业生搜集到的原始信息都比较杂乱，有相当一部分是没有价值的，毕业生应根据自己的实际情况和需求，对信息进行去粗取精、去伪存真，有目的、有针对性地加以筛选。在处理这些信息时应把握以下原则：

（1）掌握重点。将收集到的所有就业信息进行比较，初步筛选之后，把重点信息选出，标明并注意留存，一般信息则仅做参考。

（2）适合自己。每个人的情况不一样，毕业生应选择适合自己的信息。

（3）注意信息的时效性。搜集到就业信息后，应适时使用，以免过期。

（4）确定信息搜集范围。不能仅局限于"热门"单位以及周边较近的地区，这样会大大降低就业的成功率。

（二）就业信息的整理

很多毕业生频繁奔波于各种招聘会，简历也投出去不少，但是却很少得到回复，原因在于缺少对就业信息的整理。毕业生要做一个有心人，平时就要有意识地收集各种就业信息，可以制成表格，统计各种招聘信息，并不是所有的招聘信息都要收集，要根据自身的情况（如职业兴趣、专业、性格、能力特长等），对招聘信息进行筛选，符合自己的进行统计、完善。统计招聘信息的表格一般包括以下六个要素：企业名称，企业基本情况（企业性质、隶属关系、企业规模、人数、产品服务、发展现状和发展趋势），应聘岗位及招聘人数，应聘条件（如学历、专业、职业资格、技术等级），工作环境和薪资福利，联系人及联系方式等。

（三）就业信息的运用

就业信息的运用是指毕业生在对就业信息整理过后，依据信息进行择业的过程。就业信息的使用必须要做到：

（1）确定职业目标，选择适合自己的职业。"心若没有方向，去哪儿也是逃亡"，职业目标是求职者的专长、兴趣、能力、性格、期望值、价值观与社会职业需求之间不断协调的过程。确定职业目标时还应该把收入目标、行业目标等考虑进去，尽可能地征求亲朋好友的意见。记住适合自己的才是最好的，不能人云亦云。

（2）换位思考，了解信息背后的启示。了解信息背后的启示必须站在用人单位的角度考虑问题，不能以自我为中心。通过换位思考，就不难看出，其实用人单位最需要的是安全和保障，他们需要应聘者给企业创造价值，带来发展。

✎ 堂间小练

你能看出招聘信息中的"玄机"吗？

图3-3-2所示的这则招聘信息中，你能分析出企业需要什么样的人才吗？比如"电力"是专业知识，"营销"是可迁移技能，而方框中的信息则是素养能力，假如你是应聘者，应该怎样在自己的简历中表明你的能力可以胜任呢？

> 岗位职责：具备一定的电力系统行业销售经验及电力方面的专业知识，负责公司产品市场的推广和销售工作，有设计院所市场推广经验、高低压电气测试仪器市场销售工作经验最佳。有一定的市场营销知识，具有市场开拓精神，不畏艰难，勇于向困难挑战；会电脑网络、Office等软件的操作，能吃苦耐劳，刻苦上进，沟通表达能力强，能经常出差；具备良好的心态和抗压能力，具有敬业精神及团队合作精神。
>
> 任职要求：大专专科同等以上学历，具备1年以上产品品牌市场推广经验，负责公司产品市场销售区域的推广销售的现场跟踪服务；做好产品在销售推广活动中的各阶段的销售服务支持，勇于挑战困难、诚实信用，待人诚恳和蔼、工作认真负责、具有团结敬业精神、有时间观念守信用，工作讲究速度效率，可出差等。

图3-3-2 招聘信息示例

（3）及时准备，主动"出击"。机会总是留给那些做了充分准备的人，在全面客观了解了信息后，要及时准备，主动联系用人单位询问招聘细则，比如时间、地点、要求、方式等，尽快准备求职简历，不能犹豫不决。

（四）识别就业信息中常见的陷阱

就业陷阱，是指在就业过程中，用人单位借工作机会和拥有信息的有利条件，以发布虚假、夸大或模糊的招聘信息为手段，以牟利或者其他意图为目的的招聘，或违反求职者个人意愿，使其额外支付财物或诱骗求职者进行违背法律道德的行为等情况。

常见的就业陷阱主要有：

（1）收费陷阱。以招聘为名，要求应聘者缴纳押金或各种报名费、工装费、培训费、面试费的均属于收费陷阱。

（2）智力陷阱。以招聘为名无偿占有应聘者程序设计、广告设计、策划方案、文章翻译等创意，甚至知识产权。

？案例小品

笔试骗局

某软件公司招聘程序员、美工等岗位，公司经营状况良好，工作环境整洁，招聘流程正常，岗位提供的薪酬符合市场价位，一切看似都合常理。应届毕业生小张，初试合格后进入笔试阶段。笔试内容：上机编写一段程序，使用规定的编程语言，时间不限，可以上网查询相关资料，但不能相互交流，只要能完成目标即可。一个教室里，8个求职者，每个人的试题不同，几个年轻人无意中发现，看似8段程序，其实恰巧能整合成一个项目……结果可想而知，8个人都未被该公司录用。

（3）非法中介陷阱。极少数中介公司，利用网络免费发布招聘信息的平台，集中发布招聘信息，并且跨过网站审查和监督，要求求职者直接将个人简历发送至该中介公司邮箱，以达到大量收集人力资源信息的目的。

？案例小品

黑中介惯用伎俩

某人才信息公司，在一周时间内在网上发布招聘信息近千条，均为中介信息，并在每条信息的岗位描述中留下了邮箱和公司自己的网址，要求求职者将个人简历直接发送公司邮箱或登录公司网站应聘。某求职者看到这些信息后，将个人简历通过E-mail发送到了该公司，公司为其推荐了不少岗位，但要求求职者每个岗位支付一定的介绍费，并且如果面试成功，还要支付给该公司首月工资的50%作为中介费用。

（4）模糊劳动合同与劳务合同陷阱。一些招聘企业利用求职者对劳动合同和劳务合同概念混淆不清的情况，在发布招聘信息时注明工作性质为合同制，但是却与求职者签订劳务合同，从而不为劳动者缴纳社会保险费用。

⊃ 能力训练

就业信息搜集

【训练形式】

教师指导，学生独立完成。

【训练目的】

通过搜集与本专业相关的就业信息，掌握就业信息搜集的方法和途径，熟悉就业信息处理的技巧，从而正确认识本专业的就业形势，为求职就业做好准备。

【训练过程】

（1）明确志向。利用SWOT分析法，全面分析自己的优势、劣势，外部环境为自己提供的机会及自己所面临的威胁等，正确认识自己，确立明确的就业目标和就业方向（包括行业及岗位等）。

（2）收集就业信息。通过网络、报纸、杂志、社会关系等渠道，收集与你所确定的就业行业和岗位相关的就业信息。

（3）处理就业信息。建立就业信息管理库，具体包括个人就业信息管理库（表3-3-1）、供需见面会信息管理库（表3-3-2）、用人单位基本情况数据库（表3-3-3）。

表 3-3-1 个人就业信息管理库

收集时间	单位名称	单位性质	招聘企业	招聘人数	所在地或网址	联系部门和联系人	联系电话	E-mail	备注

表 3-3-2 供需见面会信息管理库

举办时间	见面会名称	主办单位	举办地点	联系人	联系电话	备注

表 3-3-3 用人单位基本情况数据库

单位名称	所有制性质	所在地	总体概况（隶属关系、历史沿革、规模等）			
			经营范围	经济状况	福利待遇	发展前景

（4）就业信息筛选。根据自己确定的就业目标，进行筛选，寻找适合自己的就业信息。

（5）提交一份就业信息报告。

（6）结果评价。在班级中展开一次评选活动，可通过自评、互评或老师评价的方式评选出最佳就业信息搜集报告。

➲ 效果评估

你能应对"选择综合征"吗?

随着互联网技术的飞速发展,求职信息获取和利用的途径不断拓宽,相信很多大学毕业生在开始求职的初始阶段,都会被铺天盖地的各种媒体上的招聘信息搞得眼花缭乱,不知道自己适合哪些岗位,觉得这个工作不错,那个工作也不赖,什么都想试一试,犹豫不决中造成很多机会的延误,而临近毕业时,又匆匆地进行选择,结果是走上工作岗位后才开始觉得工作不合适,因此出现对就业不满意的状况,这就是大学毕业生在当前的就业环境中产生的"就业不难择业难"的"选择综合征"。

应该怎样应对这种"选择综合征",做好就业准备呢?我们可以从这几方面进行思考和尝试。

1. 画蓝图

画蓝图,就是一个明确自己方向和框架的过程。求职前,要做的是先了解自己的实力。利用我们前面所讲过的职业生涯规划的技术和方法,分析自己的自身状况,同时设定自己的工作愿景。这主要包括:要了解自己的特质(如积极主动,好学,兴趣广泛,爱钻研,逻辑思维强,沟通、表达能力强等)和所具备的素质能力(如学习创新,用户导向,系统解决问题,计划组织,团队协作,自我管理与驱动等)。

可以通过问自己一些问题,画出职业蓝图。比如,我喜欢的知识或感兴趣的领域,我喜欢共事的人,我能做的和我喜欢做的事情,我喜欢的工作环境,我期望的薪水,我喜欢生活的地方,我的人生目标或使命,等等。

2. 过筛子

信息爆炸时代,我们需要的不是越来越多的信息,而是能够从众多信息中选择自己所需要的信息的能力,这就需要自己设定一个筛选的标准,剔除那些干扰信息,从而摆脱"选择综合征"。一般来说,我们在择业时,一定要记住求职是一个双向选择的过程,我们对用人单位选择,主要看以下三个要素:

(1)看企业发展阶段。公司的发展通常会经历"创业—成长—成熟—衰退(或蜕变)"四个阶段。相比较而言,创业阶段,公司的风险最大、潜在收益也最高;成长阶段,相对风险小、收益也较高;成熟阶段,风险低、收益也低;衰退阶段,风险高、收益低,很少有人会选择处于该阶段的企业。因此,行业的选择要结合自己的性格特征进行筛选,比如冒险型性格的人会倾向于选择创业或成长型公司,稳健型性格的人会倾向于选择成熟型公司等。

(2)看高管团队。高管团队对公司的重要性不言而喻。一个好的高管团队首先应该有一个核心领导者,他们战略眼光独特、有强大的人格魅力、执着甚至独断专行;其次,有一批价值理念相同、执行力强的跟随者,这些人是公司各个模块的领导者,包括研发、生产、市场、财务、人力资源等模块;最后,团队成员间虽有职务高低之分,但本质上是合作伙伴关系。因此,高管团队成员间应该彼此信任、在核心领导者的带领下有共同的理念和目标,公司也在他们的影响下逐渐形成独特的个性。

（3）看激励机制。激励机制也就是公司的分享机制，分享带来共赢。好的激励机制能使员工获得工作的动力，进一步提升员工的自我完善。例如，华为的股权激励制度使其成为中国身价千万、员工最多的公司，也造就了员工高度的敬业精神以及傲人的经营业绩。如何分蛋糕和做大蛋糕互为因果，一个公司是否真正愿意和员工分享经营成果，激励机制非常重要。

3. 去攻破

做好就业求职前的准备工作，主要是进行职位申请前的信息收集，做到知己知彼，才能针对用人单位的招聘信息，规划好自己的求职简历。

按照以上三点进行准备，相信你定能轻松应对"选择综合征"！

交互测试

项目三

项目四

躬行践履——展开就业行动

▶ 项目概览

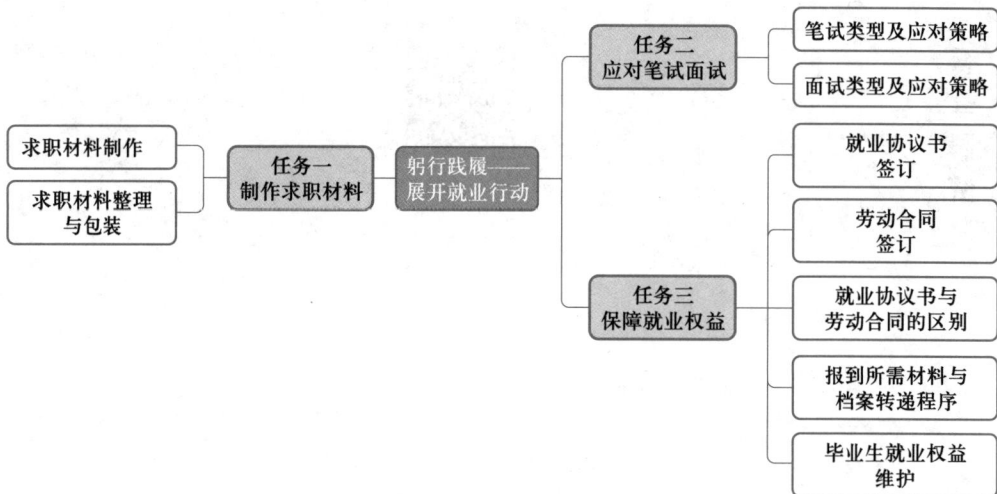

▶ 项目引言

　　"躬行践履"语出元朝著名学者王恽《秋涧全集·紫山先生易直解序》："欲见诸用者，不于先觉躬行践履之实迹而取法焉，未见能造其奥奥也。"躬行践履释义为亲身实行或体验。南宋诗人陆游在《冬夜读书示子聿》中也提到"纸上得来终觉浅，绝知此事要躬行。"同理，求职就业必须亲自去筹备并付诸行动，方能有所收获。

任务一 制作求职材料

⊃ 问题导入

简历的阅读对象是用人单位的人力资源主管，那么我们来看看他们是如何筛选简历的：

（1）一家大型企业的人力资源主管浏览每份简历的平均用时不会超过 10 秒钟。

（2）一般的阅读习惯是从上到下、从左到右，一页简历上的核心位置不言而喻。

（3）人力资源主管初筛简历的出发点只有两个，从企业角度和岗位角度看应聘者的能力是否匹配。

你觉得应该如何制作自己的简历？

⊃ 任务解码

求职，是每个大学毕业生都要面临的人生课题。当你完成了职业生涯规划、初步确定了职业目标，面对即将开启的求职挑战，你做了怎样的准备？英国知名职业导师约翰·福克斯曾经说过："你可能并不完全符合职位招聘中所清晰列举出的那些资历和要求，但是，如果你能够展示出适合这家企业的独特技能，也会脱颖而出。"由此可见，具备求职就业能力，善于展现独特的自己是非常重要的，而求职材料就是使你能够脱颖而出的第一利器。

解锁本任务的密码有：

● 知识密码：掌握简历的基本内容，熟悉简历的制作、求职材料的整理和装帧。

● 能力密码：能根据招聘信息量身定制简历。

● 素养密码：诚信求职。

⊃ 知识对策

一、求职材料制作

求职材料是毕业生向用人单位传递个人信息的书面材料的统称，主要包括求职信、个人简历、学校推荐表和附件等。求职材料是毕业生求职中必不可少的书面材料，认真编写个人求职材料非常重要。

（一）撰写求职信

求职信，也称作自荐信，是个人为谋求职业写给用人单位，希望对方了解自己、相信自己、录用自己的一种专用书信。求职信一般要根据招聘要求介绍自己的专业特长以及应聘理由等。

1. 求职信的内容

求职信与一般书信在写作格式上基本相同，一般包括标题、称呼、正文、祝颂语、署名和日期等几个部分。

（1）标题。首行居中书写"求职信"三个字，如果是针对招聘启事写的，可写成"应聘信"，在多数情况下，标题可省略。

（2）称呼。应根据用人单位的性质，选择恰当得体的称呼，如国有企业或事业单位可写成"尊敬的领导""尊敬的×主任"等，三资企业或民营企业可写成"尊敬的总经理先生""尊敬的人事部部长先生"等，一般不直呼其名，但可直接写单位或部门名称。

（3）正文。一般分为三部分来写。首先，开头部分通常说明写信缘由，一般要写明你要申请的职位以及你是如何得知该职位的招聘信息的。其次，主体部分陈述个人情况（包括教育背景、工作经历、技能优势、个性特征）、求职意向（单独列出来写或包含在个人情况中）以及求职要求等。在内容上，要针对用人单位的特点、用人要求和你所了解的信息客观地介绍自己，侧重介绍你所特有的，并且据之能为用人单位做出贡献的教育背景、技能和个性特征等。个人的求职要求包括职务、岗位、工种、待遇（一般不写，应聘中高层职位时可以写）等内容，一般也要写得具体明确。在表达上，要简洁、得体，善于运用事实来增强"自我推销"的说服力，做到条理清楚，详略得当。最后，结尾部分一般表达求职者的愿望和要求，如希望得到对方肯定的答复，收到对方的面试通知等。

（4）祝颂语。求职信的祝颂语虽然多用套语，但也应该认真斟酌，做到大方得体，不落俗套。

（5）署名和日期。可在姓名前写上"求职者""应聘者"等字样以示尊重。

（6）联系方式。不附简历的求职信，一般要在信封或信的下方写明具体的联系方式，如通信地址、邮政编码、电话号码、电子邮箱、QQ号、微信号等。

2. 撰写求职信的注意事项

（1）知己知彼，有的放矢。写作求职信之前，应尽可能多地了解用人单位及其用人要求，以便对照自己的情况，有针对性地陈述自己的求职意向和求职优势。行文中应突出自己对用人单位的正面印象，但注意不要过多渲染。

（2）充满自信，态度诚恳。写作求职信，既要表现出足够的自信，但又不能自我欣赏、自吹自擂；既要表现出恳切的心情，又要表现出应有的持重和自尊。用语要谦敬得体，措辞要讲究分寸。

（3）文面要求。书写时要清晰工整，不要出现错别字。如果是打印稿，要做到字体大方，字号适宜，行距不疏不密，给人以整洁朴实的印象，署名要亲笔签写，以示尊重和诚意。

案例小品

求职信范文

尊敬的人力资源主管：

　　您好！我叫郑××，今年21岁，是××职业技术学院机电一体化技术专业的学生，今年7月即将毕业。贵公司是我市知名机电企业，一直是我向往的工作单位。通过分析贵公司的招聘材料和自身条件，我决定应聘生产线长一职。

　　我在校期间学习了机械制图、电工技术、电子技术、电气制图、机械设计基础（含CAD软件使用）、机械制造基础（含CAM软件使用）、电气控制（含可编程控制器的原理与操作）、液压与气压传动、光机电设备控制技术等十多门专业课程，成绩优良。

　　在近一年的生产实习中，我又掌握了较过硬的基本功，并获得"优秀实习生"称号。我还参加了省市职业技能鉴定中心的考试，先后获得电工中级证书、计算机操作中级证书、CAD职业技术培训中级证书、数控加工岗位资格证书等。在校3年，我被评为校级"三好学生"6次，校级"优秀学生干部"3次，市级"三好学生"2次和市级"优秀学生干部"1次。

　　贵公司成立6年来，实力雄厚，事业蒸蒸日上；重视人才，以人为本的管理方针更是闻名遐迩。作为一个有志从事机电行业的青年人，我希望能在贵公司得到锻炼成长。我不仅熟悉机电设备的理论知识，掌握使用及维护设备的操作技能（实习期间，曾参加过校办电气工程队承包的3项电气工程建设），而且还自修了数控专业的几门课程，顺利取得数控车铣加工（中级）和数控设备维护与维修（中级）两项"1+X"职业技能等级证书，可以承担数控机床的安装、检测和维修工作。因此，我相信通过不断努力和学习，能够在工作岗位上做出成绩。

　　本人身高1.74米，身体健康，是校篮球队的主力队员之一。平时喜爱动手制作，三年级时参加全市职业学校"小制作、小发明竞赛"，我的作品获得学生组二等奖。我还参加过学校美术训练班的学习，常画刊头和插图，并具有较好的水平。我相信，到贵公司后，这些特长一定能够为贵公司的文化建设发挥一些作用。

　　好风凭借力，送我上征程。恳请贵公司能给我以面试的机会，让我将理想的种子播撒在贵公司肥沃的土地上，生根、开花、结果。随信寄上本人的相关资料，并时刻期盼着贵公司的回复。

　　祝：

贵公司事业兴旺！

××职业技术学院应届毕业生郑××

×年×月×日

联系地址：××市××路××号　邮政编码：×××××

联系电话：×××××××××××　电子邮箱：××××××

（二）制作个人简历

1. 简历的基本内容

简历是求职最重要的工具之一。简历通常没有固定的格式，一般包括以下内容：

微课启学：
量身定制
简历

（1）基本情况。包括姓名、性别、年龄、民族、学历、政治面貌、身体状况、通信方式等。

（2）求职意向。即毕业生想应聘的岗位，在简历中必须在显要位置注明。

✿ 知识小阅

求 职 意 向

求职意向很重要！关于求职意向，知名企业人力资源主管这样说：收到毕业生的求职简历时，我们首先要按照求职意向进行分拣，没有求职意向的，很有可能被放置一边，不再有继续参加招聘的机会。

（3）教育背景。由于大学生缺乏工作经验，教育背景就成为必须写明的部分，但注意不要占用太多篇幅。教育背景中要写明自己受教育的情况，包括在学校获得的一系列奖励，如果你觉得学过的一些课程对你求职有利，也可列出成绩表。

（4）学校或社会实践经历、公司实习经历等。这部分是简历的主体，占最大篇幅，是应聘者竞争优势的体现。在撰写学校实践经历时，要写明自己任职的具体部门、担任的具体职位，任职过程中组织策划的活动或者经典案例、活动效果等；在公司实习的经历要具体到从事什么工作、有何成效，注意工作内容要和自己的求职意向相符合，无关的不要赘述。

（5）能力与特长。这主要包括英语能力、计算机能力、爱好及特长等，只要是和工作性质有关的能力和特长，都应在简历中列出。

2. 制作简历的注意事项

（1）要简约，有的放矢。一定要围绕求职目标介绍个人信息，陈述工作经历、获奖情况、个性品质等，也都要围绕求职目标。教育背景中一般不用写中等教育及其以前的教育履历，突出与专业和所求职位相关的经历。如果教育背景内容不多，不必单设一栏，在基本情况中反映出即可。另外，不应在任何时间、任何场合都使用同一份简历。如果你对好几类工作感兴趣，一般需要分别写几份简历。

✿ 知识小阅

简约不简单

某跨国公司人力资源主管说："我每天用半个小时浏览50份或更多的简历，如果前10秒钟未能发现任何成果表达，那么这份简历就成为历史了。"所以，简历制作要简约，并有针对性。

（2）不宜翻版求职信，要用成果说话。求职信和简历是相互补充的关系。求职信包含的信息是独特的，要表达你对行业和用人单位的见解，说明你能利用具备的技能给用人单位创造价值。而简历是求职者自己的背景综述，传递的是关于你的技能、资历的信息。写作时，要突出与所求职位相关的经验、成就及工作成果，包括数字（如产量、销售额、发行量等）、效率（如何迅速地解决问题）；效果（你的工作带来了哪些长期、短期的积极效果）；影响（你的什么建议、方法、解决方案被应用于其他部门或成为其他项目的一部分）；作品（你曾写过哪些有影响的文章，编写过哪些材料）；社会活动（你与哪些组织保持着联系或合作关系）；等等。这样，用人单位才清楚你到底能做什么，取得了哪些成绩，又能创造些什么。

（3）要有个性。简历是求职者的自我推销，因此要用心制作，展示个性。从内容的角度看，不仅要说明你过去的成绩，还要强调你的潜能和热情，要让用人单位感到你充满活力，相信你能创造未来；从形式的角度看，制作要精致，封面要有新意，版式要齐整、新颖。

（三）填写毕业生就业推荐表

毕业生就业推荐表是学校为毕业生印制的求职制式表格材料，用人单位往往对该表比较重视，在发给学生录用通知以前一般要先见到该表的原件。毕业生就业推荐表的内容主要包括：个人基本情况介绍，包括学习成绩、社会工作、特长、获奖及就业意向等；毕业生所在院系的推荐意见；学校就业主管本门的推荐意见以及由学校教务部门提供的毕业生的学习成绩等。

毕业生就业推荐表一般要手写，毕业生在填写该表时一定要认真自信，字迹端庄，内容真实，切不可弄虚作假。具体要求如下：一是内容要真实；二是书写要工整；三是审核要严格；四是院系意见要精确。

（四）准备附件资料

附件是求职信和简历中所提及的技能和成就的证明材料，是重要的实物资料，能加深用人单位对毕业生的印象。主要内容包括：成绩单，荣誉证书，获奖证书，职业资格证书，实习单位评价，实习业绩，组织或参与过的与应聘职位有关的活动照片、视频等，设计的程序、海报、图纸等，媒体对于你的采访或对你组织的活动的报道，如果有推荐人的话，还需要附上推荐信及推荐人的情况等。

二、求职材料的整理与包装

当准备好求职信、个人简历和推荐表等重要材料后，就可以进行统一整理，适度包装了。

（一）分类整理

原始材料或者个人简历中的附件材料在分类整理中，可以按照个人基本情况材料、专业学习材料、社会实践材料、奖励评鉴材料、特长爱好材料等顺序进行。

（二）适度包装

将编撰好的材料加以包装，是完成求职材料制作的最后一道工序。首先要设计好封面，封面的设计要美观、大方，要有一个能突出主题的标题，包括姓名、专业、毕业院校等基本内容，但不宜过多。然后将求职材料按照求职信、个人简历、推荐表、附件等顺序依次排序，统一用 A4 纸装订成册，包装要适度，保持清洁明快就好，不要太华丽。

（三）全面审查

将包装好的材料认真审查，确保无错误、遗漏或残缺。

（四）求职材料的投寄

求职材料的投寄一般有两种方式：一是直接递交；二是通过邮寄等方式，当然随着网络招聘的开展，很多求职材料也可以通过网上提交。无论采用哪种方式，一定要确保准确、快捷且安全（防止个人信息泄露），在用人单位规定的时间内投寄到。

⊗ 知识小阅

简历投寄策略

投寄简历时切忌"海投"，也就是大学生求职时常犯的一个错误——一份简历应聘所有的岗位。简历的制作与投放都应具有针对性，一定要在简历中鲜明地亮出自己的求职意向以及自己所具备的符合用人单位招聘岗位的能力特征。

⮑ 能力训练

网络求职训练

【训练形式】
教师指导，学生独立完成。

【训练目的】
充分利用网络求职平台，获得更多的就业机会。

【训练过程】

1. 登录网络求职平台

这里我们以"国家24365大学生就业服务平台"（以下简称24365就业平台）为例，也可以直接搜索同名微信公众号，高校大学生可以使用学信网账号直接登录。2022年3月，24365就业平台上线。该平台由中华人民共和国教育部主管、教育部学生服务与素质发展中心（原全国高等学校学生信息咨询与就业指导中心）运营的服务于高校毕业生及用人单位的公共就业服务平台。

2. 参加校园招聘会

使用"24365校招"，进入校园招聘服务，搜索相关的企业信息和职位信息。

3. 搜集职位信息并投寄简历

根据自己的职业定位，搜集职位信息，浏览该职位详细信息，并投寄简历。

4. 参加专场招聘会

结合自己的专业，参加专场招聘会，找寻就业机会。

⮑ 效果评估

"一页纸"简历

"问题导入"环节中提到，很多大企业的人力资源主管浏览每份简历的平均用时一般不会超过 10 秒钟。因此，简历越简明扼要效果越好，尽可能在一页纸里完成。如果简历内容过多，可以删除一些与求职意向岗位不相关的内容。如果简历内容过少，可以适当在教育背景中增加与求职意向相关课程信息，加大一些实践活动的细节描述。下面就按照简历基本内容的要求，利用网络寻找一个合适的简历模板，为自己制作一页纸简历吧！

任务二　应对笔试面试

⮑ 问题导入

视频（Video Interview,VI）面试已经日渐成为当今招聘过程中的常用形式，是通过结构化的面试，询问相同的标准问题来过滤掉大量候选人，通常在面试过程的前几个环节，该形式主要围绕行为面试问题层，该面试方式无法实现应聘者和面试官"一对一"的交谈。而人工智能（Artificial Intelligence, AI）面试作为 VI 面试的一种，是将人工智能引入面试环节，对于面试者而言，你对面的面试官有可能是人，当然也有可能是机器人。简而言之，AI 面试就是在智能问答的基础上，还会实时分析应聘者的面部表情、肌肉动作等，以此来判断应聘者的答案真伪、性格倾向，多维度考察候选人是否接近企业的理想人选。

那么，面对 AI 面试官这个新生事物，大学生应如何应对呢？

⮑ 任务解码

面试是企业招聘中至关重要的环节，很多毕业生不知道该如何"取悦"面试官，致使丢失了很多就业的机会。

解锁笔试面试的技巧所需要的密码有：

- 知识密码：掌握常见的笔试及面试类型，熟悉面试流程及注意事项。
- 能力密码：具备沟通与交流的能力、应变能力。
- 素养密码：面试中注重礼仪，表现诚信，展现自信。

➲ 知识对策

一、笔试类型及应对策略

目前，用人单位对应聘者的考核主要通过笔试和面试这两种方式进行。笔试是一种常用的考核方法，它是用人单位对求职者所掌握的基本知识、专业知识、文化素养和心理健康等综合素质进行的考察和评估。

（一）笔试类型

1. 心理测试

心理测试是要求被试者完成事先编制好的标准化量表或问卷，根据完成的数量和质量来判断其心理水平或个性差异的方法。可以通过心理测试了解求职者的态度、兴趣、动机、个性等心理素质。

2. 专业考试

专业考试是指与专业知识和技能有关的笔试，如程序员应聘要考核编程语言等。

3. 论文笔试

论文笔试是检验求职者分析、综合、比较、归纳、推理等思维能力的方法。其形式采用论述题或自由应答型试题，用于考查求职者的思考能力、文字运用能力。

（二）笔试应对策略

我们在参加笔试时，应注意：

（1）临场准备。提前熟悉考场环境，有利于消除应试时的紧张心理。还应仔细看看考场注意事项，尽量按要求做好。除携带必备的证件外，一些考试必备的文具（钢笔、橡皮等）也要准备齐全。

（2）答题的过程也是面试的环节。也许你在答题的时候，面试官就在旁边观察你，因此，要处处留心。你答题过程中的任何动作或许都是他们不聘用你的理由。比如，遇到不会做的题可以跳过，等其他的做完了再回来做。面试官也许就是要考察你处理事情有没有轻重缓急。

（3）记住自己的简历。也许面试官会让你重新根据他们统一的格式填写你的简历。这时候切记，不要把你的简历拿出来抄，这样做，面试官可能会认为你的简历有造假之嫌。

（4）通篇浏览。注意拿到试卷后一定要浏览一遍，不要急着做题，以免到最后出现"以上各题都不需要做的情况"。要知道面试官可能在考你通盘规划、注重细节的能力。

（5）保持卷面整洁。值得特别注意的是卷面必须做到字迹端正，整洁。因为用人单位往往从卷面上联想应聘者的思想、品质和作风。字迹潦草、卷面不整洁的人，招聘单位先不看你答的内容，单从你的卷面就觉得你不可靠；而那些字迹端正，答题一丝不苟的人，用人单位认为其态度认真，作风细致，对其更加青睐。

⬆ 自我小测

笔 试 题 目

假如你去参加笔试，遇到了如下笔试题，请从下面几个题目中选择一个，完成笔试。

（1）某高职院校学生自管委计划组织一次针对大学生心理健康为主题的心理辅导公益活动，现急需场地和经费，请帮他们写一份申请报告。

（2）××公司计划在今年5月份派产品开发部赴德国考察3D打印设备的设计与制造，临行前需要做哪些准备工作，请写出一份考察计划。

（3）你应聘的××公司是一家服装公司，在即将来临的电商企业"双11"大促活动中，该公司应采取怎样的营销活动，写出你的营销策划方案。

二、面试类型及应对策略

微课启学：
求职面试
攻略

面试是用人单位招聘时最重要的一种考核方式，是供需双方相互了解的过程。面试的内容和过程一般都经过用人单位精心设计，以交谈和观察为主要手段，以了解应聘者有关信息。

（一）面试类型

广义的面试包含很多类型，如电话面试、视频面试、面对面面试、小组面试、专题演讲、研讨会、角色扮演等。以下是几种主要的面试类型。

1. 按考查内容分类

（1）标准程序面试。也就是有"开始—中间—最后"的标准考核过程。

（2）非标准程序面试。面试官想到哪问到哪，随意性极强。遇到这种情况，面试会出现一定的难度，主要考查应聘者的应变能力。

（3）专业定向面试。主要是考查应聘者的专业知识。

2. 按考查方式分类

（1）场景面试。类似场景小测验，用人单位会虚拟你所申请职位的工作环境，让你直接进入工作角色，从而测试你的能力。

（2）案例面试。一些大型咨询公司经常会采取通过一个一个的案例分析来面试应聘者。

ℹ 知识小阅

破解案例分析

不少跨国公司考察应聘者时经常采用案例分析的方法，目的是考察应聘者的分析能力、领导能力、应变能力和适应能力，进行案例分析，可按如下方法进行：

（1）用好笔和纸这些工具，把面试官的问题大致画个简单的图记下，分析框架最好随时写在纸上，让面试官目睹你分析的全过程。

（2）细致地分析。比如，如果问题是让你调查某公司最近产品滞销的原因，不要不经过调查就随意凭经验定性调查结果，你应该先问问公司的产品是什么，产品滞销的情况以前出现过没有，以前出现这种情况公司如何解决的，而现在公司是否专门就此研究过，研究的结论是什么，等等。然后画出整个面试的分析框架，先总后分，慢慢分析。

（3）一定要多问。问答，是整个面试的核心和关键。通过提问，你可以获得很多案例分析的信息，同时面试官也从你提问的内容，提问时机和提问的细节上观察你的思维能力。

（4）善做结论。做结论时要思路清晰、有条有理地进行叙述。

3. 按面试阶段分类

（1）初步筛选。应聘者众多，每人分得的时间有限，而面试考官的级别一般不会太高。

（2）多轮选拔。到这一阶段，通常都是级别比较高的考官来面试你，面试的时间也会更长些，程序也更复杂。例如，在某些投资银行，招聘一名高级人员平均要进行多达 30 多轮的面试，面试周期甚至长达 3~6 个月。

（3）最后一轮面试。这是最关键的一环，直接决定应聘者的去留。

4. 按应聘者出场人数分类

（1）一对一面试。一名面试官面对一名应聘者，属于"单打独斗"类型。

（2）多对一面试。数名面试官对一名应聘者，属于"舌战群雄"类型。

（3）一对多面试。这种形式在校园面试中常见，也称之为"群面"。通常是由公司的一名招聘经理面对一组应聘者，属于"群英会"类型。这种面试需要注意如何在群体中表现得当，既要积极活跃，又不能抢尽风头，对别人构成压力或威胁。

（二）面试前准备

1. 了解面试官的心理

面试官会从面谈中了解求职者的性格、情绪状况及人际关系，观察应聘者对工作的热诚度及责任心，了解应聘者的人生理想、抱负及上进心。了解面试官心理，对成功应对面试会有很大帮助。

　　§　知识小阅

知 己 知 彼

面试官的心理：注重应聘者的第一印象；愿意充当伯乐；长时间考核应聘者会有疲劳心理；愿意使用专业或行业术语；以岗位标准衡量应聘者；不愿被应聘者"喧宾夺主"。

你知道 AQ 吗？

在现实的招聘中，很多面试官都意识到：智商（IQ）不算什么，情商（EQ）不算什么，更关键的是逆境商，也就是我们说的AQ。逆境商指的是在很乱的情况下，情境发生变化的情况下，出现危机的情况下，如何应对处理的能力。

面试官都熟知"冰山理论"，人的特质分为冰山上头露出来的一些特质和冰山下面潜在的一些特质两部分。冰山上面的东西是很明显的，就是你会的知识和技能，而一个人冰山下面的东西，就是你的价值观、自我定位、需求、性格特质，这些都是不明显的。因此，面试官在面试的时候，会越来越重视冰山下头的东西，这也是面试官的心理。面试官在面试时可能会给你很难的题故意刁难你，看你被刁难时候的应变能力，看你临场发挥的能力，这时候看的是你的逆境商；他还会看你在整场面试中沟通是否顺畅，这时候看的是你的情商；而最后才看你的智商，也就是简历中写的学历等信息。

2. 提前了解用人单位和应聘职位要求

面试官提问的出发点，往往与用人单位有关。因此，面试前应尽可能多了解一些用人单位的情况，做好求职信息的搜集与整理，以便做到心中有数。

3. 准备合适的自我介绍

在求职面试时，大多数面试官会要求应聘者做一个自我介绍，意在：一方面以此了解应聘者的大概情况；另一方面考察应聘者的口才、应变和心理承受能力、逻辑思维能力等。自我介绍，既是打动面试官的敲门砖，也是推销自己的极好机会。因此，一定要好好把握。

人力资源专家指出：毕业生进行自我介绍时要把握三个原则——自信、个性、中肯。也就是说，进行自我介绍时要有勇气、自信心，回答要沉着、冷静；突出个性，强调自己的专业与能力，主要介绍与应聘工作和岗位有关的工作经验和技能等；语气中肯，不要言过其实。

另外，要把握好时间。自我介绍的时间一般为 3 分钟，在时间的分配上：第 1 分钟可谈谈学历等个人基本情况；第 2 分钟可谈谈工作经历，对于应届毕业生而言可谈相关的社会实践；第 3 分钟可谈对本职位的理想和对本行业的看法。如果自我介绍要求在 1 分钟内完成，就要有所侧重，突出一点。

✎ 堂间小练

自我介绍演练

自我介绍是可以通过训练来提高的。比如在角色扮演中，如果招聘者向你提问"请介绍一下你自己"。那么你的回答应该包括你的职业生涯目标（和兴趣）、你的各种技能、你的能力倾向、你的成就和资历、你的工作价值观、你所受的教育（最近的）、你的经历（与求职目标相关的）。

你不一定要按照上述顺序来介绍你自己，但要努力在 3 分钟的"故事"中把各个方面都介绍清楚。在做这个练习的时候，你的介绍时间要控制在不少于3分钟，但也不能超过4分钟。可以按照图4-2-1所示的"'总分总'自我介绍法"进行自我介绍的专项训练。

(1) 您好，我叫×××，很荣幸贵公司能给我这个机会参加面试，我应聘的是×××岗位。下面我做一下自我介绍	(2) 我毕业于××职业学院××专业，大学期间，我的社会实践（或实习经历）主要有：	第一项(概括&业绩亮点)	(5) 综上所述，我认为我很适合贵公司的×××岗位，谢谢！
		第二项(概括&业绩亮点)	
		第三项(概括&业绩亮点)	
	(3) 通过这几年的学习和实践，我认为我有如下优势：	优势A……	
		优势B……	
		优势C……	
(4) 最后，我的性格……喜欢……			

图4-2-1　"总分总"自我介绍法

4. 面试时要多备几份简历

也许你会问："他们都有我的简历了，为什么还要带？"一般来说，审阅简历的人和面试你的人可能不是同一个人，而且参加面试的人很多，简历容易混淆，因此要多准备几份简历，以备不时之需。

5. 克服紧张心理

面试时紧张是必然的，为了不让紧张影响你的面试结果，可以尝试一些克服紧张情绪的小妙招。

知识小阅

克服紧张情绪小妙招

（1）早到15分钟。

（2）深呼吸。

（3）想象自己发挥非常好的一件事，给自己鼓劲。

（4）不要强求自己面带微笑。

（5）做好充足的准备。

6. 修饰仪表

服装和仪表是面试官了解应聘者的重要凭据。应聘者应注重修饰仪表，使自己在面试时有一个良好的外表和精神面貌。

（1）衣着设计。衣服的质地应选择不易皱褶的，裁剪要合身；服装的款式，以朴素、简练、精干为出发点。一般男性宜穿西装，女性宜穿裙装，不宜穿紧身衣服或牛仔装。

（2）发型。头发应整齐、干净、有光泽，不要把发型搞得过于新奇而惹人注目。

（3）鞋子。很多管理者认为鞋子反映性格，如果皮鞋不干净或很破旧，会被定义为不整洁和不拘小节的人。

（4）其他附带修饰。面试前最好带一个文件夹或公文包，不仅增加外表上的职业气质，而且很实用，可以把个人资料如简历、证书以及文具等都放进去。切忌面试时向面试官借用纸张和笔，这样会让面试官觉得你缺乏良好的工作习惯。

（三）进入面试

1. 留下良好的第一印象

> **♎ 知识小阅**
>
> ### 神奇的七秒钟
>
> 面试一旦开始，你出现在面试官眼前，需要几秒钟给面试官留下一个固定的印象呢？时间是七秒钟！里根当时竞选总统时，他的竞选班子透彻地研究了新闻媒体、电视曝光，发现有一个"七秒钟印象"，就是指一个人一旦出现在对方面前，对方从头到脚把你打量一遍时，大概用七秒钟时间。这个人的外表、言谈举止等印象，就已经在对方的脑海里定格。所以求职者在开始面试的时候一定要把握好"七秒钟留下好印象"的机会。

大学生在面对面试官时，应建立诚实而不虚伪、自信而不自负、热情而不孤僻的现代大学生形象，不卑不亢、实事求是地和面试官沟通。唯有以真诚的态度与面试官沟通信息、交流感情，才会留下良好的第一印象。

2. 做好自我介绍

可参照前面提到的训练方法进行。一段简短而不简单的自我介绍，其实是为了揭开更深入的面谈而设计的。2~3分钟的自我介绍犹如商品广告，在有限的时间内，针对"客户"的需要，将自己最好的一面，毫无保留地表现出来，不但要给对方留下深刻的印象，还要及时引发"购买欲"。

3. 面试礼节

（1）准时。准时是最基本的礼节，切记这是第一要素。但是随着城市路况越来越差，有时候迟到也是无法避免的。但请务必记得，一旦堵在路上，估计要迟到了，应马上打电话给公司前台或约你面试的人，告诉对方具体情况，并且致歉。

（2）敲门。假如要敲门进入，敲两下是较为标准的。敲门时千万不可敲得太用劲。进门后不要随意将门关上，应转过身去正对着门，用手轻轻将门合上。

（3）坐姿。首先，要等面试官示意你坐下时才坐下，不要擅自决定坐哪里。其次，坐下来后，不要将两手放在膝盖中间，这样会显得你局促不安。不要背靠椅子，也不要弓着腰，但并不一定要把腰挺得很直，这样反倒给人留下死板的印象，应该很自然地将腰伸直。

（4）眼神交流。眼神要自然，如果很紧张不敢直视，可以看面试官的正三角区域，也就是脑门儿到两颊的三角区域，这时，对方也能感觉到你在直视他，而你其实并没有盯着他的眼睛。如果是团体面试，不只你一个人在场，你说话的时候要经常用目光扫视一下其他人，以示尊重和平等。

（5）积极聆听。应聘者在听面试官说话时，要不时做出点头同意状，表示自己听明白了，或正在注意听。同时还要面带微笑给予积极的回应。如果面试官说了很多，说明他对你感兴趣，愿意向你介绍情况，这时要热情交流，切忌抢话说。

（6）握手。一般来说，入场之后如果面试官坐着没有起身的话，就不必与之握手。通常情况下当面试官是男性，求职者是女性时，应该主动向面试官伸手，这在一定程度上体现你的开放和友好，以及乐于与人交往等优点。此外，不宜采取主动。尤其是应聘者是男性，面试官是女性的时候，更要等待面试官先伸手再做回应。

（7）放置物品。自己随身带的物品，不可放置于面试官办公室桌上。可将公文包、大型皮包放置于座位下脚旁边，小型皮包则放置在椅侧或背后，不可挂在椅背上。

4. 面试交谈技巧

（1）掌握回答技巧。

首先，适当补充面试官的话，面试中有一个"二八原则"，也就是说，在面试中应聘者说的话应该占80%，面试官说的话占20%。在与面试官进行谈话的时候，要适当补充面试官的话。比如面试官说完，你可以接着说："我觉得您的想法很好，我基本上同意您的看法，但是有一个小地方，我有不同的观点，那就是……"

其次，在说话的时候不要语速太快也不要太慢，做到每分钟150~180个字为宜。

再次，专注地倾听，无论你与面试官的观点多么不一样，也不要打断面试官的话，一定要在面试官说完以后再说出你的意见。

最后，如果有时候你讲完自己的话发现面试官保持沉默，不要不知所措，把你刚说的再总结一遍，或者就直接问一句："这只是我个人的看法，您觉得呢？"

（2）注意提问技巧。

如果面试官问你有没有问题时，应聘者可以向面试官提一些问题，以表现出对公司的关注。一般应提问以下的问题：

首先，可以问一些企业最近经营情况的问题，企业今后几年的发展规划，企业销售最好的产品或服务的问题，竞争对手方面的问题。

其次，可以问一些有关培训的内容，什么样的员工在公司里干得最好之类的问题。

最后，可以问一些应聘职位具体的工作情况，该工作尚有空缺的原因等问题。

此外，一定不要问工作条件，如岗位薪水等问题。这些问题是应聘者进入企业以后的事情，如果在面试环节问，就显得你处事非常匆忙，给面试官留下急于跳槽，或者过于功利的不良印象。

（四）面试结束

1. 面试即将结束时的礼节

通常人们会提到首因效应和近因效应，首因效应也就是我们在前面所说的"第一印象"，近因效应就是离自己发生的事情越近，记得越清楚。如果在面试结束时也能给面试官留下一个良好印象的话，面试会更加精彩。所以，越到快结束的关头越应该加倍注意以下几点：

（1）把自己坐过的椅子归回原位。一定要记住，要轻轻地把椅子归回原位。

（2）查看桌子上是不是被你弄乱了。有时候面试官可能会把公司的手册或者其他的东西拿给你看，或者你的简历摊在桌子上了，在面试结束时一定要迅速地把桌子上凌乱的东西收拾好再走。

（3）如果在面试中喝水，那么在离开的时候把你的水杯顺手扔到垃圾桶里或带走。

（4）如果在面试即将结束时，发现桌子上或者地上有很多纸团等凌乱的东西，要把它们清理好，因为很可能这也是一道考题。

（5）面试结束时，站起身与面试官握手（遵循前文所述的握手原则），注意握手的力度要适中，同时要鞠躬，鞠躬要深一点。

（6）记得要说一句："谢谢您花时间面试我。"

（7）面试后走出门，转过身来面对着门把门关上，不要背对着门把门关上。

（8）还有很重要的一点，就是一定要在面试结束后到公司的前台，对前台的服务人员说一声"谢谢"，给他们留下一个好印象。

2. 面试感谢信

一般在面试结束后，可以给面试官写一封感谢信，以加深面试官对你的印象。一般内容不要太多，200~300字即可。一个标准的感谢信应包括如下一些内容：

（1）在开头写明上次面试的时间、地点、应聘的职位。

（2）感谢面试官为你提供了面试的机会。可以适当地赞美面试官，例如，面试官哪一点给你留下了深刻的印象。但是不要过于显得与面试官套近乎。

（3）可以简短地写一两句对应聘职位的看法，但不宜过多。

（4）简短地再说明一下自己与职位要求相吻合的才能。

（5）谦虚地说明你非常希望得到这个职位，你正在等回音。

▶ **自我小测**

测试面试成功率

面试是求职聘用的关键环节，在等待面试结果的时间里，心中的焦虑自不待言。不妨先来测试一下自己面试的成功率。

测验：回答下面10个问题，用1~10来代表你曾做到的程度，每题最高分10分，总共10题，总分100分，得分越高，说明成功的可能性越大。假如得分不理想，则说明需要不断提高自己的面试技巧。

（1）我是否曾尽可能地让自己的外表看起来舒服？

（2）面谈后我对这家公司的了解与先前的了解，相符合的程度有多大？

（3）我在面试时是否保持状态轻松，并对自己控制自如？

（4）我在回答问题时，是否强调了三件事（我的能力、我的意愿、我对工作的适应性）？

（5）我是否一直都在专心倾听面试官说话？

（6）我是否能将问题引导到我想强调的重点上？

（7）我在察言观色方面做得如何？

（8）面试官对我的回答是否引起兴趣并积极参与？

（9）我是否将回答的内容加以修正，以配合面试官个人的调查？

（10）我是否已经将自己的能力和优点精确并正面地描述出来？

⮕ 能力训练

面试过程训练

【训练形式】

教师根据训练过程，设计模拟场景，学生通过角色扮演了解面试过程。

【训练目的】

熟悉面试过程，掌握面试技巧，提高面试成功率。

【训练过程】

1. 面试前准备

（1）接听面试电话。这里面试电话，一般可以分为两类：一类是通知面试电话，另一类是直接电话面试。

场景模拟：教师扮演面试官，学生扮演应聘者，教师分别打不同类型的电话，创设不同场景，让学生练习在不同场景下，应如何接听面试电话。图 4-2-2 为不同场景

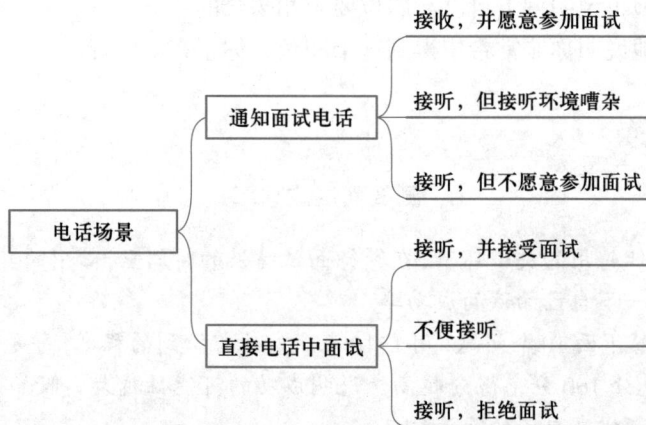

图 4-2-2　面试模式场景设计

设计图，训练学生在六种不同的场景中，如何得体回答。每一场景的活动时间可控制在 5~10 分钟。

（2）面试前准备。

训练内容：教师设计一个用人单位的应聘岗位，比如某网页设计岗位等，让学生做面试前准备，比比哪组的面试准备最充分、最有效。将全班分组，各组讨论面试前应准备什么。各组派出应聘者展示自己准备的信息、道具和着装等。从各组中选出最佳。活动时间控制在 15 分钟内。

2. 面试进行中

场景模拟：教师做面试官，请几位学生轮流模拟应聘者，模拟面试全过程。让大家分别从握手、问好、坐姿、眼神、交谈过程等方面讨论对面试中礼仪的看法，选出最佳。活动时间控制在 15 分钟内。

3. 面试结束后的跟进

场景模拟：面试后的礼仪与感谢。接着上一步的训练，面试官宣布面试结束后，让学生们观察应聘者的礼仪，选出礼仪最佳者。同时提醒应聘者二三天内写信表示感谢，三四天内不要询问应聘结果。最后，让学生练习写一封 200~300 字的给面试官的感谢信，评选出最佳者。活动时间把握在 10 分钟内。

⤵ 效果评估

调试出最优的视频面试环境

首先做个强调，面试环境搭建好后，一定要请同学朋友帮忙连线做个测试，看看对方那端的画面场景展示效果如何，毕竟这个环境是给面试官看的。

1. 仪容仪表

适度化妆很重要，因为只有那么大点的屏幕，脸部成为近距离的接触，一定要保证脸部不能反光。

2. 场所选择

选取采光好、背景简单、无噪声的场所。

3. 设备调试

最好选择计算机，其次"平板"，最后是手机。无论哪种设备，都要保证网络流畅、电源充足、没有电话打扰。在音频设备的选择上，依次可选"入耳式耳机—半入耳式耳机—蓝牙耳机—头戴耳机—音箱"。

4. 画面呈现

设备调试好后，接下来要模拟面试时的画面呈现。切忌用自拍和直播的角度，平视最好，摄像头调整到稳定地对着自己。保证头、肩均在画面内，且头顶、肩侧都有 1/4 的留白。

总之，一定要把最好的画面传递给面试官，做到这点，视频面试就成功了一半！

任务三　保障就业权益

➲ 问题导入

毕业生王雯与一家单位经面试达成就业意向，用人单位同意王雯到总公司工作，双方经协商一致后签订"就业协议书"（也就是"三方协议"），在填写"应聘意见"一栏时，王雯为图方便，直接填写了"同意"两个字并签了字，随后，用人单位和学校都加盖了公章。等到毕业后，王雯到该单位报到，单位委派王雯到总公司驻某地区的办事处工作，王雯不服，认为用人单位违背了让其在总公司工作的承诺，王雯以违背就业协议为由要求用人单位进行赔偿，用人单位却以就业协议中并未明确工作地点和岗位为由拒绝赔偿。

请问在此案例中，王雯是否能够得到赔偿？毕业生在签订就业协议和劳动合同的过程中应该注意哪些事项？当自己合法就业权益受到伤害时，如何保护自己的就业权益？

➲ 任务解码

签约与入职的过程一方面意味着毕业生顺利就业，更重要的是，通过签订"就业协议书"和"劳动合同"，毕业生获得了就业保障和劳动的保护。"就业协议书"和"劳动合同"是毕业生就业权益保护的重要法律依据，毕业生要充分认识它们的重要性。

解锁本任务的密码有：

● 知识密码：理解就业协议书与劳动合同的法律保障作用，掌握就业协议书与劳动合同的签订过程，熟悉毕业档案的转递与保管。

● 能力密码：保护就业权益，防范就业陷阱。

● 素养密码：树立契约精神，培养合法权益保护意识。

➲ 知识对策

一、就业协议书签订

《全国普通高等学校毕业生就业协议书》，简称"就业协议书"或者"三方协议"。是为明确毕业生、用人单位、毕业生所在学校三方在毕业生就业工作中的权利和义务，经协商签订的协议。协议书也是学校派遣毕业生的依据，在学生毕业离校前，学校将根据协议书的内容开具毕业生就业报到证和户口迁移证，同时转递学生档案。如果毕业生未签订"就业协议书"，学校将把其关系和档案转递回原籍。每位毕业生各拥有唯一编号协议书（一式三份），实行编号管理。

（一）"就业协议书"的内容

"就业协议书"由规定条款和协议表格构成，下面简单介绍其内容。

1. "就业协议书"主要条款

按《普通高等学校毕业生就业工作暂行规定》和教育部的有关要求，为维护国家就业方案的严肃性，明确毕业生、用人单位、学校三方在毕业生就业工作中的权利和义务，经协商，毕业生、用人单位、学校三方签订如下协议：

（1）毕业生、用人单位、学校在签订协议时要严格执行国家关于毕业生就业的方针、政策。

（2）毕业生应按国家规定就业，向用人单位如实介绍自己的情况，了解单位的使用意图，表明自己的就业意见，在规定的时间内到用人单位报到。若遇到特殊情况不能按时报到，需征得用人单位同意。

（3）用人单位要如实介绍本单位的情况，明确对毕业生的要求及使用意图，做好各项接收工作。凡取得毕业资格的毕业生，用人单位不得以学习成绩为由提出违约，未取得毕业资格的结业生，本协议无效。

（4）学校要如实向用人单位介绍毕业生的情况，做好推荐工作，用人单位同意录用后，经学校审核列入建议就业方案，报省教育厅批准，学校负责办理就业手续。

（5）学校应在学生毕业前安排体检，不合格者不予办理就业手续，本协议自行取消，由学校通知用人单位。如用人单位对毕业生身体条件有特殊要求，原则上应在签订协议前进行单独体检，否则，以学校体检为准。

（6）毕业生、用人单位、学校三方如有其他约定，应在备注栏注明，并视为本协议书的一部分。

（7）本协议经各方签字、盖章后生效。三方都应严格履行本协议，若有一方提出变更协议，须征得另两方同意违约，由违约方承担违约责任，并在备注栏注明。

（8）本协议一式三份，毕业生、用人单位、学校各执一份，复印无效。

2. "就业协议书"的表格内容

协议书的表格主要包括四个方面的内容，如表4-3-1所示。

表4-3-1 "就业协议书"范本

毕业生情况及意见	姓名		性别		年龄		民族	
	政治面貌		培养方式			健康状况		
	专业			学制		学历		
	家庭地址							
	应聘意见						毕业生签名 年　月　日	

续表

用人单位情况及意见	单位名称			单位隶属	
	联系人		联系电话	邮政编码	
	通信地址			所有制性质	全民、集体、合资、其他
	单位性质	党政机关、科研事业单位、学校、商贸公司、厂矿企业、部队、其他			
	档案转寄详细地址				
	用人单位意见 签章 年　月　日			用人单位上级主管部门意见 （有用人自主权的单位此栏可略） 签章 年　月　日	
学校意见	学校联系人		联系电话	邮政编码	
	学校通信地址				
	院（系、所）意见 签章 年　月　日			学校毕业生就业部门意见 签章 年　月　日	

备注：

毕业生签字

用人单位签章

（1）毕业生情况及应聘意见。这部分由毕业生填写。在填写应聘意见时，要注意不要只简单地填写"同意"，而应该填写"本人同意到×××（单位名称）工作"，以落实具体工作地点。

（2）用人单位情况及意见。这部分由用人单位填写。但是毕业生要注意两点：一是档案转寄地址一定要填写详细；二是用人单位意见栏，包括两部分，即用人单位意见和用人单位上级主管部门意见。对于没有独立人事权的用人单位，还需通过上级主管部门盖章同意。

（3）学校意见。这部分由学校填写。院系意见部分主要审核毕业生资格，是否如期毕业、是否符合用人单位录用条件等；学校就业部门意见是实质性的审核，表明学校对毕业生与用人单位所签订的就业协议的明确态度。

（4）备注。备注是为毕业生、用人单位和学校三方共同约定的其他条款设计的，其内容为协议的一部分，也具有法律意义。因此，毕业生与用人单位就服务期限、试用期、劳动保护、工作报酬达成的协议以及解除就业协议的相关条款、违约责任等内容也要写入备注中。

（二）就业协议的签订流程

（1）毕业生到校领取"就业协议书"。

（2）毕业生、用人单位进行"双向选择"。

（3）双方达成用人意向，并在双方在场的情况下填写"就业协议书"，明确就业的具体工作部门和岗位，然后双方在协议书上签字盖章（无用人自主权的单位必须有其上级主管部门或人事代理机构签字和盖章）。

（4）毕业生将"就业协议书"交由所在学校院系及就业部门审核并签字盖章，学校留存。

（5）协议书返回用人单位一份、毕业生本人一份、毕业生所在学校一份。

（6）学校列入就业计划，报上级主管部门。

（三）就业协议的解除

毕业生与用人单位签署就业协议后，双方即存在协议关系。用人单位或毕业生提出解约或违约，均须履行协议书上所规定的解约或违约条款。就业协议的解除分为单方解除和三方解除。

单方解除，包括单方擅自解除和单方依法或依协议解除。单方擅自解除协议，属违约行为，解约方应对其他两方承担违约责任。单方依法或依协议解除，是指一方解除就业协议有法律上或协议上的依据，如学生未取得毕业资格，用人单位有权单方解除就业协议，毕业生录取研究生后，可解除就业协议。此类单方解除，解除方无须对其他两方承担法律责任。

三方解除是指毕业生、用人单位、学校三方经协商一致，消灭原订立的协议，使协议不发生法律效力。此类解除应是三方当事人真实意思表示一致的体现，三方均不承担法律责任。

就业协议的解除步骤如下：

（1）用人单位出具同意解除协议的相关证明。

（2）毕业生向所在院系提出违约申请，经院系签署意见并加盖院系公章。

（3）院系负责毕业生就业工作的辅导员携带违约证明、原协议书、违约申请到学校就业指导中心办理相关手续。3个工作日后，院系统一领取新的"就业协议书"。

（四）违约责任及后果

"就业协议书"一经毕业生、用人单位、学校签署即具有法律效力，任何一方不得擅自解除，否则违约方应向权利受损方支付协议条款所规定的违约金，从实际情况来看，就业违约多为毕业生违约。毕业生违约，除本人应承担违约责任，支付违约金外，往往还会造成其他不良的后果，主要表现在以下三个方面：

（1）就用人单位而言，用人单位往往为录用一名毕业生做了大量的工作，有的甚至对毕业生将要从事的具体工作也有所安排。一旦毕业生因某种原因违约，势必使用人单位的录用工作被动，造成不好影响。

（2）就学校而言，用人单位往往将毕业生违约行为视为是学校的责任，从而影响学校和用人单位的长期合作关系。用人单位由于毕业生存在违约现象，而对学校的推荐工作表示怀疑。从历年的情况来看，一旦毕业生违约，该用人单位在几年之内都不愿到学校来挑选毕业生。面对激烈的就业市场竞争，用人单位需求就是毕业生择业成功的前提，如此下去，必定影响今后学校的毕业生就业工作。

（3）就其他毕业生而言，用人单位到学校挑选毕业生，一旦与某毕业生签订就业协议，就不可能再录用其他毕业生。如果该毕业生后来违约，有些当初希望到该用人单位工作的其他毕业生由于录用时间等原因，也无法补缺，造成就业资源的浪费。因此，毕业生在就业过程应慎重选择，认真履约。

二、劳动合同签订

（一）劳动合同的概念

劳动合同，是指劳动者与用人单位之间确立劳动关系，明确双方权利和义务的协议。订立和变更劳动合同，应当遵循"平等自愿、协商一致"的原则，不得违反法律、行政法规的规定。劳动合同依法订立即具有法律约束力，当事人必须履行劳动合同规定的义务。

劳动合同的主体即劳动法律关系当事人——劳动者和用人单位。劳动合同的主体与其他合同关系的主体不同：其一，劳动合同的主体是由法律规定的，具有特定性，不具有法律资格的公民与不具有用工权的组织不能签订劳动合同；其二，劳动合同签订后，其主体之间具有行政隶属性，劳动者必须依法服从用人单位的行政管理。

毕业生与用人单位签订协议后，第一天上班就应与用人单位签订劳动合同，并在劳动合同中明确薪资待遇、工作时间、加班费计算、社会保险等有关毕业生切身利益的事项。只有与用人单位签订了劳动合同，毕业生的合法权益才能受到法律保护。

（二）劳动合同的作用

（1）劳动合同是建立劳动关系的基本形式。以劳动合同作为建立劳动关系的基本形势是世界各国的普遍做法。这是因为劳动过程是非常复杂的，不同行业、不同单位的劳动合同，劳动者在劳动过程中的权利、义务不尽相同，国家法律法规只能对共性问题做出规定，不可能对当事人的具体权利、义务做出规定，这就要求签订劳动合同明确权利、义务。

（2）劳动合同是促进劳动力资源合理配置的重要手段。用人单位可以根据生产经营计划或工作需要确定录用劳动者的条件、方式和数量，并且通过签订不同类型、不同期限的劳动合同，发挥劳动者的特长，合理使用劳动力。

（3）劳动合同有利于避免或减少劳动争议。劳动合同明确规定劳动者和用人单位的权利义务，这既是对合同主体双方的保障又是一种约束，有助于提高双方履行合同的自觉性，促使双方正确行使权力，严格履行义务，有利于稳定劳动关系。

（三）签订劳动合同时的注意事项

1. 书面形式确定

劳动合同必须以书面形式确立，不能进行口头约定。口头的劳动合同不具备法律效力。

2. 劳动合同必备条款

（1）用人单位的名称、住所和法定代表人或者主要负责人。

（2）劳动者的姓名、住址和居民身份证或者其他有效身份证件号码。

（3）劳动合同期限，即劳动合同的起止。目前就期限来说，我国的劳动合同可以分为有固定期限、无固定期限以及以完成一定的工作为期限几种。固定期限的劳动合同，应明确劳动合同的开始期限和终止期限。无固定期限劳动合同，应明确劳动合同的开始期限及终止条件。

（4）工作内容和工作地点，即所从事的工作和工作岗位。应当尽量明确地书写工作和岗位，做到定岗定位。因为岗位的设定直接关系到劳动者是否能够胜任工作、是否负有保密责任以及以后续订合同时是否可以约定试用期等一系列问题。

（5）工作时间和休息休假。

（6）劳动报酬。劳动合同中应写明劳动报酬的具体数额或计算方法及支付日期，并明确该劳动报酬是税前还是税后。

（7）社会保险。

（8）劳动保护、劳动条件和职业危害防护。这部分内容几乎涵盖了半部《劳动法》，第四章工作时间和休息休假、第六章劳动安全卫生、第七章女职工和未成年工特殊保护、第八章职业培训、第九章社会保险和福利等规定都具体反映在这一部分。

（9）法律、法规规定应当纳入劳动合同的其他事项。

通过劳动合同范本（图4-3-1—图4-3-3），我们可以一览劳动合同中所包含的必备条款。

3. 其他注意事项

（1）对于一些有特别要求的岗位，如涉密或高危的行业或职业，必须符合相关法律、法规和政策的要求，具备相应从业资格，否则不受法律保护。

（2）用人单位必须盖法人单位公章。毕业生应谨慎对待一些分公司、办事处、派出机构等形式的单位公章，确认其是否有对外效力。

（3）在与用人单位签订劳动合同的过程中，要拒绝交纳押金、保证金等费用，同时不要将身份证、毕业证书、个人印章等物件交与用人单位。

（4）违约金的数额要合适，一般不要超过月收入的三倍，合同期限不宜太长。

（5）签订劳动合同时要明确毕业生所享有的社会保险待遇。

（四）拒签劳动合同的情况

拒签劳动合同，主要包括两种情况：

（1）员工拒签劳动合同，自用工之日起一个月内，经用人单位书面通知后，员工拒绝与用人单位签订劳动合同的，用人单位可以书面通知劳动者终止劳动关系，且用人单位无须对劳动者进行任何赔偿，但是应当依法向劳动者支付其实际工作时间的劳动报酬。

（2）用人单位拒签劳动合同。这时，劳动者应积极争取劳动权益保障，主要内容有：用人单位拒绝与劳动者签订劳动合同的，用人单位应当赔偿劳动者双倍工资；用人单位自用工之日起满一年不与劳动者订立书面劳动合同的，视为用人单位与

签 订 劳 动 合 同 须 知

一、本劳动合同依据《中华人民共和国劳动法》、《中华人民共和国劳动合同法》、劳动和社会保障部及XX省的有关规定制定。

二、订立劳动合同应当遵循合法、公平、平等自愿、协商一致、诚实信用的原则。

三、劳动合同应当用钢笔或毛笔认真填写。有的定事项的，经审查备案编号，双方签字盖章，以活页形式插入。劳动合同内容不得涂改。未经合法授权代签无效。

四、劳动合同依法订立后具有约束力，用人单位与劳动者应当按照劳动合同的约定，全面履行各自的义务。

五、劳动合同期限内合同条款发生变更或者劳动合同期满需续订的，应将签订的相关"协议书"附后。

劳 动 合 同

甲方：（以下简称"甲方"）
经营地址：
乙方：（以下简称"乙方"）
性别：
居民身份证号码：
在甲方工作起始时间 年 月 日
家庭住址：
邮政编码：
居住地址：
邮政编码：
户口所在地 省(市) 区(县) 街道(乡镇)

一、劳动合同期限
第一条 固定期限：本合同期限自_____年____月____日起至_____年____月____日止，其中，试用期自_____年____月____日起至_____年____月____日止。

无固定期限：本合同期限自_____年____月____日起，其中，试用期自_____年____月____日起至_____年____月____日止。

图 4-3-1 劳动合同范本（1）

以完成_____等工作任务为期限：本合同自_____年____月____日起，预计至_____年____月____日止。工作任务完成经甲方验收后，则本合同即行终止。

二、工作内容和工作地点
第二条 甲方安排乙方的工作岗位（工种）为_____，工作地点为_____，因生产工作需要，甲乙双方协商一致，可以变更岗位（工种）以及工作地点。

三、劳动保护、劳动条件和职业危害防护
第三条 甲方应当遵守国家法律法规，依法建立和完善劳动规章制度，保障乙方享有劳动权利、履行劳动义务。乙方应当自觉维护国家利益和甲方的合法权益，遵守甲方依照国家法律法规制定的各项规章制度，在本岗位的职责范围内，服从甲方的工作安排。

第四条 甲方依法为乙方提供符合国家规定的劳动安全卫生条件和必要的劳动防护用品。对从事有职业危害作业的，按国家规定进行定期健康检查。乙方应当认真履行工作职责，爱护生产工具和设备，按时、按质、按量地完成甲方规定的工作任务及劳动定额。

第五条 甲方对乙方进行安全教育，为乙方提供本职工作所必需的职业技能培训。

第六条 乙方应当保守甲方的商业秘密。对违反保密义务给甲方造成损失的，要承担赔偿责任。

四、工作时间和休息休假
第七条 甲方安排乙方执行_____工作制。

执行标准工时制的，甲方安排乙方每日工作时间不超过八小时，平均每周不超过四十小时。甲方保证乙方每周至少休息一日。甲方由于工作需要，经与工会和乙方协商后可以延长工作时间，一般每日不得超过一小时，因特殊原因需要延长工作时间的，在保障乙方身体健康的条件下延长工作时间每日不得超过三小时，每月不得超过三十六小时。

执行综合计算工时工作制的，平均日和平均周工作时间不超过法定标准工作时间。

执行不定时工作制的，在保证完成甲方工作任务情况下，工作和休息休假由乙方自行安排。

第八条 甲方执行《中华人民共和国劳动法》第四章及国家关于休息休假的相关规定，保障乙方的休息休假权利。

五、劳动报酬
第九条 乙方在法定工作时间内为甲方提供了正常劳动后，甲方以货币形式按时支付不低于省人民政府规定的最低工资标准的工资。在履行合同期间，甲方支付给乙方的工资为_____，其中，试用期工资为_____。

第十条 非乙方原因造成的待岗，在待岗期间，甲方支付给乙方基本生活费，其标准为_____。

第十一条 履行劳动合同期间，甲方视生产经营情况和乙方的工作实绩，按甲方的有关规定调整乙方的劳动报酬。

六、社会保险和福利待遇
第十二条 甲方依法为乙方缴纳各种社会保险，属乙方个人缴纳部分，由甲方从乙方工资中代为扣缴，甲方接受乙方对缴纳情况的查询。

图 4-3-2 劳动合同范本（2）

第十三条 乙方履行合同期间，患病、负伤、因工伤残、患职业病，退休、死亡以及女职工生育等社会保险及福利待遇，按照国家法律法规及甲方依法制定的劳动规章制度执行。

七、劳动合同的解除、终止和续订
第十四条 履行合同期间，甲乙双方若需解除或者终止劳动合同，应当按《中华人民共和国劳动合同法》第四章的有关条款执行。

第十五条 符合《中华人民共和国劳动合同法》第四十六条规定情形的，甲方应当向乙方支付经济补偿。经济补偿在双方当事人办理工作交接时支付。

第十六条 固定期限的劳动合同期满前30日，甲方应将终止或续订劳动合同的意向通知乙方。届时办理终止或续订手续。

第十七条 甲方解除或者终止劳动合同时为乙方出具解除或者终止劳动合同的证明，并在十五日内为劳动者办结档案和社会保险关系转移手续。乙方应当按照双方约定办理工作交接。

八、约定事项
第十八条 经双方协商一致，约定以下款项：（选择打"√"）
（一）见插入的活页 （二）无

九、其他
第十九条 甲乙双方履行本合同期间如发生劳动争议，应当平等协商解决，协商无效时，可按法定程序申请调解、仲裁、提起诉讼。

第二十条 合同期内，所定条款与国家颁布的劳动法律法规不符的，甲乙双方均应按新规定执行。

第二十一条 本劳动合同一式三份，甲乙双方各执一份，存乙方档案一份，自签订之日起生效。

甲方：（盖章） 乙方：（签字）
法定代表人（委托代理人）： （签章）

合同签订日期：

图 4-3-3 劳动合同范本（3）

劳动者已订立无固定期限劳动合同，此时用人单位不与劳动者订立无固定期限劳动合同的，应当自订立无固定期限劳动合同之日起向劳动者每月支付 2 倍的工资；用人单位拒绝与劳动者订立劳动合同，后将劳动者辞退的，应当赔偿劳动者经济补偿金，若属于违法辞退，则需要向劳动者支付经济赔偿金。

🖳 知识小阅

非法"劳动合同"

毕业生在签订劳动合同之前，一定要慎之又慎，谨防以下非法签订"劳动合同"的情况：

（1）口头合同。有的用人单位与毕业生并不签订真实的书面合同，只是一些口头约定，甚至是向毕业生许诺空头支票，这种口头约定因为无法找到法律依据，不具有法律效力。

（2）简单合同。内容少而空的书面合同，一般缺少劳动合同中所规定的必备条款。

（3）一边倒合同。又称单方合同，有的用人单位抓住大学生求职心切的心理，只约定了大学生的义务和责任，却没有约定用人单位的义务和责任。

（4）抵押合同。抵押合同即用人单位在合同中写明，要求大学生缴纳一定数额的风险抵押金，或以"保管"为名扣留大学生身份证或毕业证书等重要证件。

（5）"两张皮"合同。一些用人单位为了逃避主管部门的监察，往往与毕业生签订两份合同，一份用来应付监察，另一份才是双方真正履行的合同，而这份真正履行的合同对于毕业生来说，肯定是一份不平等的劳动合同。

三、就业协议书与劳动合同的区别

就业协议书与劳动合同的不同，主要体现在三个方面。

1. 主体不同

就业协议书的主体是三方，它适用于应届毕业生与用人单位、学校三方之间，学校是就业协议的签订方之一，就业协议对用人单位的性质没有规定，适用任何单位；而劳动合同只适用于劳动者与用人单位之间，与学校无关。

2. 内容不同

就业协议的内容主要是毕业生如实介绍自身情况，并表示愿意到用人单位就业，用人单位表示同意接收该毕业生，学校同意推荐该毕业生，列入就业方案并纳入就业情况统计，它只表明一种就业意向，不涉及毕业生到单位报到后所享有的权利义务。而劳动合同涉及劳动报酬、劳动保护、工作内容、劳动纪律等，劳动权利义务关系明确。

3. 签订时间不同

一般而言，就业协议书签订在先，劳动合同往往在毕业生到用人单位报到后才签订。

4. 法律依据不同

就业协议发生争议，除根据协议本身内容之外主要依据现有的毕业生就业政策和法律对合同的一般规定来加以解决，尚没有专门的一部法律对毕业生就业协议书加以调整。而劳动合同发生争议，应依据我国《劳动法》及《劳动合同法》来处理。

四、报到所需材料与档案转递程序

（一）毕业生报到需要的材料

毕业生到用人单位报到需持有的材料包括毕业证；户口迁移证（由于毕业分配制度和户籍制度改革，大学生迁移户口属于自愿，因此某些用人单位对户口迁移证不做要求）；党（团）关系介绍信；毕业生个人档案等。持以上证件到单位报到后，还需及时与用人单位签订劳动合同。

（二）档案转递

毕业生档案是学生毕业前家庭情况、学习成绩、政治思想表现、身体状况等情况的文字记载材料，是用人单位选拔、聘用毕业生的重要依据。因此，大学生毕业后，其档案能准确及时、安全地到达用人单位是非常重要的。毕业生档案一般包括高校毕业生登记表、学习成绩单、在校期间的一切奖惩情况等重要材料，毕业生档案要按照有关规定有序转递。到机关、国有企事业单位就业或定向招生就业的，转递至就业单位或定向单位；到非公单位就业的，转递至就业地或户籍地公共就业人才服务机构；暂未就业的，转递至户籍地公共就业人才服务机构。

> **§　知识小阅**
>
> ### 切勿使档案成为"死档"
>
> 大学生在就业过程中比较重视劳动合同的签订，但是很多大学生却忽略了档案的作用，很多学生认为在当今这个流动性的社会里，只要和用人单位签订合同就行了，档案的用处已经不大了。甚至有 1/3 的大学生表示根本不知道自己的档案在哪。还有一些没有顺利择业但是又过了档案保管期限的大学生，因为不愿意缴纳档案保管费，一直自己保管档案，结果这种档案就成了"死档"。因为档案手续不全，会影响毕业生就业后的职称评审和晋升等。

五、毕业生就业权益维护

为切实保障大学毕业生就业工作的顺利进行，保障毕业生就业活动的有序开展，近年来我国政府和有关部门制定了一系列的就业政策和法规（相关内容已在项目三任务一中有所介绍，此处不再赘述），这些都是毕业生维护就业权益的重要政策法律依据。

知识小阅

不同就业阶段常见权益损害

表4-3-2列出了毕业生在不同就业阶段容易发生的权益损害，毕业生应予以充分注意。

表4-3-2 常见就业权益损害

就业阶段	常见权益损害
招聘、面试阶段	歧视行为；虚假广告；借机宣传；非法敛财；盗取信息；网络陷阱；隐瞒实情
协议、合同签订阶段	缴纳押金；混淆劳务合同和劳动合同；基本工资陷阱；试用期不签订劳动合同；违约责任过重
试用期阶段	试用期过长；要求毕业生在试用期内承担违约责任；试用期内无正当理由辞退毕业生；以见习期代替试用期；将试用期从劳动合同中剥离；仅仅订立一份试用合同；试用期工资低于当地的最低工资；试用期内单位不缴纳社会保险费

针对就业过程中出现一些侵害毕业生就业权益的行为，毕业生可通过以下途径对自身权益实施保护。

（一）就业主管部门的保护

就业主管部门可通过制定相应的规范来确定毕业生的权益，并对侵犯毕业生权益的行为予以抵制或处理。

（二）高校的保护

学校对毕业生就业权益的保护最为直接。学校可通过制定各项措施来规范毕业生就业指导和就业推荐。对于用人单位在录用毕业生过程中的不公平、不公正行为，学校有权予以抵制以维护毕业生公平受录用权；对于用人单位与毕业生签订不符合有关规定的就业协议，学校有权不予同意；未经学校同意的就业协议不发生法律效力，不能作为编制就业计划的依据。

（三）毕业生的自我保护

毕业生就业权益保护的一个重要方面就是毕业生自我保护，具体做法如下：

（1）毕业生应了解目前国家关于毕业生就业的有关方针、政策和规范以及它们之间的关系，熟悉毕业生在就业过程中的权利和义务，这是毕业生权益自我保护的前提。如果在就业过程中因为所谓的公司规定或部门规定与国家政策法规有抵触，侵犯了自己的权益，则可以依据法规办事，维护自己的合法权益。

（2）毕业生应自觉遵循有关就业规范，接受其制约，保证自己的就业行为不违反就业规范，不侵犯其他毕业生的合法权益。

（3）在用人单位接收毕业生的过程当中，毕业生也应对自身权益进行自我保护。例如，按照国家规定毕业生在报到后应享受正常的福利待遇如养老金、公积金等；对某些工作岗位的特殊体质要求，用人单位应在与毕业生双向选择时就明确，否则不得以单位体检不合格为由将学生退回学校；另外，正常的人才流动也应根据国家和当地的有关人才流动规定，不应受到限制；报到后毕业生发生疾病不能坚持正常工作的，则按单位在职人员有关规定处理，不能退回学校，毕业生应对自己的权利有正确认识。

（4）毕业生应学会运用法律手段维护自身的合法权益。针对侵犯自身就业权益的行为，毕业生有权向用人单位上级主管部门和学校进行申诉并听取他们的处理意见，同时也可提交给当地的劳动争议仲裁机构进行调解和仲裁，也可以直接向当地人民法院提起诉讼。

⇒ 能力训练

就业问题直接"对话"国务院

【训练形式】
学生独立完成。

【训练目的】
了解国务院客户端的就业服务平台，学会利用网络平台了解职业、查询就业政策，未能如期就业的大学生，还可利用平台直接求助，提出求职需求。

【训练过程】
1. 了解国务院移动客户端的入口
方法 1：打开微信小程序，搜索"国务院客户端"。
方法 2：打开支付宝，在"应用中心"的"便民服务"找到"国务院客户端"。
2. 打开其中的"就业"服务专区
通过页面上方"搜索服务名称"功能或导航栏定位，体验就业政策查询、职业资格查询、未就业高校毕业生求职登记等功能。
3. 打开"营商"服务专区
通过页面上方导航栏定位，体验其中的"小微企业政策查询""中小企业政策库"，可以了解与创业有关的政策；"电子营业执照"可用于管理并下载初创企业的电子营业执照；"信贷直通车"为中小微企业信用贷款提供了通道。
4. 总结
汇总这些事关民生的功能，体会其操作的便捷性，这说明，国家非常重视就业，始终将就业问题作为国计民生的头等大事来抓。

⇒ 效果评估

签订劳动合同

围绕着劳动合同的内容组织情景模拟，提高学生对劳动合同的认识，自觉维护自身的合法权益。具体步骤如下：
（1）教师统筹安排，先把全班同学分为 A、B 两组，再将两组分别细分为若干小组（每小组五六人为宜）。

（2）A 组学生扮演用人单位，在劳动合同上做手脚，侵犯求职者的利益；B 组学生扮演求职者，求职者要从合同中筛选出不合法之处，保护自己的合法权益。

（3）教师评选出最佳编辑奖、最强法律意识奖等，并做点评，提醒学生在签订劳动合同时应注意的问题。

交 互 测 试

项目四

模块三
创业体验篇

　　2017 年 8 月 15 日，习近平总书记在给第三届中国"互联网＋"大学生创新创业大赛"青年红色筑梦之旅"的大学生的回信中写道：艰难困苦，玉汝于成。今天，我们比历史上任何时期都更接近实现中华民族伟大复兴的光辉目标。祖国的青年一代有理想、有追求、有担当，实现中华民族伟大复兴就有源源不断的青春力量。希望你们扎根中国大地了解国情民情，在创新创业中增长智慧才干，在艰苦奋斗中锤炼意志品质，在亿万人民为实现中国梦而进行的伟大奋斗中实现人生价值，用青春书写无愧于时代、无愧于历史的华彩篇章。

　　大学生是大众创业、万众创新的生力军。党和国家为大学生创新创业营造了良好的环境，越来越多的大学生投身创新创业。放眼未来，中国当代大学生必将在自己的岗位上绽放自我，奋力跑出中国创新的加速度。

项目五

历阶而上——踏上创业之路

▶ 项目概览

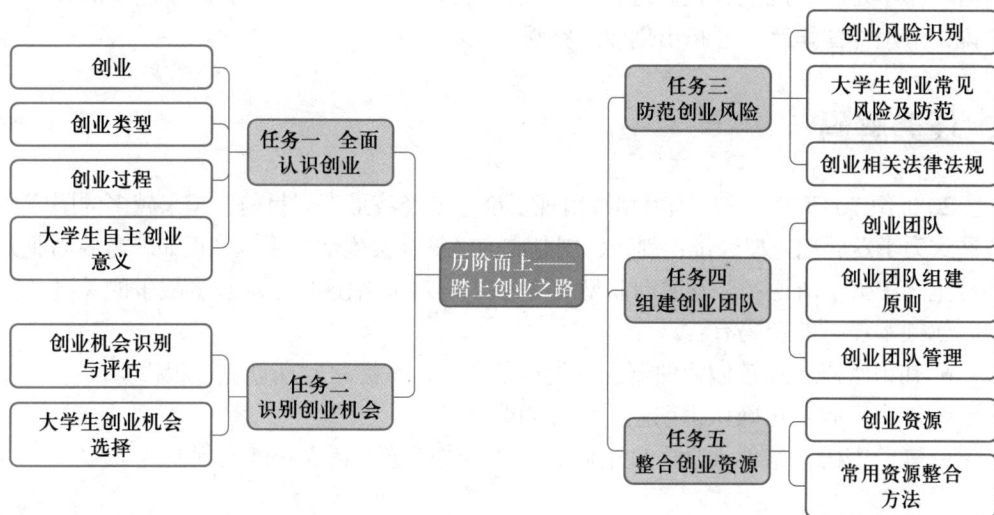

▶ 项目引言

"历阶而上"语出西汉礼学家戴圣《礼记·檀弓下》："杜蒉入寝,历阶而升"。"历阶而上"释义为"沿着台阶、依次登上。在已经形成一定职业认知和职业经验的基础上,让我们历阶而上,勇敢地踏上创业之路!

任务一 全面认识创业

➲ 问题导入

"博学之，审问之，慎思之，明辨之，笃行之"这句名言出自《礼记·中庸》，揭示出为学的五个方面：要广泛涉猎知识；要善于提出问题并追问；要审慎地思考并分析；要清晰地判断并择定；要切实力行并实践。学习是知行合一的过程，创业亦然，也需"博学之，审问之，慎思之，明辨之，笃行之"，那么对于有志于创业的大学生来说，应怎样博学笃行开拓出创业之路呢？

➲ 任务解码

20 世纪 70 年代，一些国家相继出现了创业型经济形态。目前，越来越多的国家和地区致力于发展创业型经济，创新、创业成为经济社会生活的主流，正如著名的创业大师拉里·法雷尔所说："发展创业型经济是打赢 21 世纪这场全球经济战争的关键。"

解锁本任务的密码有：

- 知识密码：理解创业的概念、类型及意义，掌握蒂蒙斯创业过程模型。
- 能力密码：正确认识创业，做好创业准备。
- 素养密码：培养大学生自主创业的社会责任感，树立正确的创业观。

➲ 知识对策

一、创业

（一）创业的概念

《辞海》对于创业的解释是"创业，创立基业"，因此，从字面意思上理解，创业是一种劳动方式，是创业者对自己拥有的资源或通过努力对能够拥有的资源进行优化整合，从而创造出更大的经济或社会价值的过程。我国核心期刊《管理科学学报》自 1987 年正式开辟创业研究专题以来，对于"创业"一词的关注就从来没有停止过，但目前仍无统一定论。

综合众多国内外学者对创业的定义，可以得出创业具有以下四方面含义：

（1）创业是创造出某种"有价值的"新事物的过程，在某种程度上，可以说创新是创业的基础。

（2）创业需要贡献必要的时间，付出极大的努力。

（3）创业需承担必然存在的风险，包括财务、精神、社会领域及家庭方面的相应风险。

（4）创业可获得创业报酬、创业经验、独立自主、个人满足等。

（二）创业的要素

享有"世界创业教育之父"美誉的杰弗里·蒂蒙斯于 1989 年提出了创业过程模型（图 5-1-1）。在这个模型中，商业机会、团队和资源三个要素之间要相互影响，共同推进创业发展。

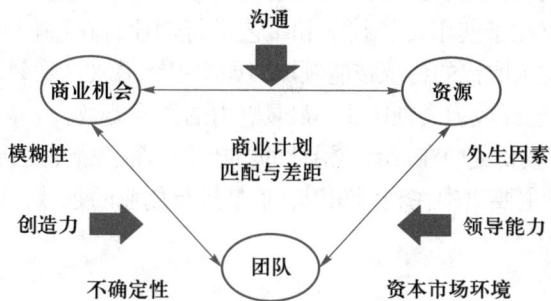

微课启学：
天时地利
人和

图 5-1-1　蒂蒙斯创业过程模型

商业机会是创业过程的核心驱动力，是创业的起点，创业过程就是围绕着机会进行识别、开发和利用的过程；创始人或团队是创业过程中的主导者，他们要善于配置和平衡，借此推进创业过程；资源是创业企业在创造价值的过程中所需的资产，包括有形和无形资产，它是创业成功的必要保证，主要包括人才、资本、技术及营销渠道等。

在创业过程中，这三个要素是不可或缺的。但在创业的不同阶段，三要素所起的作用也会有些不同。例如，在创业初期，商业机会比资金、团队的才干和能力及适应的资源更重要，而在企业发展后期，如何开发和获取更广阔领域的资源则成为制胜的关键。

二、创业类型

（一）根据创业目的可分为生存型创业和机会型创业

生存型创业是指那些由于没有其他就业选择或对其他就业选择不满意而从事创业的创业活动。从行业分布来看，生存型创业多集中在零售、租赁、个人服务等行业，大多为个体私营经济所处的行业。生存型创业属于被动型创业，大多偏向尾随和模仿，常会加剧市场竞争。

机会型创业是指创业者主动把握和利用市场机会，创造新的需求或满足潜在需求、带动新产业发展的创业活动，这些活动多集中在互联网或高科技领域，属于主动型创业。

（二）根据创业起点可以分为创建新企业和既有组织内创业

创建新企业是指从无到有创建全新企业的过程。这个过程充满机遇和挑战，风险和难度相对较大，创业者往往缺乏足够的资源、经验。

既有组织内创业是指在现有组织内开展的有目的的创新过程。例如，企业由于产品、营销、市场发展或是组织管理体系方面的需求，在企业内进行重新创建的过程。

（三）根据创业者的数量可以分为独立创业和合伙创业

独立创业的特点在于产权归创业者个人所有，企业由创业者自由掌控、决策自由，但创业者要独自承担风险，创业资源整合较难。

合伙创业的优势和劣势则与独立创业相反。

（四）根据创业项目性质可分为传统技能型、高新技术型和知识服务型创业

传统技能型创业在于使用传统技术和工艺进行创业，这些创业领域多集中在一些独特的无法用现代技术取代的传统技能领域，如织锦、书法、篆刻、剪纸等非物质文化遗产的保护与传承，已经成为文创产业中最具魅力的创业类型。

高新技术型创业主要集中在带有前沿性的新技术、新产品开发领域。

知识服务型创业主要集中在利用知识、信息进行创业的领域，诸如会计师事务所、工程项目咨询公司等。

三、创业过程

创业过程是指创业者发现商机，且利用商机创办企业并获得回报的一系列过程。按照创业过程中各项具体管理活动发生的顺序，可将创业过程划分为以下几个阶段：

（1）产生创业动机。创业动机是创业的原动力，它推动创业者去发现和识别市场机会。

（2）识别创业机会。识别创业机会是对可能成为创业机会的各种事件的分析和对创业预期结果的判断。识别创业机会是创业过程的核心，主要包括发现机会和评价机会价值。

（3）整合创业资源。资源是创业的基础条件，整合资源是创业者开发机会的重要手段。在初创阶段，资源的有限性表现得尤为突出，此时的创业者更需要有效地整合外部资源以实现自己的创业目标。

（4）创建新企业。创建新企业是创业者创业行为的直接标志。新企业创建包括公司制度设计、经营地址选择、企业注册、进入市场途径确定、利益分配原则确定、资金投入及预算控制等内容。

（5）管理新企业。在新企业不断成长的过程中，典型的管理活动包括战略管理、人力资源管理、融资及财务管理、营销管理等四个方面。

（6）收回创业回报。创业回报是创业活动的目的，这一目的的实现会进一步强化创业者对事业的执着。创业者的创业动机在一定程度上决定了回报的多种形式以及创业者对回报的满意程度。

四、大学生自主创业意义

所谓大学生创业，是指大学生面向市场自主捕捉商业机会、整合生产要素、提供产品服务、获得商业收益的活动。大学生创业符合当今经济发展的需要，也符合社会发展的自然规律。

从全球范围来看，创业是一个国家经济发展的根本推动力。在市场经济中，中小型创业企业最具活力和发展前景，许多大公司都脱胎于具有发展前景的中小企业，重视中小企业的发展对于繁荣国家经济、提高国家竞争力具有重要作用。有关研究机构甚至大胆预测：21世纪的全球经济发展将对中小型创业企业产生巨大的影响，全世界将有50%的大中专学生走上自主创业之路，年轻人将成为未来创业的主体力量。

我国目前正处在创业活跃期，越来越多的大学毕业生加入创业大军，成为创业洪流中的重要力量。大学生具有各类专长，包括专利、专业技术、高新技术成果等，但普遍缺乏社会实践和商业经验，面对复杂的市场环境无所适从，以致许多优秀的大学生创业计划被束之高阁。如同大学生就业一样，大学生创业也是一个普遍的社会问题。2017年4月13日，中共中央、国务院印发了新中国历史上第一部以青年群体为对象的《中长期青年发展规划（2016—2025）》，通过完善促进青年就业创业政策体系，加强青年就业服务，推动青年投身创业实践，加强青年就业权益保障等措施，解决青年成长发展迫切需要关注的就业创业问题。

大学生选择自主创业无论是对自身，还是对社会都具有重要意义。

（一）对自身的意义

1. 有利于发挥个人潜能

大学生通过创业，能够培养自己多方面的能力，如想象力、思维力、创造力和创新力等，这些能力在创业之前往往都不是非常明显，而通过创业，这些潜能得到充分的激发，正是由于具有这些能力，才使得创业能够成功。

2. 有利于培养艰苦奋斗的作风

大学生在创业的过程中会遇到各种挫折、困难或者是失败，这就要求大学生具有优良的品格和顽强的意志，要勇于承担风险、应对挫折和面对失败。

3. 有利于实现自我价值

通过创业活动，大学生可以把兴趣与职业紧密结合，在五彩缤纷的社会舞台中大显身手，最大限度地发挥自己的才能。与社会供职不同，大学毕业生通过自主创业可以做自己最感兴趣、最愿意做和自己认为最值得做的事情，从而最大限度地发挥才能，实现自己的人生价值。

（二）对社会的意义

1. 有利于社会就业机会的增加

通过推动大学生投身创业实践，不仅能解决自身的就业问题，还能通过创业活动为社会增加就业岗位，创造更多的就业机会。

2. 有利于优秀企业管理人才的培养

创业是一个艰苦的过程，大学生在创业过程中既能磨炼自己的意志品质，又能培养自己的市场观念、商业认知，提高企业运营与管理能力，有利于为国家造就一批年轻的企业管理人才。

3. 有利于新经济的产生和传统经济的升级。

国际投资界把市值超过10亿美元且成立不超过10年的创业企业叫作"独角兽公司"（Unicom Company, UC）。"独角兽公司"已成为数字经济时代创业企业中一支异军突起的势力，青年创业者富于创新和冒险精神，他们能建立更具速度、效益的新型企业机制，引领新经济形态的产生。同时，在创新创业进程中，国家引导广大

微课启学：创业者的初心

青年学生扎根中国大地了解国情民情,将创新创业实践与国家创新驱动发展、"双碳"目标、脱贫攻坚、乡村振兴等战略相融合,不仅促进传统产业转型升级,也推动高校的智力、技术和项目资源在各贫困县落地生根,助力乡村振兴。

4. 有利于新生活理念的创造

为了获得创业的成功,创业者一定会想方设法为社会提供新的产品、新的服务和新的经营方式等,这一系列的经营创新将会给人们的生产和生活方式带来改变,有利于为社会创造新的生活理念。

5. 有利于创造型文化的形成

随着国家鼓励创新创业政策的制定,为大学生自主创业提供政策支持和环境保障。越来越多的大学生投身于创新创业浪潮中,必将形成一种文化氛围,影响着整个社会创造型文化的形成。

6. 有利于高等教育的改革与发展

大学生在创业活动中出现的问题也反映出高等教育存在的一些不足,这就会推动高校转变教育观念,用新的价值标准和评价体系来培养人才和开展教育教学改革,有利于高等教育的改革与发展。

⊃ 能力训练

你可以开始创业了吗?

在"大众创业、万众创新"的时代背景下,很多大学生对创业跃跃欲试。但是,创业有成功就会有失败,创业是一种选择,并不是每个大学生都适合创业,即使当一个人具备了创业的激情和基本素质,也并不意味着他马上就可以开始创业,因此,大学生选择创业这条职业生涯发展路线时,也要先认清自身及环境现实,这样才有成功的机会。

【训练形式】

教师指导,学生独立完成。

【训练目的】

了解创业必备的要素,分析自身创业的可行性。

【训练过程】

下面列出 56 项内容,是大学生创业应该具备的素质或技能,你可以在你认为已经具备的项目上进行勾选,勾选的项目越多,说明你的创业准备越充分,如果你勾选的项目没有超过一半,可是又想尝试创业的话,建议你首先认真地完成后面的项目学习。

1. 事前的规划与资源

☐ 想创业并非只是因为目前没工作找事情做,或是想赚更多的钱,而是自我实现。

☐ 我已经有一个能引发周遭亲朋好友注意的创业构想。

☐ 我经常参加学校的勤工俭学、社会实践。

☐ 大学期间,我曾经做过很多兼职,包括促销、家教、各类文员等。

☐ 我曾经在学校里摆过地摊,在宿舍里推销过商品。

☐ 我的亲朋好友中有一些是商人，我与他们经常交流。

☐ 在学校，我有领导社团活动的经验，曾多次组织社团活动。

☐ 我常常通过网络、报刊、训练、研讨会等，或与专业人士交谈，来吸收相关产业的新知。

☐ 如果我将由借贷款而创业，我也备好了还款计划。

☐ 我的家人愿意支持我的创业动机。

☐ 我有自己的朋友圈，且在这个圈子中我是中心人物。

☐ 我非常熟悉我要创业的这个产业，也找到了自己的利基点。

☐ 除了自己的专业之外，我也愿意去了解各种商业领域。

☐ 对于自己的未来，我已经有妥善的规划，可以看得到五年后的自己。

☐ 我是一个喜欢想些点子并加以实现的人。

☐ 对于我之前做出的很多选择，我很满意，没有后悔过。

☐ 我能看懂财务报表，不会看到一堆数字就头痛。

☐ 我对金钱有规划，不属于"月光族"。

☐ 我的亲戚中有人愿意在金钱上支持我，我有一定的承担创业失败的本钱。

☐ 在没有固定收入的情况下，我与家人也能过得下去。

☐ 我愿意将自己的事业交给值得信赖的人去管理。

☐ 虽然可能因此冷落了家人或朋友，但我已规划好花更多的时间与精力去沟通弥补，寻求事业与家庭间的平衡。

☐ 我对世界充满好奇，更努力满足这份好奇心。

☐ 我对自己的执行力有高度的信心。

☐ 我是一个能独立思考的人，不会因他人的意见随意摇摆。

☐ 有必要的话，我可以每天应酬维持交情，大力推销自己的事业。

☐ 我喜欢与人合作，愿意促成好的结果，达到共赢。

☐ 在适当的时候，我愿意放弃自己辛苦建立起来的一切，虽然知道这样一定很心痛。

☐ 我喜欢做决定，而且能非常快速地做决定。

☐ 我可以很长时间投入在一件事情上面，且不会认为它只是个工作。

☐ 我愿意不断挖掘自己的潜能去挑战市场的千变万化。

2. 身心状态的准备

☐ 我不是特别在乎地位或头衔。

☐ 只要能成功，我愿意牺牲娱乐休闲的时间。

☐ 我可以忍受一个人孤独工作的状态，不会因为没人陪说话就抓狂。

☐ 遇到状况，我能妥善处理压力，可以在几分钟之内恢复原来的状态，不会因一点小事就抓狂或崩溃。

☐ 我的健康状况良好，有超人般的体力可以撑过创业初期的艰辛。

☐ 一旦下定决心，我通常可以不受干扰坚持到底。

☐ 在创业初期，我愿意事必躬亲。

☐ 我不害怕失败，就算濒临破产也不打退堂鼓。

☐ 我不会因为不断地被拒绝而失去信心。

☐ 我喜欢跟别人聊我正在做的事情。

☐ 我愿意放下一时的面子，跟人家低头赔不是。

☐ 我可以享受过程中的美好，而不是只看重结果。

☐ 我总是想办法从别人身上学到东西。

☐ 我不喜欢规矩，而且喜欢挑战权威。

☐ 我愿意忍受不完美，并且面对不完美我会不断修正，而不是原地踏步。

☐ 我有勇气面对各种风险，并具备承担风险的能力。

☐ 我可以接受高度的不确定性。

☐ 为了创业目标，我有勇气将多年的朋友辞退。

☐ 如果有必要，我愿意一星期工作 60 小时甚至更多，而且甘之如饴。

☐ 我愿意有福与他人同享，有祸有难自己承担。

☐ 我愿意接受几个月甚至几年挣不到钱的结果。

☐ 虽然不希望发生，但我也了解有可能碰上寅吃卯粮的状况。

☐ 我会愿意，三天三夜不睡觉就是要解决一个问题。

☐ 我已经做好勇于承诺、承担风险、吃苦耐劳的心理准备。

☐ 客户当面给我难堪，我还是可以保持笑容；甚至全世界都与我作对时，我也能带着微笑继续前进。

⊃ 效果评估

熟悉大学生创新创业政策

近年来，为支持大学生创业，国家及各级政府出台了许多优惠政策，涉及融资、税收，创业培训及指导等多方面。大学生创业之前，应该熟悉我国的各项创业政策，这样才能明确创业方向，把握政策机遇，助力创业活动。

大学生可通过网络、报纸、杂志等媒体收集创新创业政策，可登录中国政府网，依次进入"政策—政策专题—'双创'政策库"，各级人民政府、各大高校官网也能查询有关创新创业政策。然后将收集到的信息填入表 5-1-1 中，建立创新创业政策资料库。

表 5-1-1　创新创业政策资料库

内容	国家层面	省级层面	地市层面	学校层面
企业注册方面				
资金扶持方面				
税收优惠方面				
场地支持方面				
创业指导方面				
创业保障方面				

任务二　识别创业机会

➲ 问题导入

A 国因为工业化发展比较快，出现了产品过剩。在这样一个背景下，该国有两家制鞋公司都想将自己的产品销往国外，而且他们同时看好了一个没有商业竞争的 B 国。甲乙两公司分别派出自己的业务员到该国进行考察，最后考察的结果却大相径庭。甲公司的业务员考察的结果是"这个国家的人民多年以来没有人穿鞋，他们习惯光着脚，该国没有商业机会"。乙公司的业务员考察的结果是"该国一个卖鞋的厂家都没有，在这里人们都买不到鞋，因此，这里商机无限"。

（1）如果你是一个业务员，你认为 B 国是否有商业机会？你的理由是什么？

（2）如果盲目地将鞋类产品运到 B 国，你认为是否也存在风险？你的理由是什么？

（3）需要做什么准备工作才能降低风险呢？

➲ 任务解码

创业过程就是围绕着机会进行识别、开发并利用的过程。正确识别创业机会是创业者应当具备的重要技能。

解锁本任务的密码有：

- 知识密码：理解创业机会的来源，掌握创业机会的识别过程与评估方法。
- 能力密码：判断并选择合适的创业机会。
- 素养密码：培养实事求是的调研精神，客观审慎地运用调研数据。

➲ 知识对策

一、创业机会识别与评估

（一）寻找创业机会

创业机会，主要是指具有较强吸引力、较为持久的有利于创业的商业机会，创业者据此可以为客户提供有价值的产品或服务，同时也使自身获益。

蒂蒙斯在其著作《创业学：21 世纪的创业精神》一书中提出，好的创业机会有以下四个特征：一是它对顾客有较强的吸引力；二是它能在你的商业环境中行得通；三是它必须在"机会之窗"存在的期间被实施；四是你必须有资源（人、财、物、信息、时间）和技能才能创立业务。

知识小阅

机 会 之 窗

机会之窗是指商业想法推广到市场上去所花的时间，若竞争者已经有了同样的想法，并把产品已推向市场，那么机会之窗也就关闭了。

创业机会常会受环境的变动，市场的不协调或混乱，信息的滞后、领先或缺口等因素影响。其产生根源在于事物的变化，这些变化具体表现在以下几个方面：

（1）问题。创业的根本目的是满足顾客需求。而顾客需求在没有被满足前就是问题。寻找创业机会的一个重要途径是善于发现和体会自己和他人在需求方面的问题或生活中的难处。比如，有一位大学毕业生发现远在郊区的本校师生往返市区交通十分不便，于是创办了一家客运公司，这就是把问题转化为创业机会的成功案例。

案例小品

因为痛点发现商业机会

"哪里有抱怨，哪里就有机会"的说法不无道理，因为这种抱怨正是用户在使用产品时的痛点，抓住这些痛点，往往可以把它变成商业机会。

日常生活中，我们经常会遇到插座占孔的问题（图5-2-1），看似设计合理的多功能插座却很难在同一时间得到利用。插头与插头之间极易相互冲突，究其原因，也是相隔太近所导致的。如果使插座实际在空间上的朝向不同（见图5-2-2）就可以轻松解决遮挡的问题。

图 5-2-1　传统插座设计　　　　　图 5-2-2　新型插座设计

（2）变化。创业的机会大多产生于不断变化的市场环境，环境变化了，市场需求、市场结构必然随之发生变化。著名管理大师彼得·德鲁克将创业者定义为那些能"寻找变化，并积极反应，把它当作机会充分利用起来的人"。这种变化主要来自产业结构的变动、消费结构升级、城市化加速、人口思想观念的变化、政府政策的变化、人口结构的变化、居民收入水平提高、全球化趋势等方面。如居民收入水平提高，私人轿车的拥有量将不断增加，这就会派生出汽车销售、修理、配件、清洁、装潢，二手车交易，陪驾等诸多创业机会。再如，随着北京 2022 年冬奥会成功举办，我国冰雪产业步入快车道。

（3）创造发明。创造发明提供了新产品、新服务，更好地满足顾客需求，同时也带来了创业机会。比如，随着自动驾驶汽车在 21 世纪初呈现出接近实用化的趋势，新能源、车载设备、驾驶培训等领域的创业机会都会随之产生。

（4）竞争。竞争对手存在的缺陷和不足，也可以成为创业机会。在某一行业中，如果能比竞争对手更快、更可靠、更便宜地提供产品或服务，也是创业机会。

（5）新知识、新技术的产生。新知识可以改变人们的消费观念，新技术也可以进一步满足人们的需求，甚至使人们产生新的需求而引导消费。

案例小品

3D 打印带来的商机

3D 打印技术（图 5-2-3）日渐成熟，价格持续下降，3D 打印业务为人们提供的发展机会也越来越多。目前，围绕着 3D 打印技术衍生了许多新产品。例如，制作、销售 3D 打印首饰、家居饰品，3D 打印食品速成，3D 打印定制的游戏人物，3D 打印时尚服饰等；也开拓出很多创业项目，如 3D 打印自拍工作室，开设 3D 打印课程或辅导班，销售 3D 打印机、配件或耗材，3D 打印维修、保养或组装等。

图 5-2-3　3D 打印设备

（二）创业机会的识别过程

成功的创业建立在创新思维的基础上，因此创业机会的识别过程也要建立在创新思维以及创造力的基础上。Hills、Shrader 和 Lumpkin 提出"以创造力为基础"（creativity-based）的多维度机会识别过程模型，该模型将机会识别分为以下五个阶段：

（1）准备阶段。这是指知识和技能的准备，这些知识和技能可能来自创业者的个人背景、工作或学习经历、爱好以及社会网络。

（2）沉思阶段。这是指创业者的创新构思活动。这一过程并非有意识地解决问题或进行系统分析，而是对各种可能和选择的无意识考虑。

（3）洞察阶段。这是指创意从潜意识中迸发出来，或经他人提点被创业者意识到，这类似于问题解决的领悟阶段，可以用"豁然开朗"来形容。

（4）评估阶段。即有意识地对创意的价值和可行性进行评定和判断，评估的方式包括市场调研、与他人进行交流以及对商业前景的考察。

（5）经营阶段。这是指对创意进一步细化和精确，使创意得以实现。

微课启学：识别创业机会

🎧 知识小阅

市 场 调 研

确定创业机会离不开市场调研。市场调研为明晰创业机会提供决策依据，对创业项目的规划和设计起到关键的支撑作用。

（1）市场调研内容：

第一，政策调研。了解政策中的有利因素和优惠政策等。

第二，行业调研。了解行业的发展趋势、市场饱和程度等。

第三，产品和服务调研。产品和服务调研是建立产品和服务差异化的基础，产品具有差异化是企业保持竞争力的关键。

第四，客户调研。了解客户的需求、进行客户定位。

（2）市场调研步骤：

第一，准备阶段。确定调研内容、方法、步骤，分析调研计划的可行性，进行经费预算，确定调研时间等。

第二，调研阶段。利用各种调研方法展开调研。

第三，整理分析阶段。对于通过市场调研获得资料进行编辑分类、统计分析。

第四，总结阶段。根据调研结果撰写调研报告、得出调研结论。

（3）市场调研方法：

第一，直接调研。通过直接调查或观察相关人员得出调研信息，主要方法有问卷调查表、面谈法、观察法、实验法等。

第二，间接调研。通过报纸、杂志、互联网、行业协会、研究机构、统计机构收集已经存在的别人整理的调查资料，如文献调研等。

（三）创业机会评估方法

在创业机会的评估方法中，有一些是较为简单易行的方法，如贝蒂选择因素法，创业者可以利用这些方法自行评估创业机会。而蒂蒙斯的创业机会评价模型相对来说较为复杂，则适合专业机构、风险投资商用于评估创业机会。下面，我们来了解这两种方法，重要的是要了解对创业机会评估都侧重哪些指标。

1. 贝蒂选择因素法

在贝蒂选择因素法（表5-2-1）中，通过对11个选择因素的设定来对创业机会进行判断，回答"是"为1分，"否"为0分。如果某个创业机会只符合其中的6个指标或更少，这个创业机会的成功率就较小；如果这个创业机会符合其中的7个或者更多，这个创业机会的成功率就较高。

表 5-2-1 贝蒂选择因素法评分表

选择因素	是/否	分数
（1）这个创业机会现阶段是否只有你一个人发现？		
（2）初始的产品生产成本是否可以承受？		
（3）初始的市场开发成本是否可以承受？		
（4）产品是否具有高利润回报的潜力？		
（5）是否可以预期产品投放市场和达到盈亏平衡点时间？		
（6）潜在的市场是否巨大？		
（7）你的产品是否是高速成长的产品家族中的第一个成员？		
（8）你是否拥有一些现成的初始用户？		
（9）是否可以预期产品的开发成本和开发周期？		
（10）是否处于一个成长中的行业？		
（11）金融界是否能够理解你的产品和顾客对它的要求？		
总分		

2. 蒂蒙斯创业机会评价模型

蒂蒙斯在其所著《创业学：21世纪的创业精神》一书中提出了一套全面评价创业机会的指标体系（表 5-2-2）。这套指标体系包含 8 个一级指标、53 个二级指标，是最全面的创业机会评价指标体系。

表 5-2-2 蒂蒙斯创业机会评价模型

评价要素	内容
1. 行业与市场	（1）市场容易识别，可以带来持续收入
	（2）顾客可以接受产品或服务，愿意为此付费
	（3）产品的附加价值高
	（4）产品对市场的影响力高
	（5）将要开发的产品生命长久
	（6）项目所在的行业是新兴行业，竞争不完善
	（7）市场规模大，销售潜力在 1 000 万~10 亿元
	（8）市场成长率在 30%~50%，甚至更高
	（9）现有厂商的生产能力几乎完全饱和
	（10）在 5 年内能占据市场的领导地位，占有率达到 20% 以上
	（11）拥有低成本的供货商，具有成本优势

续表

评价要素	内容
2. 经济因素	（1）达到盈亏平衡点所需要的时间在1.5~2年
	（2）盈亏平衡点不会逐渐提高
	（3）投资回报率在25%以上
	（4）项目对资金的要求不是很大，能够获得融资
	（5）销售额的年增长率高于15%
	（6）有良好的现金流量，能占到销售额的20%~30%，甚至更高
	（7）能获得持久的毛利，毛利率要达到40%以上
	（8）能获得持久的税后利润，税后利润率要超过10%
	（9）资产集中程度低
	（10）运营资金不多，需求量是逐渐增加的
	（11）研究开发工作对资金的要求不高
3. 收获条件	（1）项目带来附加价值的具有较高的战略意义
	（2）存在现有的或可预料的退出方式
	（3）资本市场环境有利，可以实现资本的流动
4. 竞争优势	（1）固定成本和可变成本低
	（2）对成本、价格和销售的控制较高
	（3）已经获得或可以获得对专利所有权的保护
	（4）竞争对手尚未觉醒，竞争较弱
	（5）拥有专利或具有某种独占性
	（6）拥有发展良好的网络关系，容易获得合同
	（7）拥有杰出的关键人员和管理团队
5. 管理团队	（1）创业者团队是一个优秀管理者的组合
	（2）行业和技术经验达到了本行业内的最高水平
	（3）管理团队的正直廉洁程度能达到最高水平
	（4）管理团队知道自己缺乏哪方面的知识
6. 创业者的个人标准	（1）个人目标与创业活动相符合
	（2）创业者可以做到在有限的风险下实现成功
	（3）创业者能接受薪水减少等损失
	（4）创业者渴望进行创业这种生活方式，而不只是为了盈利
	（5）创业者可以承受适当的风险
	（6）创业者在压力下状态依然良好

续表

评价要素	内容
7. 理想与现实的战略性差异	（1）理想与现实情况相吻合
	（2）管理团队已经是最好的
	（3）在客户服务管理方面有很好的服务理念
	（4）所创办的事业顺应时代潮流
	（5）所采取的技术具有突破性，不存在许多替代品或竞争对手
	（6）具备灵活的适应能力，能快速地进行取舍
	（7）始终在寻找新的机会
	（8）定价与市场领先者几乎持平
	（9）能够获得销售渠道，或已经拥有现成的网络
	（10）能够允许失败
8. 致命缺陷	不存在任何致命缺陷

蒂蒙斯创业机会评价模型中涉及的项目较多，内容也较专业，因此该体系主要是具有行业经验的投资人或资深创业者对创业企业进行评价时采用该评价模型。目前，很多创新创业大赛对创业项目进行评价时也采用该模型进行整体评价。

由于蒂蒙斯创业机会评价体系的提出具有时代背景，且涉及的指标较复杂，实施起来有一定难度，清华大学有关学者在实证研究的基础上，提出了一个精简化的指标体系（表5-2-3）。

表5-2-3　精简化的蒂蒙斯创业机会评价模型

指标类别	具体指标
1. 管理团队	（1）创业者团队是一个优秀管理者的结合 （2）行业和技术经验达到了本行业内的最高水平
2. 竞争优势	（1）拥有优秀的员工和管理团队 （2）固定成本和可变成本低
3. 行业与市场	顾客愿意接受该产品或服务
4. 致命缺陷	不存在任何致命缺陷
5. 个人标准	（1）创业家在承担压力的状态下心态良好 （2）个人目标与创业活动相符合
6. 收获条件	机会带来的附加价值具有较高的战略意义
7. 经济因素	能获得持久的税后利润，税后利润率要超过10%

通过上述评估方法，我们发现虽然这些指标千差万别，但至少都包含市场需求、竞争性、盈利性等几个方面，因此，我们可以用以下五个通用标准作为基本准则来判断是否存在创业机会：

（1）对产品有明确的市场需求，推出的时机也是恰当的。

（2）投资的项目必须能够维持长久的竞争优势。

（3）投资必须具有一定的高回报，从而允许一些投资中的失误。

（4）创业者与机会之间必须相互合适（比如专业领域的吻合度）。

（5）机会中不存在致命的缺陷。

二、大学生创业机会选择

（一）大学生创业的项目类型

创业最难的环节是把握创业机会和选择创业项目，创业项目的选择是创业进程中最关键的、最灵活的一个环节。什么样的创业项目才是好的项目？答案是：适合自己的项目就是最好的。大学生创业缺少资金，同时也缺少运营经验，因此在切入创业项目时，切忌盲目跟风、仓促上阵。要对新事物、新技术、新观点保持敏锐的头脑，随时记录这些机会，并整理出有价值的可行方案，然后迅速实施创业。

适合大学生创业的项目一般有以下三种类型。

1. 贸易型创业项目

所谓贸易，是买卖或交易行为的总称，贸易型创业项目主要就是围绕着商品组织的交换和买卖活动组织的商品买卖活动。选择贸易型项目，首先考虑运作过程中的贸易往来需要占用大量的资金。而这部分资金变为商品后，不一定在有规律的时间内即可变现为流动的资金。同时，还要选择贸易经营方式，是连锁、加盟，还是代理等形式。当然，经营范围的选择也要考虑产品的独特性，产品的补货、调货等程序。

2. 生产制造型创业项目

生产制造型企业就是对产品进行加工、改造、装配等工艺的企业。随着《中国制造 2025》的发布，制定了通过"三步走"实现制造强国的战略目标：第一步，到 2025 年迈入制造强国行列；第二步，到 2035 年中国制造业整体达到世界制造强国第二方阵前列国家水平；第三步，到 2045 年乃至建国一百周年时，综合实力进入世界制造强国第一方阵。制造业的发展是国家和民族强盛的基础，大学生创业也应该捉住这样历史机遇。

📎 案例小品

创新突破 诠释"中国制造"

2021 年 5 月 15 日，伴随着"天问一号"探测器着陆，特种绳索制造方——青岛海丽雅集团（以下简称海丽雅）走进大众视野。

海丽雅始建于 1922 年，由生产女士扎头绳起家，如今已发展成为以特种绳缆、应急自救产品研发生产等为主体的国家高新技术企业。他们的特种绳索，不仅上天，还能入海，在"蛟龙号"下潜 7 000 米深度时，一旦需要就可以立即把它拽上来，堪称"救命之绳"。海丽雅把一根绳子做到极致，并创下了中国绳缆界的"四个第一"，即"中国深度""中国精度""中国温度""中国强度"，有"中国绳王"之美誉。

一根绳索反映出创新、执着、精益求精的工匠精神，这种精神擎起了"中国制造"。随着"制造强国"的实现战略的制定，必将为创新创业提供前所未有的机遇。

3. 服务型创业项目

随着经济的发展，人们生活水平逐步提高，人们的衣食住行不再仅仅局限于满足基本的温饱，而是提出更便捷、更突出个性化的服务需求。需求就是商机，大学生选择服务型项目进行创业时，应具备一定的相关行业经验和服务性常识，而且能够了解市场和客户，找准目标客户，提供个性化的服务。

当然，需要强调的是，当今企业的发展已经进入互联网时代，无论何种企业类型，归根结底都是"互联网＋企业"。所以，无论大学生选择哪种创业项目，重要的前提是必须掌握一定的互联网技术、具备互联网思维。

（二）合适的创业机会选择

大学生创业者可以基于自身性格、兴趣、能力及实力等因素，选择适合自己发展的项目。

1. 基于性格选择

性格直接影响着一个人的行为方式和生活习惯。创业者首先要先学会分析自己，总结自己的弱点和劣势，再发现自己的优点和优势。通常脾气急、行动力快的人，适合做贸易型项目；沉稳、耐力型性格的人适合做制造型项目；而性格外向，善于表达的人适合做服务型项目。虽然人们常说"性格决定命运"，但往往"细节决定成败，态度决定一切"，因此也不可绝对而论。

2. 基于兴趣选择

世上很多的坚持，都与兴趣和爱好有关。能够根据自己的兴趣选择创业项目，才能保持持久的创业激情，克服创业道路上的各种困难，创业之路也会变得妙趣横生。所以大学生在选择创业项目时，也有必要对自己的兴趣进行梳理，看看在哪些方面投入的时间及精力最多，甚至长时间地重复这件事也不厌其烦，那可能就是兴趣所在。不过需要提醒的是，自己没有体验过的事情，千万不要想当然，那有可能只是因为新奇，而不是真正的兴趣。

3. 基于能力或专长选择

兴趣仅是表明大学生创业时最想做的事，但是不代表就一定有能力去完成。专业、能力及特长，才是大学生选择创业项目的基本出发点。自己能干什么？会干什么？回答这些问题，要结合自己的教育背景、专业技能及实践经历。只有在充分认识自己的前提下，才能选择好创业项目。当然如果自己的经验、能力及特长恰恰又和兴趣爱好吻合，就越具备内在和持久的动力，成功的可能性也就越大。

4. 基于实力选择

选择创业项目的首要约束在于自己的实力，比如能够承受的投资能力和风险承受能力有多大，能在自己的能力掌控范围内的项目才是适合自己的。无论是制造型还是贸易型项目，都会产生一定的库存，不能马上变现，所以一定要量入为出、量力而行。

➲ 能力训练

通过调研挖掘创业机会

【训练形式】

5~6 人为一组，小组完成。

【训练目的】

了解市场调研在创业中的作用，通过市场调研发现创业机会并分析创业机会的可行性。

说明：在此训练中，为大家提供了一个背景案例，在具体实施时，也可以按照自己的或小组的实际创业项目或创业方向进行市场调研。

【训练过程】

1. 背景案例

张华是某国家级"双高"建设院校室内艺术设计专业的应届毕业生，上学期间，通过翻阅相关杂志，他发现在装修行业中硬装比较广泛，而软装行业并不普及，于是张华萌发了创业的念头。为了更多地了解软装的知识，张华阅读了大量的资料，发现软装并不是简单地安装窗帘、灯具、装饰品，而是一定要烘托出整体设计的气氛和美感来，在追求个性的时代中，软装的需求会越来越大。但是张华也知道，光有书本知识是不行的，还要实际做市场调研，了解当地的需求、消费对象、供货渠道、居民消费水平等内容。因此，张华决定做一次深入细致的市场调研，挖掘创业机会，为制订具体的可操作性方案提供依据。

2. 行业人士访谈调研

利用面谈法，与行业内企业家或从业人员进行对话，获得相关信息。可以参考下面的问题进行访谈问题设计：

（1）您了解软装行业吗？您的企业的经营方向主要是硬装还是软装？

（2）您的客户有没有提出过整体装修方案？有没有客户提出过软装的要求？您的企业承接过这些项目吗？

（3）你觉得客户提出硬装需求和软装需求的比例大致是多少？您的企业有没有考虑发展软装业务？您认为本市的软装市场未来的发展趋势会是怎样？

3. 现场调研

在进行调研之前，可以先设计一份调研问卷，调研问卷中要说明调研目的，调研问题设计要科学合理。然后划分若干小组，分别走访当地的装修和建材市场，通过发放问卷的形式，了解市场发展趋势，最后进行小组交流讨论，得出调研结果。

4. 客户调研

选择居民区或者商业集中区，分组进行客户调研，也可以使用面谈法或者问卷调查法的方式了解当地居民对于软装行业的认识和接受与需求程度。

5. 汇总数据、撰写调研报告

将调研数据进行整理分析汇总，得出调研结论。根据调研结论，分析创业机会，最后撰写创业可行性分析报告。

➲ 效果评估

评估 VR 技术带来的创业机会

VR 技术，又称虚拟现实技术，是一种可以创建和体验虚拟世界的计算机仿真系统。不管是国外微软、苹果还是国内的华为、百度，都对 VR 情有独钟，在此领域进行了大投入。VR 是互联网时代新兴技术的代表，也必会带来创业机会，那么怎样才能抓住这个创业机会，赢得创业成功呢？下面就让我们来识别并评估 VR 的创业机会。

1. 发现创业机会

假设你是一个准备在 VR 领域进行创业的创业者，首先通过市场调研，发现当前 VR 的发展领域主要集中在以下几个方面：

（1）VR 设备。从眼镜到头盔，从盒子到主机，还有各种外设，消费者接触的主要都是硬件，你还能想到哪些？你会选择哪个领域？什么产品？_____

_____。

（2）VR 游戏。VR 游戏是以前的页游、端游、手游不能比拟的，一定会对游戏行业产生非常深远的影响，发展前景很广阔。你是否会选择这个领域？_____

_____。

（3）VR 社交平台。3D 社交平台逐渐会成为社交软件中的载体形式，根据你的实际情况，你是否会选择这一领域？_____。

（4）VR 广告。VR 会产生很强的广告平台，因为 VR 里面的交互非常多，可以很自然地植入各种各样的广告，跟移动平台的广告公司比，盈利的机会更多、更大。那么你是否会关注这个领域？_____。

（5）VR 教育。教育是永恒的话题，随着 VR 技术的使用，教育模式也发生翻天覆地的变革，2016 年 10 月，国内几家 VR 头部企业共同投资成立专注虚拟现实技术在教育中深度应用的公司，致力于向中国高校提供 VR 教育综合解决方案，这必将带来教育领域中的创业机会，你是否有此创业动机？_____。

2. 选择创业机会

结合自己的实际情况，选择两个你想进行创业的 VR 领域。

_____；_____。

3. 评估创业机会

使用贝蒂选择因素法对选择的创业机会进行评估（表 5-2-4）。

表 5-2-4　贝蒂选择因素法评估创业机会

选择因素	创业机会1		创业机会2	
	是/否	分数	是/否	分数
（1）这个创业机会现阶段是否只有你一个人发现？				
（2）初始的产品生产成本是否可以承受？				
（3）初始的市场开发成本是否可以承受？				

续表

选择因素	创业机会1		创业机会2	
	是/否	分数	是/否	分数
（4）产品是否具有高利润回报的潜力？				
（5）是否可以预期产品投放市场和达到盈亏平衡点时间？				
（6）潜在的市场是否巨大？				
（7）你的产品是否是高速成长的产品家族中的第一个成员？				
（8）你是否拥有一些现成的初始用户？				
（9）是否可以预期产品的开发成本和开发周期？				
（10）是否处于一个成长中的行业？				
（11）金融界是否能够理解你的产品和顾客对它的要求？				

任务三 防范创业风险

⊃ 问题导入

"灰犀牛"是与"黑天鹅"相互补足的概念，"灰犀牛事件"是太过于常见以至于人们习以为常的风险，"黑天鹅事件"则是罕见的、出乎人们意料的风险。

灰犀牛体型笨重、反应迟缓，我们能看见它存在但是却不在意，一旦它向我们狂奔而来，定会直接将我们扑倒在地。它并不神秘，却更危险。可以说，"灰犀牛"是一种大概率会发生且影响巨大的风险事件。

在发现澳大利亚的黑天鹅之前，欧洲人认为天鹅都是白色的。但随着第一只黑天鹅的出现，这个不可动摇的观念崩溃了。因此，"黑天鹅"是一种非常难以预测、小概率会发生且影响巨大的事件。

很多危机事件，与其说是"黑天鹅"，其实更像是"灰犀牛"，在爆发前已有迹象显现，但却被忽视。那么大学生在创业的过程中，常见的"灰犀牛"或"黑天鹅"风险会有哪些？大学生应树立怎样的风险意识呢？

⊃ 任务解码

创业者应该知晓创业是高难度、高风险、高不确定性，以及高失败率的实践行为。因此，正确识别创业风险，学会防范创业风险显得尤为重要。

解锁本任务的密码有：

- 知识密码：理解创业风险及其类型，掌握与创业相关的法律、法规。
- 能力密码：利用法律武器，防范创业风险。
- 素养密码：树立风险意识、法律意识，培养敢于直面失败与挫折的精神。

⊃ 知识对策

一、创业风险识别

（一）创业风险及其特征
所谓创业风险，是指在一定环境、一定阶段内影响创业目标实现的不确定性，或发生某种损失的可能性。创业风险贯穿并交织于整个创业过程，具有客观性、不确定性、双重性、可变性、可识别性、相关性等特征。

（二）创业风险的类型
1. 按创业风险产生的原因划分

创业风险可分为主观创业风险和客观创业风险。主观创业风险与创业者的身体、心理素质等主观方面的因素密切相关；客观创业风险与市场变动、政策变化、竞争对手的出现、创业资金缺乏等密切相关。

2. 按创业风险产生的内容划分

创业风险可分为政策风险、市场风险、技术风险、管理风险、生产风险和经济风险等。

3. 按创业风险对所投入资金（创业投资）的影响程度划分

创业风险可分为安全性风险、收益性风险和流动性风险。

4. 按创业过程划分

创业风险可分为机会的识别与评估风险、确定并获取创业资源风险、准备与撰写创业计划风险和新创企业管理风险。

（三）树立风险意识
大学生创业之初，要树立风险意识，任何低估创业风险的想法都可能导致创业计划搁浅。这些风险意识包括：

（1）有备无患的意识。要密切监视风险，建立防范措施，减少损失，化解不利，甚至将风险转化为盈利。

（2）持之以恒的思想。创业风险伴随着整个创业过程，并且随时会发生各种变化，所以创业者必须有持之以恒的思想，使风险的识别工作具有连续性、系统性，并使之制度化。

（3）实事求是的精神。风险识别是一项复杂而细致的工作，要按特定的程序和步骤、选用适当的方法逐层次地分析各种现象，实事求是地对风险做出评估。

（四）辨别风险来源
要能够辨别哪些因素是产生风险的来源，为识别风险提供观测点。新创企业风险，可以从环境、市场、管理、技术（产品）和财务等几方面识别（表5-3-1）。

表 5-3-1　创业风险的来源因素

分类	因素	子因素
外部风险	环境风险	国家产业政策的变化
		社会环境服务问题
		社会文化问题
		经济发展的不确定性、通货膨胀等
		自然灾害等不可抗力
	市场风险	市场接受能力的不确定性
		市场接受时间的不确定性
		赢得市场竞争优势的不确定性
		创新产品市场传播速度的不确定性
内部风险	管理风险	管理层的综合素质问题
		创业团队的稳定性程度
		组织结构的合理性问题
		股权分配问题
		人力资源流失的不确定性
	技术（产品）风险	技术上可行性的不确定性
		技术效果的不确定性
		配套技术的不确定性
		技术的可代替性
	财务风险	融资方资金不能按期到位
		产品成本提高
		销售价格降低

◎ 堂间小练

找出可能存在的"灰犀牛"或"黑天鹅"

分析上文表 5-3-1 中所示的产生创业风险的因素，判断哪些因素如果不注意防范，极有可能产生"灰犀牛"或"黑天鹅"风险？

二、大学生创业常见风险及防范

大学生创业，由于缺乏企业运营经验，往往风险更为突出，主要表现在以下几方面。

（一）项目盲目选择

大学生创业时如果缺乏前期市场调研和论证，只是凭自己的兴趣和想象来决定投资方向，甚至仅凭一时心血来潮盲目选择项目，一定会碰得头破血流。要防范此风险，在创业初期一定要做好市场调研，如果资金实力较弱，选择启动资金不多、人手配备要求不高的项目，从小本经营做起比较适宜。

（二）创业素质缺乏

这突出表现在缺乏创业技能。很多大学生的创业只停留在知识层面，而缺乏有效的实践经验；创业意识不明确，比如存在一定的投机侥幸心理、过分依赖他人等。要防范此风险：一方面，大学生应去企业实习或实践，积累相关的管理和营销经验；另一方面，积极参加创业培训，积累创业知识，接受专业指导，提高创业成功率。

（三）资金风险伴生

资金风险在创业初期会一直伴随着创业者。是否有足够的资金创办企业是创业者遇到的第一个问题。企业创办起来后，还必须考虑是否有足够的资金支持企业的日常运作。对于初创企业来说，如果连续几个月入不敷出或者因为其他原因导致企业的现金流中断，都会给企业带来极大的威胁。另外如果没有广阔的融资渠道，创业计划只能是一纸空谈。要防范此风险，在于大学生要学习一定的财务知识，要能估算创办企业所需的资金，为企业发展预留资金；还要了解融资渠道，除了银行贷款、自筹资金等传统方式外，还可以充分利用风险投资、创业基金等融资渠道，要充分利用好融资这把双刃剑。

（四）社会资源贫乏

企业创建、市场开拓、产品推介等工作都需要调动社会资源，大学生在这方面会感到非常吃力。要防范此风险，平时应多参加各种社会实践活动，扩大自己人际交往的范围。创业前，可以先到相关行业领域工作一段时间，通过这个平台，为自己后续创业积累人脉。

（五）管理能力不足

一些大学生创业者虽然技术出类拔萃，但理财、营销、沟通、管理等方面的能力普遍不足。创业失败者，基本上都是管理上出了问题，主要包括决策随意、信息不通、理念不清、患得患失、用人不当、忽视创新、急功近利、盲目跟风、意志薄弱，等等。特别是大学生由于知识单一、经验不足、资金实力和心理素质明显不足，更会增加在管理上的风险。要想防范此风险，创业者必须技术、经营两手抓，可从合伙创业、家庭创业或从经营虚拟店铺开始，锻炼创业能力，也可以聘用职业经理人负责企业的日常运作。

（六）团队产生分歧

现代企业越来越重视团队的力量。创业企业在诞生或成长过程中最主要的力量来源一般都是创业团队，一个优秀的创业团队能使创业企业迅速地发展起来。但与此同时，风险也就蕴含在其中，团队的力量越大，产生的风险也就越大。一旦创业团队的核心成员在某些问题上产生分歧不能达到统一时，极有可能会对企业造成强烈的冲击。要想防范此风险，一定要慎重甄选创业伙伴，正所谓"亲兄弟，明算账"，设计公平合理的股权架构，也是保持团队稳定的重要机制。关于创业团队建设，我们会在下个任务中详细展开。

另外，还有一个重要的风险因素，就是法律风险，在"大众创业、万众创新"的时代背景下，越来越多的大学生加入创业大军中。很多人拥有创新的项目、优秀的团队，但是由于他们忽略了创业路上的"法律风险"，最后往往不堪重负。因此，学习相关的法律知识，知法懂法，保护公司与员工，是做好创业的必要课题。

三、创业相关的法律法规

（一）企业类型与相关法律

微课启学：
何谓企业

微课启学：
创业法律
法规

在市场经济条件下，企业是法律上和经济上独立的经济实体，任何一个企业都要依法建立。大学生创业者在创建企业时，首先面临的问题是建立什么类型的企业。目前，我国企业法定分类的基本形态主要是独资企业、合伙企业和公司。公司又分为有限责任公司和股份有限公司。其中，适合大学生创办的企业类型有个人独资企业、合伙企业及有限责任公司。

1. 独资企业

独资企业，是指由个人出资经营，归个人所有和控制，由个人承担经营风险和享有全部经营收益的企业，是一种最古老、最简单的企业组织形式。主要盛行于零售业、手工业、农业、林业、渔业和服务业等。

《中华人民共和国个人独资企业法》是为了规范个人独资企业的行为，保护个人独资企业投资人和债权人的合法权益，维护社会经济秩序，促进社会主义市场经济的发展，根据宪法，制定本法。由第九届全国人民代表大会常务委员会第十一次会议于1999年8月30日修订通过，自2000年1月1日起施行。

独资企业的法律特征如下：

（1）独资企业的出资人是一个自然人。该自然人应当具有完全民事行为能力，并且不能是法律、行政法规禁止从事营利性活动的人。

（2）独资企业的财产归投资人个人所有。这里的企业财产不仅包括企业成立时投资人投入的初始财产，而且包括企业存续期间积累的财产。投资人是独资企业财产的唯一合法所有者。

（3）投资人以其个人财产对企业债务承担无限责任。这是独资企业的重要特征。也就是说，当投资人申报登记的出资不足以清偿独资企业经营所负的债务时，投资人就必须以其个人财产甚至是家庭财产来清偿债务。

（4）独资企业不具有法人资格。尽管独资企业可以起字号，并可以对外以企业名义从事民事活动，但也只是自然人进行商业活动的一种特殊形态，属于自然人企业范畴。

2. 合伙企业

合伙企业，是指自然人、法人和其他组织依照《中华人民共和国合伙企业法》（以下简称《合伙企业法》）在中国境内设立的，由两个或两个以上的自然人通过订立合伙协议，共同出资经营、共负盈亏、共担风险的企业组织形式。合伙企业一般无法人资格，不缴纳所得税，缴纳个人所得税。类型有普通合伙企业和有限合伙企业。《合

伙企业法》已由第十届全国人民代表大会常务委员会第二十三次会议于2006年8月27日修订通过，自2007年6月1日起施行。

合伙企业具有以下基本特征：合伙企业由各合伙人共同出资、共同经营；合伙企业以合伙协议作为其法律基础；普通合伙人共负盈亏、共担风险，对外承担无限连带责任。

3. 有限责任公司

有限责任公司，简称有限公司。中国的有限责任公司是根据《中华人民共和国公司登记管理条例》规定登记注册，由五十个以下的股东出资设立，每个股东以其所认缴的出资额为限对公司承担有限责任，公司以其全部资产对公司债务承担全部责任的经济组织。其优点是设立程序比较简单，不必发布公告，也不必公布账目，尤其是公司的资产负债表一般不予公开，公司内部机构设置灵活。其缺点是由于不能公开发行股票，筹集资金范围和规模一般都比较小，难以适应大规模生产经营活动的需要。因此，有限责任公司这种形式一般适合于中小型非股份制公司。

《中华人民共和国公司法》（以下简称《公司法》），是为了规范公司的组织和行为，保护公司、股东和债权人的合法权益、维护社会经济秩序，促进社会主义市场经济的发展而制定的法律。于1993年12月29日第八届全国人民代表大会常务委员会第五次会议通过，1999年、2004年、2005年、2013年、2018年多次修正和修订。

⃝ 知识小阅

个体工商户

市场主体是市场上从事交易活动的组织和个人，如工厂、商超、公司、店铺等各类型大中型及中小微企业及个体户等，因此，企业、居民和其他非营利性机构构成了市场主体的诸要素。个体工商户是市场主体的一种，是指在法律允许的范围内，依法经核准登记，从事工商经营活动的自然人或者家庭。个体工商户不属于企业，属于民办非企业类型。

个体工商户因其注册简单，比较适合创业初期小规模经营者，随着新兴行业的涌入，受到微商、电商等领域的个人创业者的青睐。

（二）知识产权与相关法律法规

知识产权，是"基于创造成果和工商标记依法产生的权利的统称"。最主要的三种知识产权是著作权、专利权和商标权，其中专利权与商标权又被统称为工业产权。

1. 著作权

著作权，是指自然人、法人或者其他组织对文学、艺术和科学作品享有的财产权利和精神权利的总称。在我国，著作权即指版权。广义的著作权还包括邻接权，《中华人民共和国著作权法》（以下简称《著作权法》）称之为"与著作权有关的权利"。邻接权人除表演者以外，仅享有财产性权利。邻接权包括表演者权、版式设计者权、广播组织权及录音录像制作者权四种类型。

著作权的主体（著作权人）是指依照著作权法，对文学、艺术和科学作品享有著作权的自然人、法人或者其他组织。

著作权的客体是作品。作品是指文学、艺术和科学领域内具有独创性并能以一定形式表现的智力成果。我国《著作权法》和《著作权法实施条例》将作品种类分为以下几类：文字作品；口述作品；音乐、戏剧、曲艺、舞蹈、杂技艺术作品；美术、建筑作品；摄影作品；视听作品；工程设计图、产品设计图、地图、示意图等图形作品和模型作品；计算机软件（计算机程序及其有关文档，由于计算机软件的特殊性，计算机软件作品按照《计算机软件保护条例》的有关规定进行保护）；符合作品特征的其他智力成果。

2. 专利权

专利权，是指国家根据发明人或设计人的申请，以向社会公开发明创造的内容，以及发明创造对社会具有符合法律规定的利益为前提，根据法定程序在一定期限内授予发明人或设计人的一种排他性权利。

专利权的主体即专利权人，是指享有专利法规定的权利并同时承担对应义务的人。在我国，自然人和单位都可以申请或受让专利，成为专利权的主体。应当注意到，专利权的主体不等于专利的发明人、申请人。

专利权的客体即专利法保护的对象，是指依法应授予专利权的发明创造。《中华人民共和国专利法》（以下简称《专利法》）所称的发明创造包括发明、实用新型和外观设计三种：

（1）发明。这是指对产品、方法或者其改进所提出的新的技术方案。发明专利能够获得较长的保护时间，但授权标准较高，程序耗时较长。

（2）实用新型。这是指对产品的形状、构造或者其结合所提出的适于实用的新的技术方案。实用新型专利保护期限较短，但是授权标准较低，程序耗时较短。

（3）外观设计。这是指对产品的整体或者局部的形状、图案或者其结合以及色彩与形状、图案的结合所做出的富有美感并适于工业应用的新设计。外观设计的授权标准较低，程序耗时较短，其保护期限在 2020 年最新修订的《专利法》中被修改为15 年。

3. 商标权

商标权是民事主体享有的在特定的商品或服务上以区分来源为目的排他性使用特定标志的权利。商标权的取得方式包括通过使用取得商标权和通过注册取得商标权两种方式。通过注册获得商标权又称为注册商标专用权。在我国，商标注册是取得商标权的基本途径。《中华人民共和国商标法》（以下简称《商标法》）第三条规定：经商标局核准注册的商标为注册商标，商标注册人享有商标专用权，受法律保护。

商标权的主体（商标权人）是指依照《商标法》，对为区别商品或服务的商业标记享有商标权的自然人、法人或者其他组织。

商标权的客体是商标。商标是经营者为了使自己的商品或服务与他人的商品或服务区别而使用的标记。商标最主要的功能是来源识别功能。经营者将商标使用于自己的商品或服务上，使消费者通过商标认识、记住自己的商品或服务，了解自己商品或服务的质量、品质特点，建立自己的信誉，消费者则可以通过商标选购心仪的商品或服务。除此之外，商标可以促使商标使用人努力保持、提高商品和服务的质量，因此，商标就有了另一派生功能，即质量担保功能。任何能够将自然人、法人或者其他组织的商品与他人的商品区别开的标志，包括文字、图形、字母、数字、三维标志、颜色组合和声音等，以及上述要素的组合，均可以作为商标申请注册。

⑧ 知识小阅

《中华人民共和国民法典》中有关知识产权规定

2021年1月1日实施的《中华人民共和国民法典》（以下简称《民法典》）被称为"社会生活的百科全书"，是新中国第一部以法典命名的法律，在法律体系中居于基础性地位，也是市场经济的基本法。《民法典》第一百二十三条规定：民事主体依法享有知识产权。知识产权是权利人依法就下列客体享有的专有的权利：作品；发明、实用新型、外观设计；商标；地理标志；商业秘密；集成电路布图设计；植物新品种；法律规定的其他客体。

商业秘密也是知识产权的客体之一，与企业密切相关。商业秘密，是指不为公众所知悉，具有商业价值，并经权利人采取相应保密措施的技术信息、经营信息等商业信息。其中，技术信息包括：与技术有关的结构、原料、组分、配方、材料、样品、样式、植物新品种繁殖材料、工艺、方法或其步骤、算法、数据、计算机程序及其有关文档等信息。经营信息包括：与经营活动有关的创意、管理、销售、财务、计划、样本、招投标材料、客户信息、数据等信息。

用知识产权保护你的无形资产

大学生创业时，容易对企业房产、设备等有形资产形成认识，而忽略了知识产权等最有价值的无形资产。很多创业者缺少将知识产权作为最有价值的企业资产进行保护的意识，以至于造成不可弥补的损失。因此，创业者应了解知识产权及其保护，尤其在当前"互联网+"发展模式下，各种创新不断涌现，很多创新本身就是一种方法，这些方法能给企业带来很大效益，极具经济价值，很值得保护。一般来说，表5-3-2中的内容，创业者都应加以重视并保护。

表5-3-2　企业中与知识产权有关的内容

部门	相关知识产权
营销部门	名称（包括企业域名）、商标、标语、标识、广告语、广告、手册、企业内部刊物、顾客（包括潜在顾客）信息
人力资源部门	招聘手册、员工手册、招聘人员和聘用候选人使用的表格和清单、书面培训材料和企业的时事通信等
财务部门	企业财务绩效合同、财务管理的书面材料、员工薪酬表
研发部门	新的发明和商业流程、现有发明和流程改进、实验备忘录、研发日志等

（三）合同与相关法律法规

在创业的进程中，创业者需要与相关行业人员订立各种合同。创业之初，租赁办公场所需要和业主签订房屋租赁合同，采购基本设备需要和商家签订设备采购合同，宣传产品需要和媒体签订广告合同，销售商品或服务还要和客户签订买卖合同或是服务合同，随着业务的拓展，需要招聘员工，则要签订劳动合同……总之，一个企业的成长就是由一系列的合同构成的，创业者必须了解合同及其相关法律。

合同是民事主体之间设立、变更、终止民事法律关系的协议。依法成立的合同，受法律保护。《民法典》（第三编 合同），第四百六十九条规定，当事人订立合同，可以采用书面形式、口头形式或者其他形式。书面形式是合同书、信件、电报、电传、传真等可以有形地表现所载内容的形式。以电子数据交换、电子邮件等方式能够有形地表现所载内容，并可以随时调取查用的数据电文，视为书面形式。

创业者签订合同时，其内容由当事人约定，《民法典》（第三编 合同）第四百七十条规定，一般包括下列条款：当事人的姓名或者名称和住所；标的；数量；质量；价款或者报酬；履行期限、地点和方式；违约责任；解决争议的方法。当事人可以参照各类合同的示范文本订立合同。

需要特别指出的是，劳动合同是劳动者与用人单位确立劳动关系、明确双方权利和义务的协议。创业企业聘请员工，与员工建立劳动关系应当订立劳动合同。在我国，与劳动关系和劳动合同相关的法律有《劳动法》和《劳动合同法》。

《劳动法》是为了保护劳动者的合法权益，调整劳动关系，建立和维护适应社会主义市场经济的劳动制度，促进经济发展和社会进步，根据《中华人民共和国宪法》（以下简称《宪法》）而制定。《劳动合同法》是为了完善劳动合同制度，明确劳动合同双方当事人的权利和义务，保护劳动者的合法权益，构建和发展和谐稳定的劳动关系而制定的。创业者只有对这些法律熟谙于心，才能有效规避创业过程中出现的合同纠纷、劳资纠纷，保护企业及员工的合法权益。

🔲 知识小阅

创业者应知的《劳动法》规则

（1）只要与单位建立劳动关系就应签订书面劳动合同，不因对方具有股东类似身份而有例外。未签书面劳动合同用人单位自劳动关系建立第二月起支付双倍工资。

（2）加班应付加班费。创业者卧薪尝胆以公司为家的故事听来励志，但需要注意可能违法。创业者自身如何加班都是自愿行为，但作为一种文化和制度普及时要考虑其他非股东普通员工。依照法律规定每天加班和每月加班的时间都应当保持在一定时间长度内，而不能无限期无休止加班，还应当支付加班费。

（3）员工保险不能省。创业艰难，资金紧张，能省则省。但员工保险却绝不能省，一旦发生工伤或重大疾病可能使得公司发生难以承受的损失，直接导致创业失败，而对员工来说则可能病痛无以医治。

（4）入职离职要严谨。很多公司求贤若渴，但没有建立很好的招聘管理制度和流程，对应聘者的资料和背景情况没有进行严谨的审查和审核，招聘后往往发现有应聘者学历、工作经历等虚报或作假，此时，对这样的应聘者无论是调整岗位还是解聘，处理起来都极为麻烦。

⊃ 能力训练

互联网模式下企业的知识产权保护

互联网模式下，企业主要依据企业网站和移动 App 软件这两个平台实施网络运营。域名和商标是企业网站和 App 软件的重要标识，是企业重要的知识产权。我国域名和商标注册使用"申请在先"的原则，也就是先到先得，先提出注册申请的将得到域名使用权和商标专用权。因此，为防止因域名和商标抢注而产生的知识产权纠纷，企业在自建网站和开发 App 软件的同时就应该完成域名和商标的注册。

▯ 知识小阅

域　名

域名是表示一个特定 IP（Internet Protocol Address）地址的唯一标识名，因为 IP 地址是一串数值，不容易识别和记忆，因而产生了"域名"这种字符型标识。完整的域名由三个或三个以上的部分组成，每一部分称之为域，域和域之间用标准点号隔开。以百度的域名为例，www.baidu.com 中"www"是网络名，"baidu"是机构名，是这个域名的主体，而最后的".com"则是该域名的后缀，代表这是一个 com 国际域名，是顶级域名，一般用于商业性机构。

【训练形式】

假设有一家婴幼儿产品生产制造企业，想为企业开发的网站和 App 软件申请域名和商标注册，请大家以 3~5 人为一组，以小组的形式帮助这家企业完成域名和商标注册。

【训练目的】

了解通过网络进行域名与商标注册的流程，树立知识产权保护意识。

【训练过程】

1. 域名注册

（1）为这家企业设计域名。好的域名应该简短易记，尽可能地与企业名称、商标保持一致。

（2）选择域名注册服务机构，注册为会员，并以会员身份登录。为保护企业的知识产权，在进行域名注册时一定要选择权威的域名注册服务机构。

（3）域名查询。将设计好的域名填写在输入框中，查询设计好的域名是否已经被注册。

（4）注册域名。还未被注册的合适域名就可以进行购买，完成网络支付，就可以拥有此域名的使用权了。

2. 商标注册

我们以"国家知识产权局商标局"的网上商标注册流程为例，了解企业网上进行商标注册的流程。

（1）设计商标。初步拟定需要注册的商标，包括文字和图案。

（2）网上注册。登录国家知识产权局网站，网上商标注册的入口，首次进行网上商标注册的企业点击"商标申请"进行注册，并签署《商标网上服务系统用户使用协议》。

（3）商标查询。点击"商标查询"图标，进行商标查询，排查近似商标，提高商标注册的成功率。

（4）提交商标注册申请书。撰写商标注册申请书并提交，商标注册申请书要加盖公章，并在商标图标粘贴处粘贴图样。

（5）缴纳商标注册费用。收费标准为：一个类别受理商标注册费 300 元人民币（限定本类 10 个商品 / 服务项目，本类中每超过 1 个另加收 30 元人民币）。受理集体商标注册费 1 500 元人民币。受理证明商标注册费 1 500 元人民币。

（6）商标形式审查。形式审查包括对商标申请文件形式合法性的审查，对商标申请书的填写是否属实、准确、清晰、规范进行审查。申请的商标通过形式审查即被商标局正式受理，并收到《商标注册受理通知书》。

（7）商标实质审查。实质审查主要审查该商标是否与先申请的商标存在相同的情况，是否与先申请的商标存在近似冲突的情况，从而确定是否给予初审审定公告。

（8）注册公告。对符合规定的或者在部分指定商品上使用商标的注册申请符合规定的，予以初步审定，并予以公告，颁布《商标注册证书》。对不符合规定或者在部分指定商品上使用商标的注册申请不符合规定的，予以驳回或者驳回在部分指定商品上使用商标的注册申请，同时通知申请人并说明理由。

➲ 效果评估

创业企业的法务工作评估

企业创立前，创业者应了解与创业有关的法律知识，这样才能规划企业各个发展阶段的法务工作，防范法律风险。下面是企业在注册前、注册后以及投融资阶段应该做好的法务工作，创业者可以根据列表清单评估企业的法务工作。

1. 企业注册前

企业注册前，创业者应根据欲注册的企业类型，建立公司的法律基础，如合伙企业需要有合伙协议，有限责任公司则需要有公司章程等。表 5-3-3 中，罗列了创业企业在企业注册前应该健全的法务工作，你可以逐条进行梳理，看看哪些工作还没有做或是有所疏漏，如果你已经掌握并建立了某项内容，就可以在这一选项下画"√"。

表 5-3-3 企业注册前的法务工作清单

法务工作	完成情况	法务工作	完成情况
法律基础（合伙协议或公司章程）		股东投资协议书	
创业项目合规审查		股权分配制度	
企业保密协议		房屋租赁合同	
创业团队人员离职确认书		商标、著作权等知识产权保护	

注意事项：创业者在公司创立前就应该想好品牌名称、商标设计等，等营业执照办理完成后就可以直接注册商标了。如果是软件开发企业，创业者在完成软件 App 开发后就应该尽快登记软件著作权，未注册的公司也可以以个人名义办理。

2. 企业注册后

企业注册后需要处理的法务工作，如表 5-3-4 所示。

表 5-3-4 企业注册后的法务工作清单

法务工作	完成情况	法务工作	完成情况
公司章程		行政管理制度	
各类合同（租赁合同、装修合同等）		商务合同	
人事制度		商标等知识产权注册	
员工入职		工商财税	
劳动关系解除合同		企业社保公积金体系	

注意事项：人事制度包括员工手册、转正申请表、变更劳动合同、续签通知书等；员工入职需要准备劳动合同、保密协议、录取通知书、入职登记表、实习生协议、员工档案管理制度等；劳动关系解除合同要包括催告函、解除通知书、交接相关文件清单、劳动合同解除协议等；行政管理制度包括财务管理制度、差旅费报销制度、公司资质证件管理办法、日常费用管理制度、印章使用管理制度及员工休假考勤制度等；商务合同包括销售合同、采购合同、借款合同、加盟合同、技术服务合同、许可合同等；工商财税应完成每月纳税；开设社保公积金账户，完成员工缴费信息录入。

3. 企业投融资阶段

投融资阶段，企业有实力去吞并小公司或者融资以实现规模扩张，这个阶段主要体现在融资、投资两个方面，具体需要处理的法务工作，如表 5-3-5 所示。

表 5-3-5　投融资阶段法务工作清单

法务工作	完成情况	法务工作	完成情况
融资协议		员工期权协议	
投资并购协议		员工股权代持协议	

　　注意事项：企业扩张主要是采用多元化投资、战略投资、并购扩张三种商业模式，会涉及投融资方案设计与法律风险分析，投资并购协议中会涉及"股权收购协议"或"资产收购协议"等内容，这些合同的条款都非常复杂，对于创业企业而言，应该聘请有经验的并购律师，提供关于并购的专项法律服务。

任务四　组建创业团队

⤷ 问题导入

　　1998 年 11 月，马化腾与他的同学张志东合资注册了深圳腾讯计算机系统有限公司。之后又吸纳了三位股东：曾李青、许晨晔、陈一丹。为避免彼此争夺权力，马化腾在创立腾讯之初就和四个伙伴约定各展所长、各管一摊。马化腾是 CEO（首席执行官），张志东是 CTO（首席技术官），曾李青是 COO（首席运营官），许晨晔是 CIO（首席信息官），陈一丹是 CAO（首席行政官）。

　　都说"一山不容二虎"，尤其是在企业迅速壮大的过程中，要保持创始人团队的稳定合作尤其不容易。在这个背后，工程师出身的马化腾从一开始对于合作框架的理性设计功不可没。

　　保持稳定的一个关键因素是合理的股权分配制度。5 个人一共凑了 50 万元，其中马化腾出了 23.75 万元，占了 47.5% 的股份；张志东出了 10 万元，占 20%；曾李青出了 6.25 万元，占 12.5% 的股份；其他两人各出 5 万元，各占 10% 的股份。虽然主要资金都由马化腾所出，他却自愿把所占的股份降到一半以下，47.5%。马化腾说："要他们的总和比我多一点点，不要形成一种垄断、独裁的局面。"而同时，他自己一定要出主要的资金，占大股。他接着说："如果没有一个主心骨，股份大家平分，到时候也肯定会出问题，同样完蛋"。

　　保持稳定的另一个关键因素，就在于搭档之间的"合理组合"。

　　据《沸腾十五年：中国互联网 1995—2009》作者林军回忆道："马化腾非常聪明，但又非常固执，注重用户体验，愿意从普通用户的角度去看产品。张志东是脑袋非常活跃、对技术很沉迷的一个人。马化腾技术上也非常好，但是他的长处是能够把很多事情简单化，而张志东更多是把一件事情做得完美化。"许晨晔和马化腾、张志东同为深圳大学计算机系的同学，他是一个非常随和、有主见，但不轻易表达的人，是有名的"好好先生"。而陈一丹是马化腾在深圳中学时的同学，后来也就读深圳大学，他十分严谨，同时又是一个非常张扬的人，他能在不同的状态下激起大家的激情。如果说，其他几位合作者都只是"搭档级人物"的话，那么曾李青是腾讯5个创始人中最好玩、最开放、最具激情和感召力的一个，与温和的马化腾、爱好技术的张志东相比，是另一个类型。其大开大合的性格，也比马化腾更具备攻击性，更像拿主意的人。不过或许正是这一点，也导致他最早脱离了团队，单独创业。

阅读完上面的案例，请思考下列问题：

（1）保持团队稳定的关键因素有哪些？

（2）作为一个团队的管理者应具有怎样的素质？

⊃ 任务解码

著名的管理大师彼得·德鲁克说过："组织（团队）的目的，在于促使平凡的人可以做出不平凡的事"。这进一步说明了团队建设在创业过程中的重要性，好的团队可以取长补短，相互作用，从而发挥出"1+1>2"的效果。

解锁本任务的密码有：

- 知识密码：理解创业团队及其构成要素，掌握创业团队的组建及管理。
- 能力密码：能够甄选合作伙伴，组建高效创业团队。
- 素养密码：培养团队意识，强化合作能力。

⊃ 知识对策

一、创业团队

（一）创业团队的概念及构成要素

创业团队是指在创业初期（包括企业成立前和成立早期），由一群有一定利益关系、才能互补、责任共担、愿为共同的创业目标而奋斗，并处在新创企业高层管理位置的人所组成的特殊群体。

一般而言，创业团队由五大要素组成：

（1）目标。目标是将人们的努力凝聚起来的重要因素，从本质上来说创业团队的根本目标在于创造新价值。

（2）人员。人员是创业团队的核心力量。人作为知识的载体，所拥有的知识对创业团队的贡献程度决定了企业在市场中的命运。

（3）定位。定位即建立团队的组织结构，明确创业团队内部组成及相互职权关系。

团队的组织结构可以通过组织结构图反映。组织结构图是指通过规范化结构图展示公司的内部组成及职权、功能关系。它能够简洁明了地展示组织内的等级与权力、角色与职责、功能与关系。组织结构图还有助于帮助新员工了解和认识公司。例如，图5-4-1所示的是一张直线制的组织结构图，这种组织结构责权清晰、职责明确，很好地诠释了部门之间的职权关系。

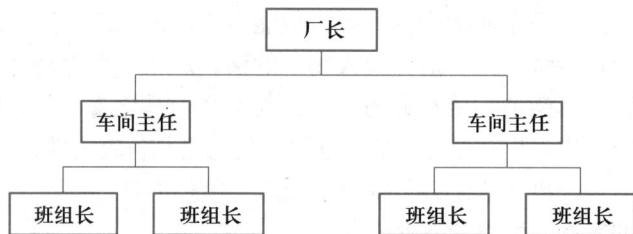

图 5-4-1 直线制组织结构图

（4）职权。职权指创业团队担负的职责和享有的权限，是创业团队目标和定位的延伸。一般在创业初期，领导权相对集中，团队越成熟，领导者拥有的权利越小。

（5）创业计划。创业计划即制订成员在不同阶段分别要做哪些工作以及怎样做的指导计划。

🖉 堂间小练

你了解这些角色吗？

CEO（Chief Executive Officer）——首席执行官，是美国在 20 世纪 60 年代进行公司治理结构改革创新时的产物。它的出现在某种意义上代表着将原来董事会手中的一些决策权过渡到经营层手中。

CFO（Chief Financial Officer）——首席财务官，意指公司首席财政官或财务总监，是现代企业中最重要、最有价值的高级管理职位之一，负责管理、运作和维护企业的财务信息（神经系统）和现金资源（血液系统）。做一名成功的 CFO 需要具备丰富的金融理论知识和实务经验。

COO（Chief Operation Officer）——首席营运官，职责主要是负责公司的日常营运，辅助 CEO 的工作。如果公司未设有总裁职务，则 COO 还要承担整体业务管理的职责，主管企业营销与综合业务拓展，负责建立公司整体的销售策略与政策，组织生产经营，协助 CEO 制定公司的业务发展计划，并对公司的经营绩效进行考核。

CTO（Chief Technology Officer）——首席技术官，即企业内负责技术的最高职位。CTO 在 20 世纪 80 年代从美国开始时兴，起于做很多研究的大公司（如 General Electric，AT&T，Alcoa 等），他们的主要责任是将科学研究成果转变为盈利产品。到了 20 世纪 90 年代，计算机和软件公司兴起，很多公司把负责管理计算机系统和软件的负责人称为 CTO。

除了以上核心职位以外，大家还听说过哪些职位？搜集一下关于这些职位的描述并填入表 5-4-1，同时看看自己适合什么职位？

表 5-4-1　企业中的职位

职位名称	中文释义	职责
CAO		
CMO		
CIO		
CBO		
CHO		
CLO		
CCO		
CSO		

（二）创业团队的类型

1. 星状创业团队

这种类型的创业团队中一般有一个核心主导人物，充当领军角色。这种团队在形成之前，一般是核心主导人物有了创业的想法，然后根据自己的设想进行创业团队的组织。因此，在团队形成之前，核心主导人物已经就团队组成进行过仔细思考，根据自己的想法选择相应成员加入团队，这些加入创业团队的成员也许是自己以前熟悉的人，也有可能是不熟悉的人，但其他的团队成员在企业中更多时候是支持者角色。

2. 网状创业团队

这种创业团队的成员一般在创业之前都有密切的关系，比如同学、亲友、同事等。一般都是在交往过程中，共同认可某一创业想法，并就此达成创业共识后，开始共同进行创业。在组建创业团队时，没有明确的核心人物，大家根据各自的特点进行自发的组织角色定位。因此，在企业初创时期，各位成员基本上扮演协作者或者伙伴角色。

3. 虚拟星状创业团队

这种创业团队是由网状创业团队演化而来，基本上是前两种的中间形态。在团队中，有一个核心成员，但是该核心成员地位的确立是团队成员协商的结果，因此核心人物某种意义上说是整个团队的代言人，而不是主导型人物，其在团队中的行为必须充分考虑其他团队成员的意见，不像星状创业团队中的核心主导人物那样有权威。

上述三种创业团队类型之间的比较，如表 5-4-2 所示。

表 5-4-2　三种创业团队之间的比较

类型	优点	缺点
星状	决策程序简单、效率较高 组织结构紧密 稳定性较好	容易形成权力过分集中 当成员和主导人物冲突无法调和时，往往选择离开
网状	成员地位较平等，利于沟通 成员关系密切，易达成共识 成员不会轻易离开	结构较松散，易形成多头领导 决策效率相对较低 易导致团队的涣散
虚拟星状	核心成员具有一定威信 既不过度集权，又不过于分散	核心人物行为必须充分考虑其他成员意见，不像星状结构中核心主导人物那样有权威

二、创业团队的组建原则

（一）共同的创业理念

共同的创业理念是首要原则。创业理念决定着创业团队的性质、目标和行为准则，是创业成功的关键因素。优秀的创业团队的杰出理念虽各有不同，但却具备下述共同点：凝聚力、合作精神、完整性、长远目标、价值创造观、平等观中的不平等、公正性和分享性。

（二）核心创业者

核心创业者是创业团队中创业理念的创造者、实践者以及创业团队的组织者，他能评估创业战略、组建创业团队，评价团队所需的才能、技巧、关系和资源。

（三）成员之间优势互补

建立优势互补的创业团队是保持创业团队稳定性的关键，也是规避和降低团队组建模式风险的有效手段。在团队创建初期，人数不宜过多，能满足基本要求即可。在成员选择上，要综合考虑成员在能力和技术上的互补性，基本保证具备理想团队所需的九种角色（贝尔宾团队角色理论）。同时，成员的能力和技术应该处于同一等级，不宜差异过大。如果团队成员在对项目的理解能力、表达能力、执行能力、社会资源能力、思维创新能力等方面存在较大的差异，就会产生严重的沟通障碍和执行障碍。

ⓧ 知识小阅

贝尔宾团队角色理论

剑桥产业培训研究部前主任贝尔宾博士和他的同事们经过多年在澳大利亚和英国的研究与实践，提出了著名的贝尔宾团队角色理论，即一支结构合理的团队应该由八种角色组成，后来修订为九种角色（图 5-4-2）。贝尔宾团队角色理

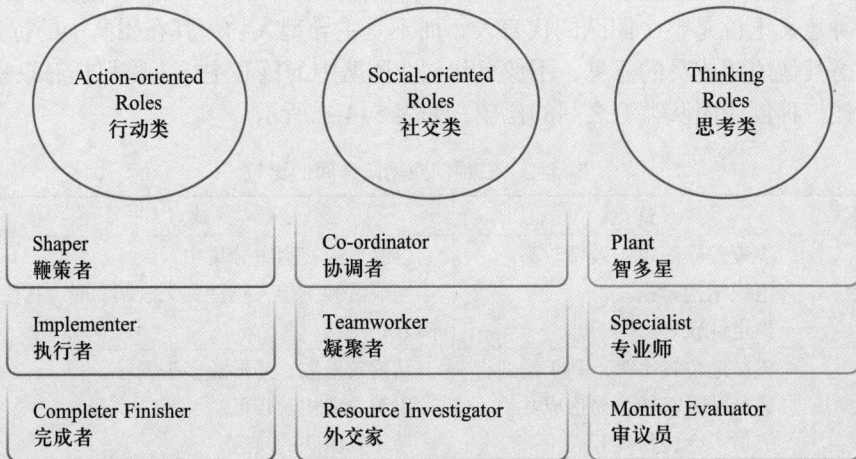

Action-oriented Roles 行动类	Social-oriented Roles 社交类	Thinking Roles 思考类
Shaper 鞭策者	Co-ordinator 协调者	Plant 智多星
Implementer 执行者	Teamworker 凝聚者	Specialist 专业师
Completer Finisher 完成者	Resource Investigator 外交家	Monitor Evaluator 审议员

图 5-4-2 贝尔宾团队九种角色

论是，高效的团队工作有赖于默契协作。团队成员必须清楚其他人所扮演的角色，了解如何相互弥补不足，发挥优势。成功的团队协作可以提高生产力，鼓舞士气，激励创新。

（四）公平合理的股权分配制度

股权的分配体现了企业对人的能力和利益的认可，建立在公平合理的股权分配制度上的创业团队才具有持续稳定发展的可能。从本任务"问题引入"中的腾讯"五虎将"案例可以看出，马化腾的创业团队多年来十分稳定，与其股权分配机制的有效性是分不开的。合理的股权分配制度并非平均主义分配方式，而是根据企业成员所创造的价值大小予以分配。

1. 股东与股权

从一般意义上说，股东是指向公司出资并对公司享有权利和承担义务的人。自然人投资以后，通过公司所在地的市场监督管理局注册，进行公司股权登记，这样才能成为真正意义上的股东。股权是股东基于其股东资格而享有的，从公司获得经济利益，并参与公司经营管理的权利，是股东在初创公司中的投资份额，即股权比例。股权比例的大小，直接影响股东对公司的话语权和控制权，也是股东分红比例的依据。

2. 股权分配的原则

（1）分配对象。科学的股权架构要保证创始人、合伙人、投资人、核心员工这四类人掌握大部分股权，这四类人对于公司的发展方向、资金和管理、执行起到了重要作用。

（2）一个核心。股权分配的核心是要让各个创始人在分配和讨论的过程中，从心底里感觉到合理、公平，从而事后甚至是忘掉这个分配而集中精力做公司。

（3）两个关键。一是保证创始人拥有对公司的控制权；二是要实现股权价值的最大化，通过股权分配，进行融资和吸引人才。

3. 适合初创企业的股权分配模式

（1）创始人绝对控股型。创始人占 2/3 以上，即 67% 的股权，合伙人占 18% 的股权，预留激励股权 15%；该模式适用于创始人投资最多，能力最强的情况，创始人对企业的重大事项，如修改公司章程、分立/合并、变更主营项目等拥有决策权。

（2）创始人相对控股型。创始人占 51% 的股权，合伙人加在一起占 34% 的股权，预留 15% 的激励股权。这种模型下，除了少数事情（如增资、解散、更新章程等）需要集体决策，其他绝大部分事情由核心创始人一人决策。

（3）创始人不控股型。创始人占 34% 的股权，合伙人团队占 51% 的股权，预留 15% 的激励股权。这种模型主要适用于联合创始人团队，主要创始人只是有战略相对优势，所以基本合伙人的股权就相对平均一些，主要创始人保留对重大事项的一票否决权。

⊘ 堂间小练

什么才是好的团队？

一般来说，一个理想的团队应该有这样四种角色：德者、能者、智者、劳者。德者领导团队，能者攻克难关，智者出谋划策，劳者执行有力。

请大家分析一下《水浒传》里的宋江团队以及《三国演义》中的刘备团队，他们是不是好的团队？

三、创业团队管理

有些团队创业的成功率并不比个人创业高，其主要原因有两点：一是决策分歧；二是利益冲突。有效的创业团队管理要解决决策分歧和利益冲突的问题，而这有赖于创业团队找到适合的结构模式。

（一）创业团队管理的特征

创业团队的管理不同于工作团队的管理。对大多数企业内的工作团队，如研发团队、销售团队和项目团队等来说，由于人员和岗位稳定性相对较高，人们习惯性地将重点放在过程管理上，注重通过建设沟通机制、决策机制、互动机制和激励机制等发挥集体智慧，实现优势互补，效益提升。但对创业团队管理而言，其管理重点在于结构管理，而不是过程管理。因此，创业团队的管理有一定的特殊性，其特征主要表现为：

（1）创业团队管理是缺乏组织规范条件下的团队管理。在创业初期，创业团队还没有建立起规范的决策流程、分工体系和组织规范，"人治"而非"规范"，处理决策分歧显得尤为困难。此时，团队成员之间的认同和信任尤其重要，但又很难在短期建立起来。因此，认同和信任关系取决于创业团队的初始结构。

（2）创业团队管理是缺乏短期激励手段的团队管理。成熟企业内的工作团队可以凭借雄厚的资源基础、月度工作考核等手段，在短期实现成员投入与回报的动态平衡。相比之下，创业初期需要团队在时间、精力和资金等资源的高强度投入，但短期无法实现期待的激励和回报，不仅是因为没有资源，更主要的是对创业团队的回报以创业成功为前提。成功不可一蹴而就的时候，就需要找到能适应的合伙人。

（3）创业团队管理是以协同学习为核心的团队管理。成熟企业内工作团队的学习以组织知识和记忆为依托，成员之间共享着相似的知识基础。但是创业过程充满不确定性，需要不断试错和验证，并在此基础上创造并存储组织知识和记忆。创业团队的协同学习，建立在团队成员之间在创业之前形成的共同知识和观念基础上，这仍旧取决于创业团队的初始结构。

综上所述，核心创业者对于团队成员的选择，决定了创业团队管理的基础架构，这是实现有效的创业团队管理的重要前提。

古人教你打造优秀创业团队

（1）锲而舍之，朽木不折；锲而不舍，金石可镂。[①]

启示：优秀创业团队需要的人才不一定要有多高的职位级别，多光鲜的履历或多丰富的经验，但是一定要有对于使命的强烈坚持和能够不畏艰难而不断进行的探索。

（2）言必信，行必果。[②]

启示：一个优秀的创业团队必然是能够"言出必践"的。因此，守信重诺自然是优秀创业团队成员必备的品质。

（3）路漫漫其修远兮，吾将上下而求索。[③]

启示：人类区别于其他生物的最重要的一点是"思考"，思考产生智慧。勤于思考是一个优秀创业团队必备的特质。一个团队中要有善于思考的聪明人，思考的深度决定了结局。

（4）长风破浪会有时，直挂云帆济沧海。[④]

启示：优秀的创业团队必然拥有同舟共济的决心，能历经风雨，初心不改，是一个拥有同一个使命的集体。

（二）创业团队的结构管理

创业团队可以从三方面入手来实施结构管理，分别是知识结构、情感结构和动机结构。知识结构反映的是创业团队成功创业的能力素质；情感结构是创业团队维持凝聚力的重要保障；动机结构则是创业团队实现理念和价值观认同的关键因素。

1. 知识结构管理

知识结构管理的核心，是建立以创业任务为核心的知识和技能互补性，强调创业团队有完备的能力来完成创业相关任务。也就是说，创业团队要在价值观、创业理念基本吻合的基础上考虑在技能、经历、经验等方面的互补性和差异性，这样才有助于创新，才能做到资源整合。

2. 情感结构管理

情感结构管理的重点是注重年龄、学历等不可控因素的适度差异。中国文化注重层级和面子关系，如果创业团队之间年龄和学历因素差距过大，成员之间在混沌状态下发生冲突和争辩，很容易导致彼此感觉丢了面子而演变为情感性冲突。一旦出现这种情况，创业团队将不得不把时间和精力浪费于沟通方式设计和内部矛盾化解上，内耗大于建设，不利于创业成功。

---

① 引自荀子《劝学》。

② 引自《论语·子路》。

③ 引自屈原《离骚》。

④ 引自李白《行路难》。

3. 动机结构管理

动机结构管理的关键在于注重创业团队成员理念和价值观的相似性。如果创业团队成员之间价值观不同，想做事业的成员可能不会过分关注短期收益，而怀揣赚钱动机的成员则不会认同忽视短期收益的做法。相似的理念和价值观有助于创业团队保持愿景和方向的一致，有助于创业团队克服创业挑战而逐步成功。

值得一提的是，创业团队的结构管理是兼顾三方面结构要素的平衡过程，短板效应非常明显。但是现实中，人们往往过分重视知识结构的互补性，而对于情感结构管理和动机结构管理重视程度不够，因此引发的问题往往会随时间而强化，一旦创业出现困难和障碍，往往会转变为创业团队的内耗和冲突。

（三）注重结构与过程互动

建立促进合作和学习的决策机制是发挥创业团队结构优势、进而成功创业的重要途径。创业事业能继续下去，在很大程度上取决于核心团队成员能够看到其他人的长处，不断相互学习。

具体而言，创业团队的互动过程建设应遵循以下原则：

（1）建设合作式冲突的氛围和文化。创业团队成员间一定会有冲突，关键在于创业团队要遵循一致目标，鼓励看到对方观点和建议有价值的部分，不要认为对方在挑战自己的权威。合作式冲突的氛围和文化往往能够充分调动每个人的潜能和专长，形成相对有效的决策方案和机制。

（2）避免竞争式冲突。所谓竞争式冲突，即创业团队成员之间观点争论的目的并不是为了达成某种共识，而是固执地认为自己的观点正确，听不进去其他成员的观点。

（3）充分吸收多样性观点的同时保证快速做出决策。听取成员观点并不意味着依从，关键在于整合。这需要营造成员充分发表看法和观点的开放性机制，同时又需要快速形成决策结果的集中性机制。

⊃ 能力训练

组建创业团队

【训练形式】

学生 3~5 人为一组，以小组形式完成。训练过程中要注意发挥教师的指导作用。

【训练目的】

掌握创业团队的构成要素及组建的原则，做好成员的角色定位，构建合理的创业团队。

【训练过程】

1. 挑选核心创业者，确定创业目标

（1）挑选核心创业者。教师在课堂上激发大家创意，鼓励大家提出一些具有创新性、前瞻性、发展性的项目，可以举行一个小的项目宣讲会，由大家选出可行的项目。如果时间有限，也可以让学生提交后，直接由教师选出好的项目，围绕项目构建创业团队。团队核心创业者可由项目提出者担当，也可以通过推举的形式确定，还可以通过举行招标会的形式确定。

（2）确定创业目标。核心创业者以宣讲的形式陈述创业目标（包括与技术、市场、规划、组织、管理等各项工作有关的总目标与分目标）。

2. 招募团队成员

（1）核心创业者自我评价，确定组建团队计划。通过自我评估，了解自己的性格特征、能力特征，按照互补性原则，确定与自己性格互补、能力互补的招募计划。在确定人才需求时，教师要给予指导。一般一个创业团队至少要保障拥有管理、技术和营销三个方面的人才，规模以 3~5 人为宜。

（2）招募人员。将人才需求制作成招聘广告，团队核心创业者进行宣讲，进行公开招募。

3. 职权划分

编制各个岗位职责，确定每个团队成员所要担负的职责以及相应所享有的权限。这个过程中，教师要进行指导，避免出现职权划分不当，或是出现职权的重叠和交叉。

4. 确定团队的制度体系

制度体系主要包括股权分配制度、激励制度、奖惩制度、绩效考核标准、组织纪律条例等，要在教师的指导下以规范化的书面形式确定下来。

5. 确定企业文化

（1）创业团队组建成功后，要确定自己的企业名称。

（2）绘制企业 logo（标志），用一句话定义企业目标，也可以成为企业文化的核心。

（3）绘制企业组织结构图。

⊃ 效果评估

甄选团队成员

甄选团队成员，要考虑成员在知识和技能上的互补性，这是保持创业团队稳定性、提高创业成功率的重要因素之一。可以通过以下三个步骤甄选团队成员，并达到互补。

（1）探索创办企业所需的知识和技能。可以通过企业家访谈、互联网搜索典型职业日志等方法，了解成功创办某种类型企业所需的知识、技能及阅历，并建立清单（表5-4-3），所列举的清单内容越详细越好。

（2）对比梳理。将自己已经拥有的知识和技能，填写在表 5-4-3 第二列中，对比第一列，可以确定通往成功路上所欠缺的知识和技能。

（3）提出整合措施。这些所欠缺的知识和技能，就为甄选团队成员提供了方向，可以考虑直接招募具备这些知识和技能的人员充实到创业团队。

表 5-4-3　企业创办所需知识和技能清单

创办企业类型（或企业愿景）：

成功经营此类企业（或实现愿景）所需的知识和技能	自己拥有的知识和技能	欠缺的知识和技能	整合措施

任务五　整合创业资源

➲ 问题导入

"纵横捭阖"出自西汉目录学家刘向的《战国策序》："苏秦为纵，张仪为横，横则秦帝，纵则楚王，所在国重，所去国轻。"意思是指在政治、外交上的联合或分化手段。战国时期，秦国逐渐强大，各诸侯国对秦是又惧又怒，"纵横捭阖"策略应运而生，通过对世态的分析，张仪凭"连横"支持秦国统一六国、苏秦凭"合纵"联合六国起来对付秦国。华夏大地时而风平浪静时而风起云涌，最终秦国灭六国统一天下。

"纵横捭阖"是否也是一种资源整合的策略？整合了何种资源？

➲ 任务解码

资源是蒂蒙斯创业过程模型中必不可少的要素，但大学生并非需要具备所有的创业资源后才能开始创业，重要的在于整合资源，也就是将自己缺少的资源整合过来。

解锁本任务的密码有：

- 知识密码：理解创业资源的类型，掌握常用的资源整合方法。
- 能力密码：灵活运用整合逻辑进行资源整合。
- 素养密码：培养融合共通的发展理念和资源的可持续再利用理念。

➲ 知识对策

一、创业资源

创业资源是指新创企业在创造价值的过程中需要的特定的资产，它是新创企业创立和运营的必要条件。按照资源对企业成长的作用我们将其分为两大类：一是直接参与企业日常生产、经营活动的资源，我们称之为要素资源；二是未直接参与企业生产，但其存在可以极大地提高企业运营的有效性资源，则称之为环境资源。

（一）要素资源

1. 人力资源和技术资源

人力资源是创业的基础资源，它创业者及其创业团队是企业的核心人力资源，而其他的参与者，包括引进的各类人才和企业员工是创业企业的一般人力资源，各类人力资源应该目标一致，团结协作，发挥组织的最大功效。同人力资源一样，技术资源也是初创企业的基础资源，因为技术资源附属于人力资源，是企业开展业务的基石。

2. 资金资源

资金资源是创业企业最重要的资源。包括创业者可以支配的各种形式的资金资源，也包括及时获得的银行贷款和风险投资，各种政策性的低息或无偿扶持基金，以及写字楼或者孵化器所提供的便宜的租金等。

3. 实物资源

实物资源是指在创业过程所需的物质资源，是创业的必备条件，具体包括场地资源、设备资源、原材料等。

（二）环境资源

1. 政策资源

政策资源通常指在新创企业成立发展过程中对其有相关利益影响关系的一切政策资源，包括各级政府职能机构指定和发布的政策、法律法规，以及各行业管理机构指定和发布的行业政策信息等。

2. 社会资源

社会资源也称作社会资本，是指有益于新创企业借助人际关系创造价值的资源，例如，客户资源、供应商资源和渠道商资源等。

3. 信息资源

信息资源具体包括市场信息、竞争信息、及时的展览会宣传和推介信息、丰富的中介合作信息、良好的采购和销售渠道信息等。信息资源的独占和优先获取，往往使新创企业处于市场发展的优势地位。

4. 文化资源

随着创意文化产业的兴起，文化资源越来越成为企业提高竞争力的主要因素。比如民族文化、大众文化、企业文化、企业之间相互学习和交流合作的文化氛围，都成为企业发展的内在精神力量。

二、常用的资源整合方法

资源整合是指企业对不同来源、不同层次、不同结构、不同内容的资源进行识别与选择、汲取与配置、激活和有机融合，使其具有较强的柔性、条理性、系统性和价值性，并创造出新资源的复杂动态过程。简单地说，资源整合就是将资源重新排列组合，

微课启学：
资源整合
能力

以期产生更大效益的行为。

对于初创企业而言，不同类型的资源也有不同的整合方法。

（一）人力资源整合

人力资源是各类资源中相对重要的资源，创业者可以按照人力资源的价值及是否容易获得，对人力资源进行整合。

1. 招募

企业中的普通员工，相对来说容易获得，一般采取招募的方式进行整合。同时企业要建立合理人力资源管理系统，通过分工协作，构建高效的组织结构，把不同的人力资源整合起来，更有效地发挥团队资源的整体效果。

2. 聘用

针对企业短缺的特殊人力资源，比如政策、技术顾问等，可以采用聘用的方式为己所用。1983年，乔布斯就从百事可乐公司将营销天才约翰·斯卡利聘请过来，担任苹果公司的总裁兼CEO。

3. 项目合作

对于较难获得的高端技术人才，可以通过项目合作的方式整合。这就是建立一种合作伙伴管理模式，项目参与各方为了取得最大的资源效益，在相互信任、相互尊重、资源共享的基础上达成短期或长期的相互协定。

（二）实物资源整合

相比较人力资源，实物资源较容易整合，一般可以采用以下两种方法。

1. 置换

置换，就是提供给他人资源的同时从他人那里取得自己需要的资源，当然，这里不涉及现金的交换。比如企业间库存产品置换，另外，置换在日常生活中还表现为闲置资产的置换，如旧车置换等。

置换的前提是双方要置换的资源为另一方所急需。相比现金交易来说，出让方出让的资产具有较高的市场价值，但由于是自己库存或自己生产的产品，其成本较低，所以对于出让方来说，他心目中置换得来的资产的价格为自己的成本，心中会觉得更合适。而对于另一方来说，他得到的是按市场价格评估的资源，他也会觉得合适。因此，更有利于双方资源的整合。

2. 租赁

租赁是一种以一定费用借贷实物的经济行为，出租方将自己所拥有的某种物品交与承租方使用，承租方由此获得在一段时期内使用该物品的权利，但物品的所有权仍保留在出租方手中。承租方为其所获得的使用权需向出租方支付一定的费用（租金）。

采用租赁这种方法，承租方不需要花费重大的资金，而只是支付较少的租用代价便可以取得一定时限的使用权，起到"四两拨千斤"的效果。正是因为这种模式的杠杆作用及巨大的市场需求，产生了很多以租赁为业务的公司，如服务器租用、空间租用、汽车租赁、大型设备租赁等。大学生在进行创业时，面对资源的短缺，首先要考虑的并不是需不需要购买，而是考虑可不可以租用，如租用办公场所、租用重大设备等。

创业者作为承租方，在租赁别人的资源时，应注意以下事项：

（1）出租方资源的完整性及所有权的合法性。就是要考察出租方所出租的资源有没有什么瑕疵。比如质量、产权、功能上有没有多方出租或进行抵押等。这样就可以避免中途出现纠纷。

（2）租赁过程中产生的损耗或增值如何处理。在资源的使用过程中，有些资源会产生损耗或维修（如房产、车辆等），有些资源会增值（如品牌、形象等）。对于这一部分的损益要进行事前约定。

（3）租赁费用及押金。对于承租方来说，要想方设法尽量降低这方面的费用。

（4）租赁结束后双方的善后工作（如资源的移交标准、移交时间，未完结事项的处理等）。

（三）创业融资

资金是创业过程中最重要的资源之一，创业企业筹集资金的行为与过程，也称作融资。创业融资，是指创业企业根据自身发展的要求，结合生产经营、资金需求等现状，通过科学的分析和决策，借助企业内部或外部的资金来源渠道和方式，筹集生产经营和发展所需资金的行为和过程。如何有效融资是创业者极为关注的问题之一。创业者通过合理选择融资渠道和融资方式，可能降低资金成本、将创业企业的财务风险控制在一定范围内，使企业实现可持续发展。

微课启学：
创业融资

创业融资要多管齐下，大学生在创业融资中，除了常使用的靠自己的积蓄融资、亲友融资、合伙融资等渠道外，还可以借助以下渠道进行创业融资。

1. 银行（金融机构）贷款

银行贷款被誉为创业融资的"蓄水池"，从目前的情况看，银行贷款有以下四种：

（1）抵押贷款。这是指借款人向银行提供一定的财产作为信贷抵押的贷款方式。

（2）信用贷款。这是指银行仅凭对借款人资信的信任而发放的贷款，借款人无须向银行提供抵押物。

（3）担保贷款。这是指以担保人的信用为担保而发放的贷款。

（4）贴现贷款。这是指借款人在急需资金时，以未到期的票据向银行申请贴现而融通资金的贷款方式。

这里需要提醒的是，创业者从申请银行贷款起，就要做好打"持久战"的准备，因为申请贷款并非与银行一家打交道，而是需要经过中介机构等一道道"门槛"。而且，手续烦琐，任何一个环节都不能出问题。

2. 融资租赁

融资租赁是一种以融资为直接目的的信用方式，表面上看是借物，而实质上是借资，以租金的方式分期偿还。比如，对于需要购买大件设备的初创企业，可以采取设备租赁融资。该融资方式具有不占用创业企业的银行信用额度的优势，创业者支付第一笔租金后即可使用设备，而不必在购买设备上大量投资，这样资金就可调往最急需用钱的地方。

3. 政府扶持资金

政府提供的创业基金通常被所有创业者高度关注，其优势在于利用政府资金不必担心投资方的信用问题。而且，政府的投资一般都是免费的，进而降低或免除了筹资成本。但申请创业基金有严格的申报要求，同时，政府每年的投入有限，筹资者需面

对其他筹资者的竞争。

4. 风险投资

广义的风险投资泛指一切具有高风险、高潜在收益的投资；狭义的风险投资是指以高新技术为基础，生产与经营技术密集型产品的投资。需要提醒创业者的是风险投资家虽然关心创业者手中的技术，但他们更关注创业企业的盈利模式和创业者团队。

1999 年以来，风险投资在国内得到了很大的发展，国内几乎每一个成功的互联网企业的背后，都可以看见风险投资的身影。对于创业者来说，尤其是对于高科技领域的创业者，寻求风险投资的帮助，是一个值得认真考虑的途径。风险投资中的天使投资，是风险投资的一种形式，是指实力雄厚的个人出资协助具有专门技术或独特概念的原创项目或小型初创企业进行一次性的前期投资。它根据天使投资人的投资数量以及对被投资企业可能提供的综合资源进行投资。天使投资者更多由私人来充当投资者角色，专门为那些具有专有技术或独特概念而缺少自有资金的创业者所准备，投资数额相对较少，手续更加简便、快捷，更重要的是它一般投向那些创业初期的企业或仅仅停留在创业者头脑里的构思。

堂间小练

认清创业企业的融资

投融界有很多融资方式，我们经常会听到以下专有名词：

（1）种子轮。特征关键词——想法、蓝图、DEMO（展示）阶段、创始人和启动。

（2）天使轮。特征关键词——产品雏形、种子用户、商业模式可信、核心团队强大。

（3）A 轮。特征关键词——产品已上线，业务顺利运营，核心用户、商业模式清晰、领先地位或口碑、执行力和市场前景。

（4）B 轮。特征关键词——覆盖人群、行业优势、商业模式被验证、盈利、抢占市场、巩固地位。

（5）C 轮。特征关键词——成熟、用户规模大、盈利能力强、行业影响力强。

（6）D 轮、E 轮、F 轮融资。C 轮的升级版，特征关键词——体量巨大。

根据以上关键词，查询相关网络资源，加深对投资方式的理解。分组讨论，对于初创企业来讲，最好能争取获得什么类型的投资？

5. 众筹融资

众筹融资（crowdfunding），即大众筹资或群众筹资，是指一种向群众募资，以支持发起的个人或组织的行为。由发起人、跟投人、平台构成。具有低门槛、多样性、依靠大众力量、注重创意的特征。群众募资被用来支持各种活动，包含灾后重建、民间集资、竞选活动、创业募资、艺术创作、自由软件、设计发明、科学研究以及公共专案等。世界银行报告预测，2025 年全球募集总金额将突破 960 亿美元，亚洲所占比例将大幅增长。

➲ 能力训练

理解创业资源整合的逻辑

【训练形式】

3~5 人为一组，以小组的形式完成。

【训练目的】

了解资源整合的步骤，理解资源整合的逻辑。

【训练过程】

按照以下步骤，小组成员完成资源分析，并提出整合思路。

1. 资源整合的步骤

（1）制定明确的目标。在这一步中，小组成员要为自己的创业想法提出具体要达到的目标，也就是具体要达成什么？

_____。

（2）为达成目标，必须具备的资源有哪些？

_____。

（3）现在已有什么资源？

_____。

（4）现在缺少什么资源？

_____。

（5）缺少的资源哪里会有？

_____。

（6）能否将缺少的资源整合过来？可行性方案是什么？

_____。

2. 整合思路

根据以上分析，提出将采用什么方法进行整合，提出以下思路：

_____

_____。

➲ 效果评估

创业资源的自我评估

创业资源包括人、财、物和环境资源等，创业者在创业之前要对创业资源进行分析和整理，这其中也包括对自身资源进行分析和整合，这样才能知道自己已拥有什么资源、缺少什么资源、需要什么资源。根据表 5-5-1 所示的内容，对自身资源进行评估。

注意事项：要从创业的角度进行评估。

表 5-5-1 创业资源自我评估

资源类型	拥有的资源	缺少的资源	整合措施
知识资源（专业知识、创业知识等）			
技术资源（专业技能、社会技能等）			
脑力资源（语言、数学、逻辑等）			
体力资源（力量、速度、耐力等）			
年龄资源（年龄定位所具有的优势、劣势）			
兴趣资源（包括专长）			
民族资源（是否是少数民族）			
经历资源（读书、务农、打工、参军等）			
经验资源（营销、管理、融资等）			
有形资源（资金及各类实物资源等）			
无形资产（是否拥有特殊技能、专利或者已经获得特许经营等）			

交 互 测 试

项目五

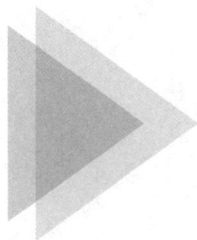

项目六
中流击水——投身创业实践

▶ 项目概览

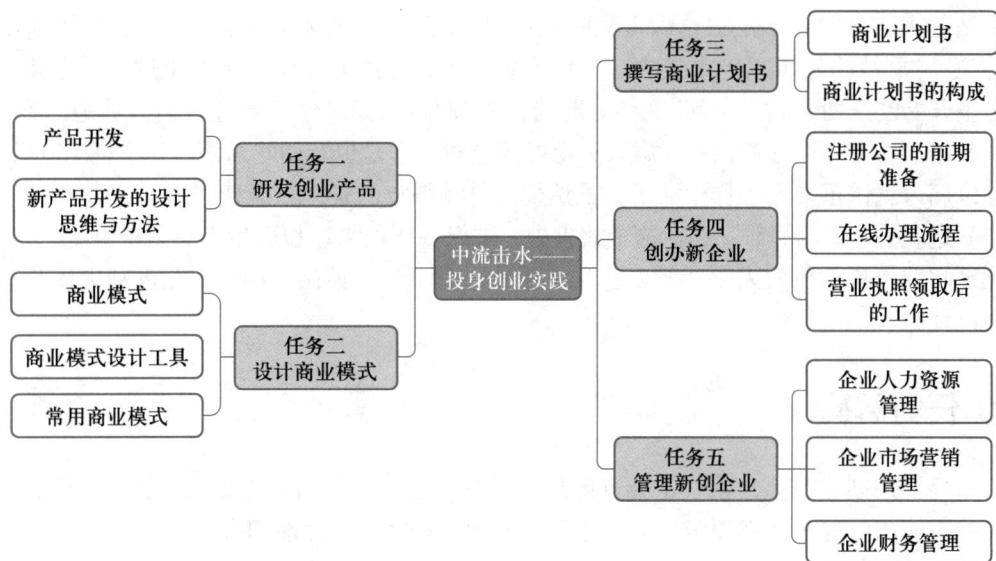

▶ 项目引言

　　"中流击水"语出毛泽东《沁园春·长沙》："曾记否，到中流击水，浪遏飞舟？"伟大领袖毛泽东借用东晋名将祖逖"中流击楫"恢复故国的决心，表达了乘风破浪、鼓桨前进，立誓振兴中华的壮志豪情。年轻的创业者们也要具有如此的创业初心和决心，要守初心、担使命，为实现中华民族伟大复兴的中国梦创新、创业、创优！

任务一 研发创业产品

⊃ 问题导入

在一家精神卫生保健院里有一位无论晴雨都拿着雨伞蹲在角落里的病人，怎么劝说都没用，医生们很难理解，纷纷猜测这位病人可能是在下雨天受过心理创伤……直到有位医生也拿了把雨伞蹲在了这位病人旁边，病人终于开口了："你也是蘑菇吗？"医生回答："是呀，我也是一只蘑菇。"病人点点头，继续当蘑菇。过了一会儿，医生站起来在房间走来走去，病人就问他："你是蘑菇，怎么可以走来走去？"医生回答说："蘑菇当然可以走来走去。"病人想了想，也站起来走了走。又过了一会儿，医生开始吃东西。病人又问："你是蘑菇，怎么可以吃东西？"医生理直气壮地回答："蘑菇当然也可以吃东西。"病人觉得好像也对，于是也开始吃东西。几个星期以后，这位病人就像正常人一样生活了，虽然他还是觉得自己是一只蘑菇。

这就是"蘑菇思维"，在这个故事中，试想一下如果这位医生不拿雨伞也蹲下来，能理解并治愈这位病人吗？所以，开发产品，是不是应该站在用户的角度动去体验，去设计呢？

⊃ 任务解码

只要是创建企业，就一定会有产品（服务也是一种产品）。实践证明，产品的研发绝不能闭门造车，必须走出去，才能有所创新和突破，才能拥有未来。

解锁本任务的密码有：

- 知识密码：理解产品的概念及层次，掌握设计思维方法的基本步骤。
- 能力密码：基于设计思维进行产品研发。
- 素养密码：培养创新思维和设计思维，树立"以人为本"的设计理念。

⊃ 知识对策

一、产品开发概述

（一）产品的概念

所谓产品是指被人们使用和消费，并能满足人们某种需求的任何东西，包括有形的物品、无形的服务、组织、观念或它们的组合。

理解产品整体概念，要考虑以下五个层次。

1. 核心产品

核心产品，即顾客真正购买的基本服务或利益，从根本上说每一种产品实质上都是为解决问题而提供的服务。在产品整体概念中是最基本、最主要的部分。

2. 形式产品

形式产品是指核心产品借以实现的形式或目标市场对需求的特定满足形式。由五个特征构成，包括品质、式样、特征、商标及包装。

3. 期望产品

期望产品，即购买者在购买产品时期望得到的与产品密切相关的一整套属性和条件。

4. 延伸产品

延伸产品是指顾客购买形式产品和期望产品时，附带获得的各种利益的总和，包括说明书、保证、安装、维修、送货、技术培训等。

5. 潜在产品

潜在产品是指现有产品包括所有附加产品在内的，可能发展成为未来最终产品的潜在状态的产品。潜在产品指出了现有产品可能的演变趋势和前景。

（二）产品开发原则

所有成熟的产品开发构思，都必须同时满足"人的需求"（desirability）、"技术可能性"（feasibility）与"商业可持续性"（viability）这三项构想原则。而这些基本原则，必须成为每个产品或服务不断反复检测的基准。

"人的需求"要回答的是这个产品或服务是否真能满足了客户的一项需求，客户是否有真实的需要，是否愿意购买等；"技术可能性"要回答的是产品或服务开发的技术是否到位，需要多少时间才能实现等；"商业可持续性"要回答的是产品或服务的设计是否与企业目标一致，是否符合客户的预算，投资回报率如何，储备资金能消耗多久等。

微课启学：谈谈产品创新

二、新产品开发的设计思维与方法

设计思维方法，源于斯坦福大学。随着设计的力量越来越为企业界所重视，"设计思维"（design thinking,DT）一词从原本是设计师的专用术语，越来越演变成为一种"以人为中心"的创新产品设计模式。

具体来说，设计思维就是设计师将关注点从产品身上转移到消费者身上，一切围绕着消费者的需求来开发产品、提升服务。它不仅应用于设计行业，而且适用于各行各业，甚至是我们生活的方方面面。设计思维的核心思想是"以人为中心"，因此，在解决实际问题时，应谨记"为用户解决实际问题"的终极目标。

微课启学：设计思维方法

运用设计思维解决问题，一般包括以下六个步骤。

1. 基本认识

基本认识是指从不同的途径，收集与项目相关的资料，以便对所要准备开展的项目，做最基本和透彻的了解。正所谓"知己知彼，百战不殆"，基本认识是设计思维的开始，也是锁定目标用户的过程。比如，如果想开一家书店，我们就要考虑需要访谈哪些不同群体？也就是了解与项目相关的基本利益方、关系方，从而形成对项目及客户的基本认识。

通过对用户的目标、行为和心理进行研究和分析，挖掘用户间的差异，并对他们相似的行为和心理特征进行分类，从而得到典型的用户特征。这些特征可以通过用户画像的方式输出，即将每种类型最典型的特质以一个虚拟的形象进行刻画，再通过添加细致的人口学属性、场景特征等信息，让该形象活灵活现。用户画像不但可以加深产品团队对用户的理解，还可以帮助产品团队为后期的工作决策提供相应的依据。

🔍 知识小阅

用户画像

用户画像可以简单理解成是海量数据的标签，根据用户的目标、行为和观点的差异，将他们区分为不同的类型，然后每种类型中抽取出典型特征，赋予名字、照片、一些人口统计学要素、场景等描述，形成了一个人物原型（personas）（图6-1-1）。

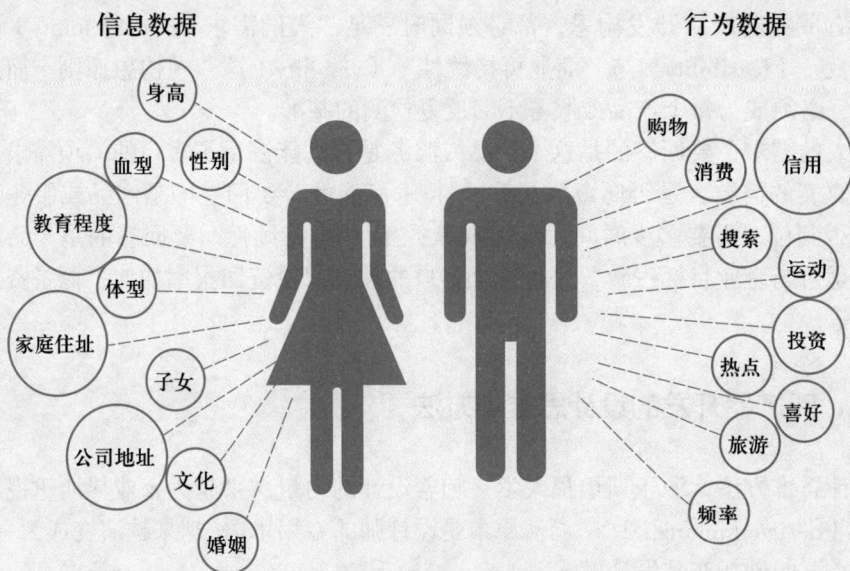

图 6-1-1 用户画像示意图

用户画像建模其实就是对用户"打标签"，从对用户打标签的方式来看，一般分为三种类型：一是统计类标签，如年龄、性别、城市、近7日活跃时长、近7日活跃次数；二是规则类标签，如消费活跃度；三是机器学习挖掘类标签，如用户价值、商品偏好、流失意向等。

用户画像可以帮助产品开发者更好地识别客户属性，针对用户需求进行产品开发、个性化推荐、精准营销等多样性服务，是大数据落地应用的一个重要方向。

2. 亲身观察

"亲身观察"与"基本认识"一样，都属于启发灵感阶段，这两个阶段为创新思考打造了平台。亲身观察，绝不是冷眼旁观，而是要从求知者角度走出去，实地调查，通过提问题进行深入了解。当然，直接冲上去问用户"你有哪些需求"或"你的需求是什么"，基本上是不会得到任何正确答案的。本任务"问题导入"提到的"蘑菇思维"，就是利用同理心洞察用户真正的需求。

同　理　心

所谓同理心，就是"设身处地理解"，也称"共情"，也泛指换位思考。真正的同理心不仅要了解受众者表达出的需求，更要了解受众者的潜在需求，甚至是受众者自己都描述不出来但存在的需求。比如，一家企业为照顾伤残人士开发了轻巧便捷的轮椅，可是很多伤残人士用过后，都说设计有缺陷，但是说不出具体有什么缺陷，最后他们邀请设计者坐上轮椅亲自试一下。亲身体验后，设计者就明白了缺陷所在。

3. 观点陈述

亲身观察后，要将调查结果进行观点陈述。在这个环节中，可以结合项目二任务二中讲过的头脑风暴法。要让大量的讨论能够带来实效，关键要遵循一些重要原则：一是在陈述过程中，可以用海报或横幅标示讨论主题，提醒大家陈述时注意不要跑题；二是对于一些独特但一时无法对接的想法，暂时搁置；三是专心聆听不同意见，使讨论更加立体，也可能找到创新点；四是尽量用图像和原型来交流，因为很多数据往往很抽象，最好的方式莫过于图像。

4. 凝聚重点

这个过程就是将陈述的观点进行汇总，从中凝练出重要的设计构想。凝练重点必须遵循产品开发的三个原则，即前文所说的满足"人的需求""技术可能性"与"商业可持续性"这三项原则。

5. 原型制作

所谓原型，就是使用具体道具展示凝练出的重点以及讨论思考的结果，是产品原始粗糙的表达方式，是用"手"思考的平台。产品的原型可以采用很多形式，比如用于介绍产品内容的思维导图；用旧海报做出的产品包装设计；用木材或塑料做成的产品模型；以及关于产品的角色路演等。通过原型设计可以和客户达成更深入的互动沟通。

原型设计可以采用 MVP（minimum viable product）产品（又叫作最小可实行产品）理论。就像一部电影的剧情大纲或是漫画的角色介绍，开发者用最快、最简明的方式建立一个产品原型，这个原型要符合两个要求，即"最小"——制作成本要低和"可实行"——能展示最终产品的主要特色，也就是能够让开发者拿着这个原型接触客户，并根据客户的回馈来改进你的产品。

在设计 MVP 时，可以使用以下方法：

（1）奥卡姆剃刀法。"奥卡姆剃刀"是由 14 世纪英国逻辑学家奥卡姆的威廉提出的原理，大意是"如无必要，勿增实体"。做产品时我们也可以遵循这个原理，把预期完整的方案简单罗列出来,然后从最不重要的部分一点一点砍掉其中的功能。直到再砍下去正常功能就无法使用为止,这时候的版本就可以算是最基础的一个版本了。

（2）用户访谈。提供几个复杂程度不同的方案,做成便于理解的演示作品。比如幻灯片、DEMO（样片）或者图片。召集一些目标用户来评价。他们认为会接受的最低限度的版本就是最小可用版本。

（3）去掉可人工处理的功能。在很多互联网产品的创业初期,都是人工去处理很多事务。例如,很多外卖平台最早的做法,都是工作人员看到订单,亲自给饭店电话下单。诸如这种自动分配订单的功能,最初开发时可以暂时用人力来完成,是降低开发成本、实现 MVP 的好办法。

（4）确保只有一个功能。在 MVP 中,只实现最重要的那个功能,其他的功能之后再说。当然,除非产品里这两个功能耦合在一起,分离就不产生价值了。在创投领域有句话很流行:"好的产品是一句话能讲清楚的。"如果创业者需要解释很多、用各种图表和知识来跟你讲才能说明白产品在做什么,那么用户估计也理解不了这样的产品。确保只有一个核心功能,也就是能让用户一下子有了心理定位,知道你是做什么的。支付宝和微信这样的产品都叠加了很多功能,我们依然能说出它们的核心功能是支付和聊天。这样的功能就是我们在 MVP 中要保留的功能。

6. 测试反馈

这是产品落地执行的具体运作,是将产品或服务从纸张、模型上带到市场、带到真实的用户面前,让客户告诉设计师产品究竟如何。在测试原型产品时,客户反馈可能会引发新的思考,看到更有潜力的设计点,驱使设计者重新思考并修正原来的假设,产品设计将更加贴近客户需求。

⊃ 能力训练

对比相近产品或服务的差异

【训练形式】

3~5 人为一组,以小组的形式完成。

【训练目的】

了解产品或服务的差异性,理解产品研发是怎么满足顾客的需求的。

【训练过程】

1. 选择产品或服务

小组可以划定产品或服务研发范围,从中选定一组相近产品,比如,可以试着这样选择。

（1）从超市的货架上,选出 5 个相近产品,如洗发水、方便面等。

（2）从同一个街区,选出 5 个规模、类型相当的商铺,如餐饮店、美发店等。

（3）从网上搜索五家跟旅游有关的网站,观察这些网站上提供的酒店预订业务。

2. 比较差异

根据以下问题的提示，分析所找到的目标产品之间的差异点：

（1）这些产品或服务的卖点分别是什么？

_____。

（2）这些产品或服务分别面向哪些客户群？

_____。

（3）这些产品或服务的价格定位分别是什么？

_____。

（4）其中的哪种产品或服务最吸引人？为什么？

_____。

⊃ 效果评估

用户画像的正确打开方式

对比下面对用户的描述，哪种描述能在产品开发者的头脑中留下一个真实感的用户画像？说说什么才是好的用户画像？

1. 第一类描述

（1）我做的是国民级的产品，我的用户不分男女老少，全国人民都是我的用户。

（2）我做的是微信小程序，特别简单易操作，谁都能成为我的用户。

2. 第二类描述

（1）外卖用户，男，24 岁，×× 人，互联网公司负责网站运营。

（2）网约车用户，男，46 岁，×× 人，广告公司市场推广主管。

3. 第三类描述

某媒体公司职员韩静，女，25 岁，老家在 ××，来 ×× 读书，大学毕业后工作。毕业刚几年，还是单身，不过朋友挺多的，大都是以前的同学。有了一定的收入，对生活品质也有了一些要求，刚搬到一居室的新家，房租不便宜，占工资的一多半，还自己做了很多装饰，买了很多小家具。平时的工作朝九晚五，晚上回家喜欢刷剧。周末跟朋友出去逛街、吃东西，偶尔会去咖啡店。喜欢拍摄与健身和美食有关的短视频。购物基本都是在京东，比较擅长研究各种信用卡和优惠券的使用技巧。

任务二　设计商业模式

⊃ 问题导入

有着"史家之绝唱、无韵之离骚"之称的《史记》，是中国历史上第一部纪传体通史。《史记》的最后一卷是《货殖列传》，所谓货殖，就是通过货物的生产与交换来获利的商业活动。《货殖列传》记载了范蠡、计然这些中国最早的企业家的经营之道。"论其有余不足，则知贵贱。贵上极则反贱，贱下极则反贵。贵出如粪土，贱取如珠玉。"意思是说：研究商品过剩或短缺的情况，就会懂得物价涨跌的道理。物价贵到极点，就会返归于贱；物价贱到极点，就要返归于贵。当货物贵到极点时，要及时卖出，视同粪土；当货物贱到极点时，要及时购进，视同珠宝。

这种经济观点和我们今天零售业中高抛低吸的商业模式是不是异曲同工？

➲ 任务解码

司马迁敢于为当时社会地位并不高的商人作传，并将《货殖列传》列在《史记》最后一卷，为的就是告诉我们，真正促进社会发展的，不是王侯将相，而是无时无刻不在主宰人们生活的经济规律和商业之道。商业模式，通俗地理解就是企业的盈利模式，这是企业运作的核心。

解锁本任务的密码有：

● 知识密码：理解商业模式的概念及其常见的商业模式，掌握商业模式画布的构成。

● 能力密码：熟练使用商业模式画布分析、设计商业模式。

● 素养密码：理解经济规律在社会发展中的重要作用，培养战略思维，养成战略智慧。

➲ 知识对策

一、商业模式概述

所谓商业模式，是指为实现客户价值最大化，把能使企业运行的内外各要素整合起来，形成一个完整的高效率的具有独特核心竞争力的运行系统，并通过最优实现形式满足客户需求、实现客户价值，同时使系统达成持续赢利目标的整体解决方案。简单地说，商业模式就是企业的盈利模式，具体来说，就是企业在一定时期内如何创造价值、传递价值、获取价值的基本原理。这里涉及的就是四个问题：

（一）企业的客户是谁

客户是企业要服务的细分群体。创业团队要尽可能选择自己熟悉的客户群体，对客户进行持续地分类和观察，了解其消费行为和消费习惯，以便针对客户的"痛点"设计产品和服务。

（二）为客户提供什么产品和服务

商业模型的核心，永远是产品（服务也是一种产品）。既然产品和服务是针对客户的，那么在设计产品和服务时，就应该直接以客户的需求为导向。我们常用"痛点"来说明客户的需求。什么样的产品或服务才能最有效地解决客户的痛点，满足客户的需求，是创业者必须回答的问题。产品设计得是否得当，能否为提供绝佳的用户体验，决定着该创业公司的生死存亡。

（三）如何将产品和服务传递给客户

将产品和服务传递给客户，就是企业的推广及营销模式。不论选择什么渠道进行推广，都要记住推广模式的核心是快速，时间越久，产品更容易被别人复制，从而失去产品优势。

（四）实现盈利的核心竞争力是什么

无论产品或服务多么新颖，无论怎样率先进入市场，当竞争者看到市场有利可图时，都会鱼贯而入，争相仿效。因此，创业公司要在市场里生存，必须建立自己的核心竞争力，让企业变得无法替代或不能轻易被复制。一般来说，核心竞争力可以基于能力和地理位置两个方面构建：

（1）基于能力的核心竞争力。苹果公司的产品创新能力，运动品牌李宁的设计能力，很多跨国企业的地域管理能力，都是企业突出的核心竞争力。

（2）基于地理位置的核心竞争力。比如连锁经营模式，就是在不同的地理位置上提供了统一的经营范式，像麦当劳的"金拱门"在全世界范围内都能轻易找到，能让消费者无论身处何地，都能轻易享受到统一标准的产品质量。这种随处可见的统一质量，就是基于地理位置的核心竞争力的代表。

二、商业模式设计工具

企业在进行商业模式设计时，常使用商业模式画布来进行辅助设计。商业模式画布是一种用来描述商业模式、可视化商业模式、评估商业模式以及改变商业模式的通用语言，商业模式画布由九大模块构成。（图6-2-1）。

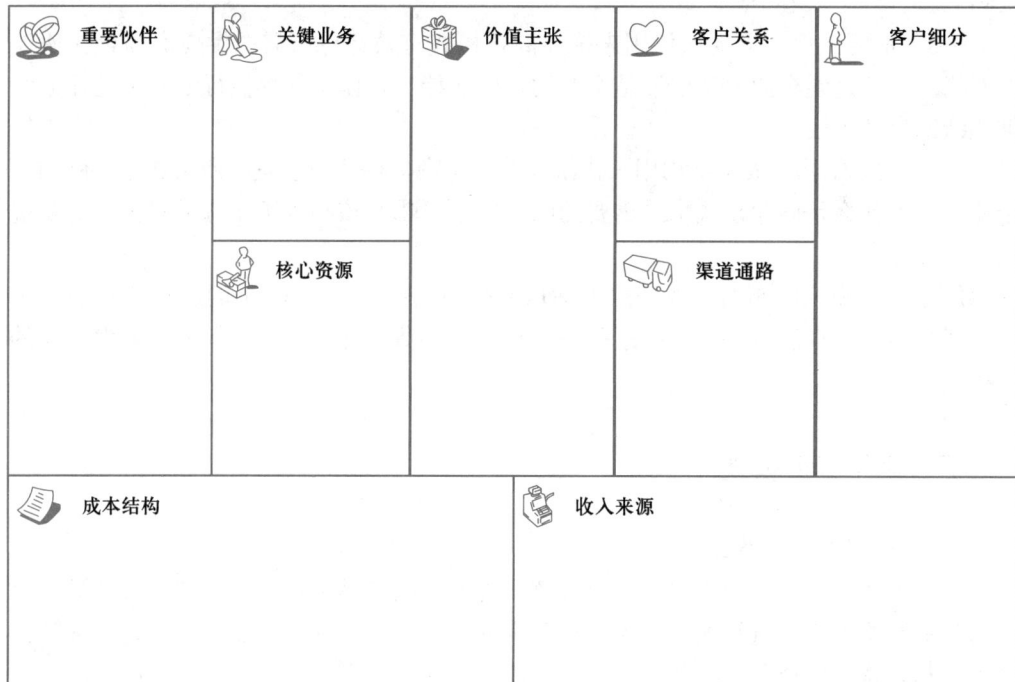

重要伙伴	关键业务	价值主张	客户关系	客户细分
	核心资源		渠道通路	

成本结构	收入来源

图 6-2-1　商业模式画布

（1）客户细分。客户是商业模式的核心，企业必须清楚为谁提供服务和产品，谁是企业最重要的客户，谁是企业最典型的客户。

（2）价值主张。价值主张也就是企业为客户提供了什么价值，帮助客户解决了什么问题，满足了客户的哪些需求。价值主张是打动客户接受企业的关键点，也是企业能提供给客户的一个特别好处，是企业的核心卖点。

（3）渠道通路。渠道通路是用来描绘企业是如何沟通、接触被细分出来的客户，影响他们，并且把产品和服务提供给他们。

（4）客户关系。客户关系是指企业如何获取、维持与扩展客户。例如，企业已经建立了哪些客户关系？这些关系成本如何？如何从现有客户身上开发出更多的价值？这些客户关系如何整合到商业模式中？

（5）收入来源。收入来源也就是企业有多少种让客户付钱的方式。一般来说，企业的盈利方式主要有资产销售、使用收费、订阅收费、租赁收费、授权收费、经纪收费以及广告收费等。例如，企业在进行商业模式设计时，可以思考什么样的价值能让客户愿意付费？他们更愿意如何支付费用？每个收入来源占总收入的比例是多少？

（6）核心资源。核心资源是用来描绘商业模式有效运转所必需的最重要因素。一般而言，企业的核心资源主要分为实体资源、知识资产、人力资源和金融资产等类型。企业在进行商业模式设计时，通常要考虑价值主张与渠道通路需要什么样的核心资源等问题。

（7）关键业务。关键业务是用来描绘为了确保其商业模式可行，企业必须做的最重要的事情。例如，微软的关键业务就是软件开发，企业在进行商业模式设计时，可以思考企业投入最多精力做的事情与产品的卖点有关吗？企业投入的精力会增加收入吗？

（8）重要伙伴。重要伙伴用来描述商业模式有效运行所需的供应商与合作伙伴的网络。也就是说企业要考虑谁是企业的重要伙伴？合作伙伴都执行哪些关键任务？谁能帮助自己赚钱？

（9）成本结构。成本结构用来描绘运营一个商业模式所引发的所有成本。例如，企业要思考什么是商业模式中最重要的固有成本？哪些核心资源花费最多？哪些关键业务花费最多？

使用商业模式画布时，要按照上面这 9 个模块的（1）~（9）的逻辑关系顺序进行思考，但需要在思考和设计的过程中，在不同环节中往返调整，保证各要素之间的正相关。

三、常用商业模式

（一）长尾式商业模式

要想理解长尾式商业模式，先要理解两种不同的产品类型：一是"拳头产品"，指的是那些每种销售量较大但总体数量较少的产品；二是利基产品，指的是每种销售量不大却总体数量众多的产品。

长尾（The Long Tail），这一概念最初由美国《连线》杂志前任主编克里斯·安

德森于 2004 年提出。他认为一个行业中的主流销售，集中于占比 20% 的拳头产品，它们每种的销量都很大，很多企业都试图成为这种企业，他们瞄准广大的市场，去关注巨大的销量，却忽略了剩下 80% 的利基产品。这 80% 不是一种产品类型，而是多种类型的叠加，但由于每种产品的销量很小，常被忽略。可事实却是，这些大量利基产品所产生的销售总额，等于甚至超过了拳头产品所得的销售额。长尾模式就是提醒创业者应该关注这些少量却"战线"很长的"尾巴"部分（图 6-2-2）。比如，eBay 在线拍卖就是依靠大量的交易量较小的非热卖商品而成功的。

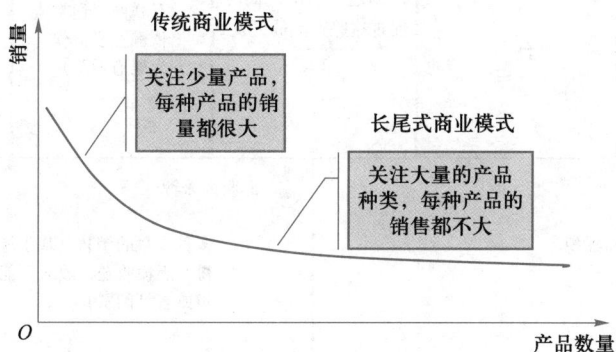

图 6-2-2　长尾式商业模式

长尾式商业模式的核心是多样少量。在传统商业模式中，长尾式商业模式很难实施，因为关注更多的产品需要投入更多的成本。但是科技的发展，使得成本降低成为可能。一是生产工具的大众化，让产品的设计变得更容易（比如过去录唱片是奢侈的事情，现在只需要一个 App 就可以搞定）；二是分销渠道的大众化，电子商务的发展，拓宽了买卖的平台，降低了多种产品销售的店铺成本、库存成本；三是社交平台的普及化，搜索引擎、社交平台、社区都为供需双方的交流提供了平台，连接供需双方的搜索成本下降。

既然在生产和销售上都更加便利且成本降低，初创企业在构建商业模式时，也可以考虑建立产品的用户设计模式，开发产品定制化。虽然客户的需求多而繁且小众，但是随着客户定制化需求的深入，小众定制化汇聚起来就是一个巨大的市场。长尾式商业模式画布，如图 6-2-3 所示。

（二）多边平台式商业模式

多边平台式的商业模式，就是把两个或多个明显区别却又相互依赖的客户群集合在一起，为他们制造一个互动、交流的平台。多边平台是一个非常重要的商业现象，因为它作为一种中介，不但为平台的双方或多方创造了很多价值，其平台拥有者自身也拥有几倍规模的客户数和收入。

这种模式虽然早于互联网诞生，目前却是与互联网最匹配的商业模型。尤其是移动互联网的发展，这种平台投资少、回报高，创业者很多时候只需要搭建一个虚拟平台，吸引用户和商家入驻就能快速赢得大量用户数，一旦企业拥有大数量级的用户，这个平台及其所拥有的数据就成为他们最宝贵的财富，是吸引投资的关键。目前，这种平台效应正在快速改变着整个世界，创造了无数的创业神话。比如，微信所构建的强大

8. 重要伙伴	7. 关键业务	2. 价值主张	4. 客户关系	1. 客户细分
	(1) 平台管理 (2) 服务提供 (3) 平台升级	(1) 大范围的小众产品（提供宽范围的非热销品，这些产品可以与热销品共存）	互联网（通常依赖互联网维护客户关系）	(1) 大量小众用户（聚焦于小众客户） (2) 小众内容提供者（对于专业的和业余的产品提供者都适用，并创造了一个同时服务于用户和生产者的平台）
(1) 小众产品提供者 (2) 由用户创造的产品	6. 核心资源 平台	(2) 产品、生产工具（模式可能建立在用户创造产品上，同时促进这些产品的开发）	3. 渠道通路 互联网（通常依赖互联网作为渠道通路）	
9. 成本结构 平台管理、开发和维护			5. 收入来源 多种少量的销售（基于从大规模品类中获得小规模收益。收入可能来自广告产品销量或者订阅费）	

图 6-2-3　长尾式商业模式画布

的多边平台，不仅改变了交流方式，更改变了生活方式。用商业画布表示多边平台式商业模式，如图 6-2-4 所示。

8. 重要伙伴	7. 关键业务	2. 价值主张	4. 客户关系	1. 客户细分
	(1) 平台管理 (2) 平台服务 (3) 平台升级	(1) 价值主张1 (2) 价值主张2 (3) 价值主张3 说明：创造的价值通常体现在以下三个方面，一是吸引用户群体（如客户群体）；二是将客群进行配对；三是通过平台提供的交易渠道降低交易成本	交流社区	(1) 客户群体1 (2) 客户群体2 (3) 客户群体3 说明：有两个或更多的客户细分群体，每一个都有各自的价值主张和收益流，且客户群体间相互依存,无法独立存在
各大分销商	6. 核心资源 平台		3. 渠道通路 线上线下 （平台）	
9. 成本结构 (1) 平台开发和维护 (2) 可能的商业补贴			5. 收入来源 (1) 收益流 1 (2) 收益流2 (3) 收益流3	说明：每个客群产生一个收益流。一个或多个客户群体可能享受免费服务，或享受来自另一个客户群体的收益所产生的折扣补贴。选择对的客户群体作为补贴对象是一个关键的定价决策，这决定着该多边平台的模式能否成功

图 6-2-4　多边平台式商业画布

（三）免费式商业模式

互联网创业圈里流传着这样一句话：哪怕只收 1 元钱，免费模式和收费模式的用户数量都会呈现指数级差别，毕竟免费的午餐对每个人都是有吸引力的。因此在免费式商业模型中，至少有一个庞大的客户细分群体可以享受持续的免费服务，成为这种模式实施的基础。

但是，对于创业企业而言，所有的产品和服务都是 100% 的免费是不可能的，要实行这种商业模型，企业要考虑的反而是如何赚取可观的收入，来弥补免费的产品和服务。一般来说，让免费产品和服务在商业模式中可行，可以通过以下方式：

（1）广告模式的加持，这是生产商、消费者、广告主之间的三方模式，消费者免费看新闻，广告主付费。

（2）免费增值模式。基础服务部分免费，对于增值服务部分收费，比如很多游戏平台，游戏免费玩，但是道具要付费。

（3）诱钓模式。以一个免费或者很便宜的初始价格吸引客户，并引诱客户使其进入重复购买状态，比如通信行业送手机换取服务费、打印机行业送打印机赚取墨盒的钱。

综上所述，商业模式是一个企业的核心，企业与企业之间的竞争越来越表现为商业模式之间的竞争，因此，创业者须抓住商业模式的八大关键词、四大需要解决的问题以及商业画布中的九大模块，锁定目标客户，针对客户的需求，灵活多样地设计商业模式。

⊃ 能力训练

利用商业模式画布设计商业模式

【训练形式】
3~5 人为一组，以小组的形式完成。

【训练目的】
了解商业模式画布的九大模块，学会使用商业模式画布设计商业模式。

【训练过程】
下面就按照商业画布的内容，从确定创业项目出发，填充九个基本模块。

1. 确定创业项目
你的创业项目是：_____。

2. 模块分析

（1）客户细分。根据创业项目，分析面向的客户群体有哪些（向谁提供产品和服务）？谁会是付费客户？填在表 6-2-1 中。

表 6-2-1　客户细分表

客户类型	客户简要说明

（2）价值主张。该项目能解决客户的什么困扰或满足了客户的什么需求？又是分别通过什么产品或服务实现？填在表 6-2-2 中。

表 6-2-2　价值主张表

客户类型	价值主张	
	客户困扰/客户需求	产品或服务

（3）渠道通路。该项目可以通过哪些渠道接触客户传递价值主张的？不同的客户群体可以有不同的渠道通路，填在表 6-2-3 中。

表 6-2-3　渠道通路表

客户类型	渠道通路

（4）客户关系。该项目与不同客户细分群体的关系分别是什么样的？从实现价值主张的目的出发，将应该建立的客户关系填在表 6-2-4 中。

表 6-2-4　客户关系表

客户类型	客户关系

（5）收入来源。该项目分别可以从不同的客户群体中获得什么收入？将收入来源填在表 6-2-5 中。

表 6-2-5　收入来源表

客户类型	收入来源

（6）核心资源。为了实现价值主张、获得收入，该项目必须具备哪些核心资源？填在表 6-2-6 中。

表 6-2-6 核心资源表

商业模式运转核心资源	核心资源说明

（7）关键业务。为了确保商业模式可行，该项目必须做的最重要的事情或必须开展的关键业务有哪些？填在表 6-2-7 中。

表 6-2-7 关键业务表

商业模式运转关键业务	关键业务说明

（8）重要伙伴。要保障商业模式有效运作，该项目需要哪些供应商或者合作伙伴？从实现价值主张的目的出发，综合考虑核心资源和关键业务，不难发现需要相应的供应商和合作伙伴。分别填在表 6-2-8 中。

表 6-2-8 重要伙伴表

核心资源/关键业务	供应商/合作伙伴

（9）成本结构。成本结构构造块用来描绘运营一个商业模式所引发的所有成本。那么，该项目包含哪些成本结构？根据价值主张实现的要求、必备的核心资源、关键业务，以及重要伙伴设计，完成成本结构表（表 6-2-9）。

表 6-2-9 成本结构表

主要成本分类	成本类型	主要成本说明

3. 绘制商业模式画布

商业模式画布的九个模块填写好后，就可以按照商业画布的构件布局一一填充到图中，严格按照框架要求为项目运行设计商业模式。

➲ 效果评估

用商业画布看透企业商业模式

从特定的行业领域中，找出比较具有代表性的企业，搜索与企业有关的信息，利用商业画布分析这些企业的商业模式，然后用商业画布展示出来（见表6-2-10）。

表6-2-10　不同类型企业的商业画布分析

分析模块	种植养殖型企业	生产制造型企业	服务型企业
	企业名称：	企业名称：	企业名称：
客户细分			
价值主张			
渠道通路			
客户关系			
收入来源			
核心资源			
关键业务			
重要伙伴			
成本结构			

任务三　撰写商业计划书

➲ 问题导入

大学生创业计划竞赛又称商业计划竞赛，该竞赛坚持育人宗旨，引导大学生在专业学习和课外科技创作基础上，围绕一项具有市场潜力的产品或服务，组成优势互补的创业小组，形成规范系统、具有可操作性和说服力的商业计划，通过参加培训和比赛，不断完善商业设计，吸引风险投资介入，进而催生高新科技创业公司诞生。"挑战杯"中国大学生创业计划竞赛于1998年首次举行，由共青团中央、中国科协、全国学联主办，清华大学承办。竞赛汇集了全国120余所高校的近400件作品，在全国高校掀起了一轮创新创业的热潮，一批商业计划进入了实际运作阶段，技术、资本与市场的结合向更深的层次推进。

由上述资料可以看出，编制商业计划书是大学生创业必须具备的技能，那么什么才是合格的商业计划书呢？

⊃ 任务解码

美国管理学家哈罗德·孔茨说："虽然计划不能完全准确地预测未来，但如果没有计划，企业的工作往往陷入盲目，或者只是碰运气。"对于创业者来说，商业计划书既是创业团队全面梳理创业项目的纲领性文件，也是叩响投资者大门的"敲门砖"。

解锁本任务的密码有：

● 知识密码：理解商业计划书概念及作用，掌握商业计划书的构成。
● 能力密码：能完成商业计划书撰写任务。
● 素养密码：培养全局观念和资源优化配置理念。

⊃ 知识对策

一、商业计划书

（一）商业计划书的概念

商业计划书（BP, business plan），是一份全方位的商业项目计划。它从企业内部的人员、制度、管理，以及企业的产品、市场等各个方面对即将展开的商业项目进行可行性分析。商业计划书是公司企业或项目单位为了达到招商融资和其他发展目标，在经过前期对项目科学地调研、分析、搜集与整理有关资料的基础上，根据一定格式和内容的具体要求而编辑整理的一份向读者全面展示公司和项目目前状况、未来发展潜力的书面材料。商业计划书是创业者成功创业的运营路线图，有相对固定的格式，同时也是新创企业管理的首要纲领性文件和执行文件。

（二）商业计划书的作用

商业计划书至少有以下三方面的作用：

（1）帮助创业者自我评价，厘清思路。在创业融资之前，商业计划书首先应该是给创业者自己看的。办企业不是"过家家"，创业者应该以认真的态度对自己拥有的资源、已知的市场情况和初步的竞争策略做尽可能详尽的分析，并提出一个初步的行动计划，通过商业计划书做到心中有数。另外，商业计划书还是创业资金准备和风险分析的必要手段。一个酝酿中的项目，往往很模糊，通过制定商业计划书，把正反两方面的理由都写下来，然后再逐条推敲，创业者就能对这一项目有更加清晰的认识。

（2）帮助创业者凝聚人心，有效管理。商业计划书展示了企业全部的现状和未来发展的方向，也为企业提供了良好的效益评价体系和管理监控指标。商业计划书使创业者在创业实践中有章可循，对于吸引所需要的人力资源，凝聚人心，具有重要作用。

（3）帮助创业者对外宣传，获得融资。商业计划书作为一份全方位的项目计划，既能对即将展开的创业项目进行可行性分析，又向风险投资商、银行、客户和供应商宣传拟建的企业及其经营方式，包括企业的产品、营销、市场及人员、制度、管理等各个方面。它在一定程度上也是拟建企业对外进行宣传和包装的文件。

科学合理的商业计划不但会增强创业者自己的信心，也会增强风险投资家、合作伙伴、员工、供应商、分销商对创业者的信心。这些信心，是创业企业走向成功的基础。

二、商业计划书的构成

一般来说，商业计划书应包括以下 13 个方面的内容。

（一）封面与目录

封面的设计要有审美观和艺术性，一个好的封面会使投资人产生好感，形成良好的第一印象。目录的设计要准确，能让投资人快速找到他们想看的内容。

（二）计划摘要

摘要是商业计划书简要的概括，涵盖了计划的要点，以便读者能在最短的时间内评审计划并做出判断。作为商业计划书的最重要的组成部分，摘要一般放在商业计划书主体完成后撰写。

（三）公司介绍

这部分的目的不是描述整个计划，也不是提供另外一个概要，而是对公司做出介绍，因而重点是公司理念和公司的战略目标。如果是准备创业的公司，创业者可以具体介绍拟建计划或未来愿景。

（四）产品与服务介绍

产品与服务介绍是商业计划书中最重要的部分，也是向投资者明晰产品与服务的核心环节。产品与服务介绍应包括以下内容：产品与服务的概念、性能及特性；主要产品与服务介绍；产品与服务的市场竞争力；产品与服务的研究和开发过程；发展新产品与服务的计划和成本分析；产品与服务的市场前景预测；产品与服务的品牌和专利等。在产品与服务介绍部分，企业家要对产品与服务做出详细的说明，说明要准确，也要通俗易懂，使非行业的投资者也能明白。一般来说，产品与服务介绍都要附上产品与服务原型、照片或其他介绍。

（五）行业与市场分析

这部分主要阐述企业外部市场中的关键影响因素。在行业分析中，应该正确评价所选行业的基本特点、竞争状况以及未来的发展趋势等内容。

（六）营销计划

营销计划是以市场调研和产品与服务的价值为基础，制定产品与服务、价格、促销、渠道等问题的发展战略和实施计划。

（七）生产运营计划

在生产运营中需要解决以下几个问题，包括企业的选址与布局、生产工艺流程、产品的包装与储运等。此外，产品的质量检验也很重要。

（八）公司管理

很多投资者把公司的管理团队视为商业计划书取得成功的最关键因素，风险投资人通常会向那些最有可能成功运作企业的人进行投资，因此，这一部分中要详细介绍公司的组织结构，各部门的功能和职责范围，各部门的负责人及主要成员，公司的薪酬体系、公司的股东名单、公司的董事会成员及股权分配等。

（九）财务计划

财务计划一般包括企业财务状况分析和财务预测报告。创业者可以从企业成长性、盈利能力、资产运营能力等方面进行财务状况分析，让投资者看到企业的盈利能力和财务管理能力。财务预测是公司发展的价值化表现，它必须与公司的历史业绩和发展趋势相一致，也应该与商业计划书中其他部分的讨论结果相一致。此外，财务预测还应该考虑投资者需要的投资回报率、投资回收方式和股权计划等。

（十）融资需求

融资需求由资金需求计划及融资方案两部分构成。资金需求计划是关于企业融资原因、融资额度、资金使用时间及用途的说明。资金用途需要细化到具体项目上，比如是用于开展项目、扩充创业团队还是探索优化商业模式。融资方案中要说明为获得融资而出让的股份以及每年可供分配的收益来源、分配方向及具体方案等。

（十一）风险控制

风险控制要说明各种潜在的风险，并向风险投资者阐述针对各类风险的规避措施。

（十二）资本退出

创业者需要设计一种最优的资本退出方式，比如，是选择上市退出、并购退出还是回购退出等，并且需要详细说明该退出方式的合理性。此外，如果公司在计划期内未完成风险资本退出计划，最好要给出次优方案，这样才能让每个风险投资者都清晰地知道获利的时间和可选方案。

（十三）附录

附录是商业计划书内容的有力补充和说明。附录主要包括财务报表、主要合同资料、信誉证明、产品的图片资料、市场调研报告、创业者履历表、技术信息、相关数据的测算和解释、相关获奖和专利证明、授权使用书等。

商业计划书的基本内容可以根据产品和服务特点的不同进行相应改变，撰写者可以按照上述内容框架阐述商业计划书的实施过程，也可以根据自己产品和服务的特点拟定撰写框架，对上述内容进行整合、缩减和扩充。

⊃ 能力训练

商业计划书的撰写

【训练形式】

5~6 人为一组，小组完成。

【训练目的】

了解撰写商业计划书的整个过程，并能够撰写商业计划书。

撰写商业计划书没有固定的格式，重要的是内容，一定要简单扼要但又全面概括企业整体发展战略。可以按照下面的提示内容进行撰写，必要时，根据企业实际情况决定增删。

【训练过程】

按照以下示例格式，完成商业计划书的撰写。

微课启学：撰写商业计划书

商业计划书示例格式

　　封面：包含企业名称、项目名称、企业地址、企业法人（或项目负责人）、联系方式等。

　　目录：一般设计到二级目录即可，要使投资人能快速找到他想看的内容。

第一章　摘要

　　1. 企业概述（包括业务描述、文化理念、优势亮点）

　　2. 产品及服务概况

　　3. 行业分析（包括市场分析、竞争分析）

　　4. 营销计划

　　5. 企业管理

　　6. 财务计划

　　7. 竞争、风险及退出

第二章　产品及服务介绍

　　1. 产品与服务描述（特征、主要客户对象等）

　　2. 产品优势

　　3. 体验式产品服务管理

第三章　行业与市场分析

　　1. 市场容量估算

　　2. 市场分析（市场竞争、需求预测等）

　　3. 消费分析（目标客户消费特征、价格预测）

　　4. 本企业产品或服务在行业中的市场位置

第四章　营销计划

　　1. 营销战略

　　2. 营销组合策略（产品策略、价格策略、渠道策略、促销策略）

　　3. 客户关系管理系统

第五章　生产运营计划

　　1. 生产工艺流程

　　2. 包装与储运

第六章　企业管理

　　1. 企业组织结构

　　2. 部门职能

　　3. 管理理念及企业文化

　　4. 团队成员任职及责任

第七章　财务计划

　　1. 资金说明（融资说明）

　　2. 财务数据

　　3. 财务分析

第八章 竞争、风险及退出
1. 企业发展初期风险
2. 企业发展中期风险
3. 企业发展远期风险
4. 解决方案及应对措施
5. 资本退出策略
6. 资本退出时间
第九章 附录
略

➲ 效果评估

创 业 路 演

路演（roadshow）是指通过现场演示，以引起目标人群的关注的方式。创业者通过路演，一旦获得投资人青睐，就能助力企业快速发展。现场路演一般要求在很短的时间内清晰地介绍企业及项目，如何抓住重点内容，我们可以用六句话来简明扼要地说明。

第一句话（说明你的公司是做什么的）：

_____

_____。

第二句话（说明你的目标客户是谁）：

_____

_____。

第三句话（说明你的产品及服务优势）：

_____

_____。

第四句话（说明如何获取客户）：

_____

_____。

第五句话（说明如何盈利、未来发展路线及趋势预测）：

_____

_____。

第六句话（说明未来规划，告诉投资人如何退出）：

_____

_____。

创业路演中，投资人关注的是如何在短时间内盈利，而这六句话，就是抓住投资人关注的重点，现在试着将你的项目用这六句话表述出来，并进一步组织路演内容。

任务四　创办新企业

➲ 问题导入

营业执照是市场监督管理部门发给工商企业、个体经营者的准许从事某项生产经营活动的凭证。其格式由国家市场监督管理总局统一规定。没有营业执照的工商企业或个体经营者一律不许开业，不得刻制公章、签订合同、注册商标、刊登广告，银行不予开立账户。

2019 年 4 月，北京市市场监督管理局等六部门发布《关于提高企业开办效率的通告》显示，申请人通过"e 窗通"平台办理业务，市场监管部门 1 天内予以核准并向企业颁发电子营业执照，其他事项 24 小时内并行办理完成，企业 2~3 天即可具备经营条件。互联网技术的发展，使得企业办理营业执照效率大大提高。

通过网络查询，看看哪些政务平台或 App 提供了办理营业执照的功能？了解其办理主要流程。

➲ 任务解码

创立新企业是创业过程的关键步骤，也是创业成果的体现与检验。但是，创业者必须更加清楚，创立新企业只是创业过程的真正开始。

解锁本任务的密码有：
- 知识密码：掌握企业登记注册流程，准备登记注册所需材料。
- 能力密码：能够抓住市场机遇，创办企业。
- 素养密码：理解创办企业的社会作用，培养高度的社会责任感。

➲ 知识对策

一、注册公司的前期准备

微课启学：
企业注册
流程

有关企业类型的内容，我们已在项目五任务三中做详细介绍，下面仅以成立有限责任公司为例，了解企业登记注册流程。

（一）了解企业设立条件

《公司法》第二十三条规定，设立有限责任公司，应当具备下列条件：

（1）股东符合法定人数。

（2）有符合公司章程规定的全体股东认缴的出资额。

（3）股东共同制定公司章程。

（4）有公司名称，建立符合有限责任公司要求的组织机构。

（5）有公司住所。

（二）确定公司名称

公司名称代表公司的形象，要求易记、易读、朗朗上口、寓意美好，目的是给客户留下好的印象。尤其对初创企业来说，塑造品牌可以先从打出响亮的名号开始。

一般来说，好的公司名称要符合以下几个特点：彰显公司的文化底蕴；便于识别；公司名称要与品牌、商标等具有统一性；名称要有个性，尽量避免"看过即忘"的名称；名称应积极向上且具有时代内涵。

规范的公司名称由行政区划、字号、行业、组织形式四个部分依次组成。行政区划通常指企业所在地的县级以上的行政区划的名称；字号指公司的名称或招牌，应由2个或2个以上的汉字组成；行业指公司所处的行业；组织形式指公司类型。

例如，北京字节跳动科技有限责任公司，其中"北京"是行政区划，"字节跳动"是字号，"科技"是行业，"有限责任公司"是组织形式。

（三）选择合适的注册地址

公司在成立前应选择合适的注册地址，因为创业者在申请注册公司时，需向登记机关提交公司住所使用证明。注册地址指公司的住所，是公司的主要办事机构所在地。

公司选址时要注意，注册地址的场所既可以是租赁的，也可以是自有的。如果是自有场所，要持有产权证明。如果租用企事业单位的房屋作为注册地址，创业者要提供该单位的营业执照副本复印件，并加盖公章，另外还要提供双方的租赁合同。要注意房屋的产权性质，如商住、商业、写字楼、办公楼等。

公司在选址时，要考虑商业环境、有效客流、交通条件、竞争强度等因素。注册地址最好稳定，因为若公司成立后注册地址发生变动，需要进行变更登记。

（四）确定注册资本

注册资本是创业者和合伙人所缴纳的出资数额的总和。注册资本能够在某种程度上体现企业的实力。2014年3月1日新《公司法》实施后，取消了对2人及以上有限责任公司最低缴纳3万元注册资本的规定，也不再限制公司发起人的首次出资比例和缴足出资的时间，这对资金短缺的创业者来说是利好消息。

公司是以注册资本来承担经营活动的风险的，从法律角度来说，公司注册资本越少，股东责任就越小。不过注册资本是公司实力的体现，如果公司的注册资本太少，难免会让银行、合作伙伴、投资方担忧公司如何支付房租、员工工资等问题。通常来说，注册资本要根据公司的预算来确定，能够满足公司1~2年的资金需求即可。随着公司的发展，资金需求增加，可以到市场监督管理局变更登记手续、追加注册资本。

（五）确定企业经营范围

经营范围是指国家允许企业生产和经营的商品类别、品种及服务项目，反映企业业务活动的内容和生产经营方向，创业者应当参照《国民经济行业分类》（GB/T 4754–2011）选择一种或多种小类、中类或者大类自主提出经营范围登记申请。对《国民经济行业分类》中没有规范的新兴行业或者具体经营项目，可以参照政策文件、行业习惯或者专业文献等提出申请。企业的经营范围应当与公司章程规定相一致。

（六）编写公司章程

《公司法》规定，公司章程是公司成立的必要条件之一。登记机关会对公司章程进行审查，如果审核通过，则批准成立公司。如果审核未通过或没有公司章程，则不

能获得批准；创业者应按照规定修改公司章程或重新提交公司章程，直至审核通过。

公司章程指按照相关的法规，从公司名称、注册地址、营业范围、管理制度、财务制度等层面对公司组织和活动进行规定的书面文件。可以通过登记机关的网站下载《公司章程》样本进行改写，也可以聘请专门的律师负责起草并审核。公司章程要由全体股东签字，并签署日期。公司章程通过登记机关的审核后即刻生效，产生法律约束力，公司的后续管理、运营等都要严格遵守该章程。

二、在线办理流程

现在很多登记机关都开设了企业注册"一窗通"，大大简化了开办企业流程、压缩开办企业时间。以河北省企业开办"一窗通"在线办理流程为例，如图 6-4-1 所示。

图 6-4-1　企业营业执照在线办理流程

（一）公司名称核准

根据提示填写企业名称的"四段式"内容，系统会进行自动比对，显示已有的相似企业名称供申请人参考，申请人确定拟申请名称，选择登记机关，提交名称申请，系统会再次进行名称查重，查重通过后方可进行下一步。申报通过不代表登记机关对于企业名称的确认，具体以审核意见为准。

目前，"一窗通"可以办理企业的类型为有限责任公司、股份公司、一人有限公司、个人独资企业、合伙企业。

（二）填报信息并提交材料

按照提示依次在线填写拟设立企业信息、经营范围、企业股东信息、税务信息、财务负责人信息等，然后完善相关材料，所需材料主要有：全体股东签署的公司章程；法人股东资格证明或者自然人股东身份证及其复印件；董事、监事和经理的任职文件及身份证复印件；指定代表或委托代理人证明；代理人身份证及其复印件；住所使用证明；房屋住所证明或租赁合同等。

（三）同步办理

通过企业注册"一窗通"可以一窗填报、同步办理公安刻章信息备案、税务发票信息填报、社保用工信息备案、单位住房公积金缴存登记、银行开户预约。这些业务均办理完后，就可以提交，按步骤预览申报信息，提交到登记机关审批。

三、营业执照领取后的工作

通过"一窗通"办理，一般市场监督管理部门1天内会予以核准并向企业颁发电子营业执照，电子营业执照与纸质营业执照具有同等法律效力，是市场主体取得主体资格的合法凭证。电子营业执照通过手机等装载有电子营业执照应用程序的智能移动终端进行领取、下载和使用。

> **❾ 知识小阅**
>
> #### 五证合一 一照一码
>
> 2016年10月1日起，全国范围内实施"五证合一，一照一码"登记模式，即将"营业执照、组织机构代码证、税务登记证、社会保险登记证和统计登记证"五证合为一证，大大提高市场准入效率。

领取营业执照后，并不能马上开业，还应根据线上备案预约，到指定部门办理刻章、税务报到、银行基本户开户、缴纳社保、申请税控及发票，并且每年1月1日至6月30日，报送上一年度年度报告。一般经过2~3天的办理，企业即可具备经营条件。

领取的营业执照分正副本，具有同等法律效力，在实质上是没有区别的。在使用方面，正本是"必须悬挂"在经营场所的明显处，否则可能因未悬挂执照而受到处罚；副本一般用于外出办理业务用的，如办理银行税务登记证、签订合同等。

⇒ 能力训练

跟着历史了解电子营业执照的办理

【训练形式】

3~5人为一组，以小组的形式完成。

【训练目的】

了解电子营业执照的发展历史，熟悉在线办理营业执照的客户端使用方法。

【训练过程】

根据表6-4-1所示，以电子营业执照的发展历史为线，了解相关客户端，亲自使用并谈谈使用体会。

表 6-4-1 电子营业执照的发展历史

时间	区域	客户端	服务内容	各端口使用体会
2018年4月	天津及江苏省四个城市	微信、支付宝小程序	启动下载并使用电子营业执照的服务	
2019年4月	北京	"e窗通"平台	核准并颁发电子营业执照	
2020年4月	上海	"电子营业执照"小程序	实现电子营业执照、电子印章同步发放	
2020年7月	全国范围	"电子营业执照"上线国务院客户端小程序	电子营业执照在全国范围发放	

➲ 效果评估

评估最佳企业选址

这部分的评估可以通过两个活动来进行。

1. 企业选址

（1）通过前面的"能力训练"，我们已经建立了创业团队，拥有了自己的创业项目，并且进行了融资，下面就以已经建立的创业团队为分组依据，根据小组的创业项目进行企业选址。

（2）制订选址方案。方案中应该涉及多个选址策略的比较分析和最终的选址结果。

2. 评估选址方案

表 6-4-2 所示的是选址方案评估表，其中重要性指数是一个权重值，由于企业的类型不同，因此选址时侧重考虑的因素也不同，比如餐饮类企业比较关注客流因素，制造型企业则会关注物流、原材料成本等因素。这就要求我们在进行评估时，根据企业类型的不同，分别设置重要性指数，但要注意：$\sum$重要性指数 =1，最后计算得分；每项的得分 = 重要性指数 × 满意度，最后汇总。总分最高者为最佳方案。

表 6-4-2 选址方案评估表

考察因素	重要性指数	满意度	得分
接近顾客			
交通物流			
环境设施			
招工水平			
竞争情况			

续表

考察因素	重要性指数	满意度	得分
房租水电等成本			
原材料成本			
市政规划			
总计			

任务五　管理新创企业

➲ 问题导入

图 6-5-1 中所示的青铜器，名叫司母戊大方鼎，它重达 833 千克，长 110 厘米、宽 79 厘米、高 133 厘米，出土于河南安阳，诞生于遥远的商朝，是迄今出土的世界上体积最大的商代青铜器。这样一件巨大的容器是怎样造出来的呢？毫无疑问，制造过程肯定要集合当时最伟大的工匠才能完成，以现代的角度审视，这个团队的人员构成：必须有化学家，熟悉铜与锡的调剂比例；必须有设计师，勾画出精美绝伦的铜鼎图案；必须有机械工程师，能运行某种鼓风助燃的设备；必须有冶炼家，能在较短的时间内连续灌注；当然，还必须有一个优秀的领导者，因为据专家结论：要铸造司母戊大方鼎，必须组建一个三四百人的工匠团队，进行科学分工，协同操作。

图 6-5-1　司母戊大方鼎

可见，在距今 3 000 多年前的商代，这已经是一个技术密集型的制造工厂，而那个领导了数百人工匠团队的"总工程师"，无疑就是一位伟大的企业家。人类的发展离不开管理和团队，初创企业要想行稳致远，管理是第一要务！

➲ 任务解码

随着企业生存环境日益复杂，提高企业的存活率成为企业管理的头等大事，对于初创企业来说更是如此。加拿大维多利亚大学通过对创业企业数十年的追踪研究，得出结论，决定创业企业生死的有四件大事：一是企业的商业模式；二是企业用人管理；三是企业营销管理；四是企业财务管理。

解锁本任务的密码有：

● 知识密码：理解企业管理的主要内容，掌握人力资源管理、市场营销管理、财务管理基础知识。

- 能力密码：具备企业管理能力，提升企业存活率。
- 素养密码：培养企业家精神——爱国、创新、诚信、社会责任感，以及提升国际视野。

➜ 知识对策

一、人力资源管理

微课启学：
人脉与人力
资源管理

人力资源管理就是人力资源获取、整合、激励、控制调整以及开发的过程，主要包括岗位分析、人员招聘、激励机制以及绩效机制等管理内容。简单地说，人力资源管理就是实现企业用好人的管理目的。人力资源管理主要包括以下七方面内容。

（一）人力资源计划制订

人力资源计划是指通过对企业的发展目标、需求和供给状况等内外部环境的分析和评估，制定人力资源部门未来要做的工作内容。其内容主要包括：制订人力资源总计划、编制职务计划、制订人员需求计划、编制人员培训计划，以及人员激励计划等。

（二）岗位分析

岗位分析是对企业各类岗位的性质、任务、职责、劳动条件和环境，以及员工承担本岗位任务应具备的资格条件进行的系统分析和研究，并由此制定岗位说明书等人力资源管理文件的过程。

岗位说明书是岗位分析的最终成果，岗位说明书的作用有两个方面：一是使员工了解企业需要他们做什么；二是企业用它来评价员工的工作绩效。岗位说明书的编写要求准确清晰。图 6-5-2 所示的是一张岗位说明书样表，各个企业岗位特点不同，编制的侧重点也不尽相同。

（三）员工招聘

1. 招聘渠道

员工招聘是指在企业发展战略规划的指导下，如何寻找合适的人员来填补空缺职位的过程。大多数员工是通过招聘进入企业的，招聘渠道主要有以下几种：

（1）通过企业内部提拔。这主要是针对较高层次的职位的招聘。

（2）通过推荐人招聘。推荐人了解应聘人员，成本较低，离职率也较低；但招聘范围小，且易形成小团体。

（3）通过人才市场，即中介机构招聘。节省时间，针对性较强，但招聘费用较高，可能招聘来的人不符合要求。

（4）通过广告招聘。要认真选择广告媒体，如报纸、广播、电视、网络等，并构思广告内容。

（5）通过教育机构招聘，如高校校园招聘会等。现场招聘会可避免信息失真，而且，见面交流是一种初步筛选机制，有助于宣传企业，但这种招聘方式的费用较高。

××部经理——岗位职责说明书			
部门		岗位名称	
岗位级别		岗位人数	
直接上司		在岗人员	
职业发展		有无兼职	
岗位设置目的			
工作职责			
重要性排序	工作具体内容		衡量标准
1			
2			
……			

图 6-5-2　岗位说明书样表

2. 招聘程序

招聘程序包括以下几个步骤：

（1）确定岗位需求，制订招聘计划，后者包括招聘规模（通过招聘活动吸引多少应聘者）、招聘范围和招聘经费预算等。

（2）发布招聘信息。

（3）接收求职申请材料。

（4）组织面试。

（5）核实拟聘员工的相关信息。

（6）技能测试。

（四）培训

培训是指企业通过各种方式改变员工态度、提升工作知识和技能，以改善工作业绩的活动。培训的原则主要有以下几点：

（1）服务于企业战略的原则。

（2）目标明确、适度原则。以增强培训效果。

（3）差异化原则。内容要具有一定的差异化和个性化，培养对象也主要向中高层管理和技术人员等关键职位倾斜。

（4）激励原则。调动员工参与培训的积极性。

（5）实效原则。提高培训的针对性，获得最佳的培训效果。

根据培训内容，培训可分为知识性培训、技能性培训、态度性培训。根据培训形式，可分为在职培训和脱产培训。在职培训主要使用学徒培训和工作轮换等方法。在职培训的优点有：不耽误工作时间，不需要另外买设备，费用较低，培训环境真实，立即应用，及时反馈，实用性较强。缺点有：影响正常工作操作，使工作效率下降，培训时间也不连续。

（五）绩效管理

绩效管理是指根据绩效目标，收集有关信息，评价和反馈员工绩效，以完成组织目标的管理过程。绩效管理的目的是根据考核结果做出相应奖惩决策，并为员工的培训与晋升，提供依据和指导。

绩效管理的内容包括以下四部分，它们是有机联系的整体。

1. 计划绩效

计划绩效工作主要设计绩效目标及其标准。绩效目标包括工作业绩、工作能力和态度三个维度。绩效指标应具体、明确，具有可变性和差异性（不同指标的权重有差异，不同类型员工的绩效指标有差异）。绩效标准是指界定员工的绩效内容和工作要求，即员工应怎样做或做到什么程度。绩效标准应明确、适度、可变。

2. 监控绩效

通过工作记录法、观察法、他人反馈法等收集绩效信息，并与员工保持沟通，随时进行咨询和辅导，随时纠正偏差。

3. 考核绩效

绩效考核主体包括：

（1）上级（保证权威性，但信息来源单一，易生偏见）。

（2）同事（全面了解、避免偏见，促进团队合作，但可能合谋或相互猜疑，影响公正性）。

（3）下级（促使上级关心下级，但其往往不敢反映真实情况，削弱权威）。

（4）员工本人（强化自我开发和约束意识，结果容易接受，但评价可能偏高，易产生矛盾）。

（5）客户（有助于提高工作质量，但可能片面）。要根据具体情况，选择适当的考核主体和考核方法。

4. 反馈绩效

要面谈与反馈员工完成绩效目标的情况、存在的问题及原因、解决问题的意见和建议。特别要注意的是，绩效反馈应当及时，对事不对人，要指出具体问题及原因，把握说话的技巧。

（六）薪酬管理

薪酬管理是指在企业战略的指导下，确定企业的薪酬水平、薪酬结构和薪酬形式，并进行调整和控制的活动。薪酬管理的作用不仅是让员工获得经济收入，还是吸引和留住优秀员工、激发其工作热情，从而改善企业绩效的重要手段。

员工薪酬一般包括基本工资和间接薪酬（福利）。

（1）基本工资是指以货币为支付手段，按时间或产量计算而得到的报酬。其设计流程为：职位评价（内部公平性）→薪酬调查（外部公平性）→确定薪酬等级。

（2）间接薪酬（福利）以劳动为基础，但与劳动量不一一对应。一般采取实物支付或延期支付的形式。前者如免费、折价、优惠的商品和服务、工作餐，全薪公休日、带薪休假，娱乐项目，公益服务等；后者如退休金、各类保险支付等。

（七）激励理论

在经济发展的过程中，劳动分工与交易的出现带来了激励问题。激励理论是行为科学中用于处理需要、动机、目标和行为四者之间关系的核心理论。行为科学认为，人的动机来自需要，由需要确定人们的行为目标，激励则作用于人内心活动，激发、驱动和强化人的行为。激励理论是业绩评价理论的重要依据，它说明了为什么业绩评价能够促进组织业绩的提高，以及什么样的业绩评价机制才能够促进业绩的提高。人力资源管理中主要有以下几种激励理论。

1. 马斯洛的需求层次理论

马斯洛把人的需求分为五个层次：第一层次为生理需求，即维持生存的最基本需求；第二层次为安全需求，即身心、工作等有安全保障，免受威胁；第三层次为社交需求，即友爱和归属需要，希望交往，成为某组织的成员，得到他人关爱；第四层次为尊重需要，即自我尊重和他人尊重；第五层次为自我实现需要，即发挥最大潜能，自我发展和完善，是最高层次的需求。

首先要满足低层次的需求，再满足高层次的需求。可能同时存在着不同层次的需求，但有一个起主导作用。只有未满足的需要才能成为激励因素。

2. 双因素理论

双因素理论，又称"激励因素－保健因素"理论。它是美国心理学家弗雷德里克·赫茨伯格于20世纪50年代首先提出来的。激励因素是指使职工感到满意的因素，多属于工作本身，诸如成就、认可、晋升、工作中的成长、责任感等，这些东西如果能得到满足，使职工感到满意就可激励其工作热情。如果不能满足，则感到不满意，但影响不大。保健因素则指的是工作环境即外界因素，诸如组织政策、工作条件、人际关系、地位、安全和生活条件等，这些因素如果得到了满足，那么人们就会消除不满；但如果得不到满足，则会招致不满。

3. 公平理论

公平理论，又称社会比较理论，它是美国行为科学家约翰·亚当斯提出来的一种激励理论。该理论侧重于研究工资报酬分配的合理性、公平性及其对职工生产积极性的影响。公平理论的基本观点是：当一个人做出了成绩并取得报酬以后，他不仅关心自己所得报酬的绝对量，而且关心自己所得报酬的相对量。因此，他要进行种种比较来确定自己所获报酬是否合理，比较的结果将直接影响他今后工作的积极性。

二、企业市场营销管理

市场营销是指在创造、沟通、传播和交换产品中，为客户、合作伙伴以及整个社会带来价值的一系列活动、过程和体系。有"市场营销之父"之称的美国经济学家菲利普·科特勒更加强调了营销的价值导向，他认为：市场营销是个人和集体通过创造产品和价值，并与别人自由交换产品和价值，来获得其所需所欲之物的一种社会交往和管理过程。

微课启学：学会营销思维

（一）市场营销基本流程

市场营销工作的基本流程如下：

（1）市场机会分析。企业通过市场分析寻找特定的市场营销机会，来指导营销战略的制定。在市场营销战略制定过程中，评估企业机会和障碍会涉及对企业情况的分析，包括企业的经济状况、消费者情况和其他外部环境因素。首先，我们要根据企业市场营销能力来检查企业的优势和劣势，对过去的企业经营成果以及市场营销的优势、劣势进行评价。其次，要进行销售和管理的成本研究。最后，预测企业的销量。通过分析，企业才会发现所希望的竞争优势、革新技术和获得新市场的机会以及可能遇到的障碍。

（2）市场细分。企业根据市场需求的多样性和购买行为的差异性，把整体市场划分为若干个具有某种相似特征的顾客群（称之为细分市场或子市场），以便确定自己的目标市场。经过市场细分的子市场之间的消费者具有较为明显的差异性，而在同一子市场之内的消费者则有相对的类似性。所以，市场细分是一个同中求异、异中求同的过程。

（3）目标市场选择。目标市场选择是指估计每个细分市场的吸引力程度，并选择进入一个或多个细分市场。

（4）市场定位。市场定位就是企业从各个方面为产品创造特定的市场形象，使之显示出与竞争对手的产品不同的特色，以求在目标顾客心目中形成一种特殊的偏爱。

（5）确定营销组合策略。企业的市场营销计划是为实现企业市场营销战略而制订的行动方案，它比较复杂又具有综合性，涉及产品、渠道、促销、价格四个重要因素，这四个大因素被称为市场营销组合因素。企业的市场营销战略正是通过这些组合来加以体现和贯彻的。

（6）产品生产。根据市场调研以及消费者需求，组织产品设计与开发。

（7）营销活动管理。即组织、执行与控制整个市场营销活动。

（8）售后服务，信息反馈。企业要实施有效的客户关系管理，及时了解市场及客户对产品和服务的反馈，以便评估市场营销效果，调整市场营销战略。

（二）市场营销组合策略

一套完整的市场营销战略往往会关系到这个企业的生死存亡。企业营销涉及两类因素：一类是企业外部环境给企业带来的机会和威胁，这些是企业很难改变的；另一类则是企业本身可以通过决策加以控制的。企业本身可以控制的因素归纳起来主要有以下四方面，这四个方面就构成了市场营销组合策略。

1. 产品策略

所谓产品策略，即指企业制定经营战略时，首先要明确企业能提供什么样的产品和服务去满足消费者的需求，也就是要解决产品策略问题。它是市场营销组合策略的基础，从一定意义上讲，企业成功发展的关键在于产品满足消费者的需求的程度。产品策略包括产品发展、产品计划、产品设计、交货期等决策内容。

制定产品策略，首先要具备产品生命周期观念，产品生命周期（Product Life Cycle,PLC），是指一个产品的销售历史要经历介入、成长、成熟、衰退的阶段，如同人的生命周期一样，要经历出生、成长、成熟、老化、死亡的阶段。产品的生命周期与销售利润如图 6-5-3 所示。

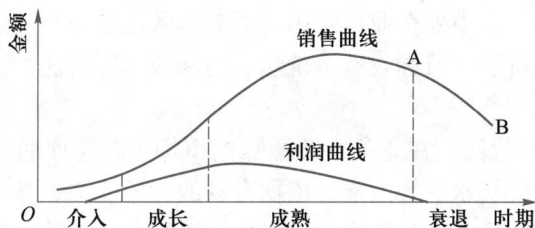

图 6-5-3 产品生命周期与销售利润曲线图

对处于不同生命周期的产品，应采取与之对应的营销策略，不同生命周期的营销策略重点，如表 6-5-1 所示。

表 6-5-1 产品的生命周期特点及其营销策略

产品周期	市场特点	营销策略
介入期	产品销量少，促销费用高，制造成本高，销售利润很低甚至为负值	快速撇脂策略：以高价格、高促销费用推出新产品，尽快收回投资 快速渗透策略：以低价格、高促销费用推出新产品，快速占领市场
成长期	销售量增大，企业生产规模也逐步扩大，产品成本逐步降低，新的竞争者会加入竞争	改善产品质量，寻找新的细分市场，改变广告宣传重点，适时降价
成熟期	销售量增长缓慢，达到最高峰后缓慢下降；产品的销售利润开始下降、市场竞争非常激烈	对市场和产品进行调整，以发现新用户，开发产品新用途
衰退期	产品销售量急剧下降，利润很低甚至为零，大量的竞争者退出市场，消费者的消费习惯已发生改变	收缩策略 放弃策略

2. 价格策略

价格策略就是根据购买者各自不同的支付能力和效用情况，对产品进行定价，从而实现最大利润的办法。价格策略是一个比较近代的观念，源于 19 世纪末大规模零售业的发展。以往多数情况下，价格是买者做出选择的主要决定因素；不过在最近的十几年里，在买者选择行为中非价格因素已经变得相对更重要了。但是，价格仍是决定公司市场份额和盈利率的最重要因素之一。在营销组合中，价格是唯一能产生收入的因素，其他因素表现为成本。

确定产品价格，通常要考虑：确定定价目标、确定市场需求、估计成本、选择定价方法、选定最终价格。其中，定价方法是企业在特定的定价目标指导下，依据对成本、需求及竞争等状况的研究，运用价格决策理论，对产品价格进行计算的具体方法。定价方法主要包括：

（1）成本导向定价法。以产品单位成本为基本依据，再加上预期利润来确定价格的成本导向定价法，是中外企业最常用、最基本的定价方法。成本导向定价法又衍生出了总成本加成定价法、目标收益定价法、边际成本定价法、盈亏平衡定价法等几种具体的定价方法。

（2）竞争导向定价法。在竞争十分激烈的市场上，企业通过研究竞争对手的生产条件、服务状况、价格水平等因素，依据自身的竞争实力，参考成本和供求状况来确定商品价格，这种定价方法就是通常所说的竞争导向定价法。竞争导向定价法主要包括随行就市定价法、产品差别定价法、密封投标定价法等。

✃ 知识小阅

密封投标定价法

在国内外，许多大宗商品、原材料、成套设备和建筑工程项目的买卖和承包，以及出售小型企业等，往往采用发包人招标、承包人投标的方式来选择承包者，确定最终承包价格。一般来说，招标方只有一个，处于相对垄断地位，而投标方有多个，处于相互竞争地位。标的物的价格由参与投标的各个企业在相互独立的条件下来确定。在买方招标的所有投标者中，通常报价最低的投标者中标，它的报价就是承包价格。这样一种竞争性的定价方法就称密封投标定价法。

（3）顾客导向定价法。现代市场营销观念要求企业的一切生产经营必须以消费者需求为中心，并在产品、价格、渠道和促销等方面予以充分体现。根据市场需求状况和消费者对产品的感觉差异来确定价格的方法叫作顾客导向定价法，又称市场导向定价法、需求导向定价法。需求导向定价法主要包括理解价值定价法、需求差异定价法和逆向定价法。

3. 渠道策略

渠道策略主要是研究如何使商品顺利到达消费者手中的策略。营销渠道策略是整个营销系统的重要组成部分，是营销中的重中之重。它对降低企业成本和提高企业竞争力具有重要意义。渠道策略包括渠道的拓展方向、分销网络建设和管理、区域市场的管理、营销渠道自控力和辐射力的要求。最常用的营销渠道类型有：

（1）直接渠道。这是指生产者直接把商品出售给最终消费者的分销渠道。基本模式为：生产者—消费者。直接渠道减少了中间环节，节约了流通费用；而且产销直接见面，生产者能够及时了解消费者的市场需求变化，有利于企业及时调整产品结构，做出相应的决策。直接渠道的具体销售形式有接受用户订货，设店销售，上门推销，利用通信、电子手段销售。

（2）间接渠道。这是指生产者通过流通领域的中间环节把商品销售给消费者的渠道。基本模式为：生产者—中间商—消费者。间接渠道是社会分工的结果，通过专业化分工使得商品的销售工作简单化；中间商的介入，分担了生产者的经营风险；借助于中间环节，可扩大商品销售的覆盖面，有利于提高商品市场占有率。但中间环节太多，会增加商品的经营成本。

4. 促销策略

促销策略是市场营销组合的基本策略之一。促销策略是指企业通过人员推销、广告、公共关系和营业推广等各种促销方式，向消费者或用户传递产品信息，引起他们的注意和兴趣，激发他们的购买欲望和购买行为，以达到扩大销售的目的。常用的促销策略有广告推广、人员推销、公共关系等。

上述四种策略组合起来总称为市场营销组合。市场营销组合的基本思想在于，从制定产品策略入手，同时制定价格、促销及分销渠道策略，组合成总体策略，以便达到以合适的商品或服务、合适的价格、合适的促销方式，把产品或服务送到合适地点的目的。企业经营的成功，在很大程度上取决于这些组合策略的选择和它们的综合运用。

三、财务管理

财务管理，是在一定的整体目标下，对资产的购置（投资）、资本的融通（筹资）和经营中现金流量（营运资金），以及利润分配的管理。财务管理是企业管理的一个组成部分，它是一项根据财经法规制度，按照财务管理的原则，组织企业财务活动，处理财务关系的经济管理工作。简单地说，财务管理是组织企业财务活动，处理财务关系的一项经济管理工作。

（一）基本概念

1. 资本性支出和收益性支出

企业发生的各种支出按照其受益期的长短可以区分为资本性支出和收益性支出：

（1）资本性支出指企业为取得受益期在 1 年以上的财产而发生的支出，如购置房屋、设备、商标专利权等的支出，这些支出因为受益期较长，在发生时不应该全部从当期收入中扣减，而应计入资产价值，在其受益期内分期摊销。

（2）收益性支出指企业为取得本期收益所发生的支出，其受益期在本期，所以应在支付时全部计入当期成本费用。

严格区分这两种支出，有利于企业正确计算各年利润和正确反映资产的价值。如果误将资本性支出作为收益性支出进行核算，则会加大资金支出年度的费用水平，使当期利润虚减；相反，如果将收益性支出作为资本性支出进行核算，则会使资金支出年度的利润和企业资产的价值均虚增，都无法真实地反映企业的财务状况。

2. 成本和费用

收益性支出按照其与生产服务或经营管理的关系可分为成本和费用：

（1）成本是企业为生产商品或提供劳务等所耗费物化劳动或劳动中必要劳动的价值的货币表现。同产品产量或服务数量有密切的联系，是产品或服务价值的基础或构成内容。成本随产品的销售或服务的提供得到补偿。

（2）费用是同企业经营管理活动有着密切联系的耗费，与产品生产或服务提供无直接关系。为了会计核算需要而人为地将一个企业持续经营的生产经营活动划分成的一个个连续的、长短相同的时间单位，就称为会计期间。会计期间分为年度和中期，最基本的会计期间是会计年度，我国规定会计年度采用公历年度，为每年的 1 月 1 日至 12 月 31 日；中期是指短于一个完整会计年度的报告期间，如月份、季度、半年度等。

如企业用于经营管理活动的各种支出、用于产品销售环节的各项耗费以及理财业务中所发生的支出，它们分别被叫作管理费用、销售费用和财务费用，并被统称为期间费用。期间费用直接计入当期损益，从当期收入中得到补偿。

3. 直接成本和间接成本

成本按其计入产品成本的方式不同，分为直接成本和间接成本：

（1）直接成本指只在企业生产和交易环节中发生的成本，包括企业在制造某种产品、提供某种服务或买进商品再出售时直接发生的相关费用，如构成产品实体的各种材料、直接参与产品生产的工人薪酬、购进商品的价款等。这些费用与企业生产的产品、提供的服务或企业所转卖的商品的数量直接相关。

（2）间接成本指那些在企业经营活动中发生的除直接成本外的所有其他成本。这些成本不能直接归入某一个具体产品或某一项服务当中，比如制造业中车间的水电费、厂房和机器设备的折旧费、车间管理人员的工资，批零或服务业中办公室的租金、员工的工资等。为计算单个产品或单项服务的成本，需要按比例把间接成本分摊到每个产品或每项服务中去。

4. 费用分类

费用按其发生的地点和用途，分为销售费用、财务费用和管理费用：

（1）销售费用是指企业在销售商品产品和材料、提供劳务过程中发生的各种费用。包括保险费、包装费、展览费、广告费、商品维修费、运输费、装卸费等以及为销售本企业商品而专设的销售机构（含销售网点、售后服务网点等）的职工薪酬、业务费、折旧费等经营费用。

（2）财务费用是企业为筹集生产经营所需资金等而发生的筹资费用。包括利息支出（减利息收入）、汇兑损益以及相关的手续费、企业发生的现金折扣或收到的现金折扣等。

（3）管理费用是行政管理部门为组织和管理企业生产经营所发生的各种费用。包括企业在筹建期间内发生的开办费、董事会和行政管理部门在企业的经营管理中发生的或者应由企业统一负担的公司经费（包括行政管理部门职工工资及福利费、物料消耗、低值易耗品摊销、办公费和差旅费等）、工会经费、董事会费（包括董事会成员津贴、会议费和差旅费等）、聘请中介机构费、咨询费（含顾问费）、诉讼费、业务招待费、房产税、车船税、土地使用税、印花税、技术转让费、矿产资源补偿费、研究费用、排污费等。

（二）财务关系

所谓财务关系是指企业在现金流动中与各有关方面发生的经济关系。主要包括四种：

（1）企业和投资者和受资者之间的财务关系。这是指投资同分享投资收益的关系，在性质上属于所有权关系。处理这种关系，必须维护投资、受资各方的合法权益。

（2）企业与债权人、债务人、往来客户之间的财务关系。这在性质上属于债权关系、合同义务关系，处理这种财务关系，必须按有关各方的权利和义务保障有关各方的权益。

（3）企业和税务机关之间的财务关系。这反映的是依法纳税和依法征税的税收权利义务关系。

（4）企业与职工之间的财务关系。企业和职工之间的结算关系，体现着职业个人和集体在劳动成果上的分配关系。

（三）财务报表

财务报表是以会计准则为规范编制的，向所有者、债权人、政府及其他有关各方及社会公众等外部反映会计主体财务状况和经营的会计报表。财务报表包括资产负债表、利润表、现金流量表或财务状况变动表、附表和附注。财务报表是财务报告的主要部分，不包括董事报告、管理分析及财务情况说明书等列入财务报告或年度报告的资料。

微课启学：认识财务报表

1. 资产负债表

资产负债表是指反映企业在某一特定日期的财务状况的报表。主要反映企业资产、负债和所有者权益三方面的内容，并满足"资产 = 负债 + 所有者权益"平衡式。图 6-5-4 所示的是一张简化的资产负债表，该表分为左右两部分，左方为资产，表明资产由哪些项目构成；右方为负债及所有者权益方，说明企业应承担的经济责任。

资产负债表(简化样本)

年　　月　　日

编制单位：　　　　　　　　　　　　　　　　　　　　　单位：元

资产	金额	负债	金额
1. 流动资产		1. 短期负债	
2. 固定资产		2. 长期负债	
3. 减：累计折旧		负债总额	
固定资产净值		所有者权益	
4. 其他资产			
资产总额		负债与所有者权益总额	
附注		附注	

单位负责人：　　　　财会负责人：　　　　复核：　　　　制表：

图 6-5-4　资产负债表样表

2. 利润表

利润表是指反映企业在一定会计期间的经营成果及其分配情况的会计报表，是一段时间内公司经营业绩的财务记录，反映了这段时间的销售收入、销售成本、经营费用及税收状况，报表结果为公司实现的利润或亏损。利润表样表，如图 6-5-5 所示。

3. 现金流量表

现金流量表反映的是企业在固定期间（通常是每月或每季）内现金（包含银行存款）的增减变动情形。现金流量表的出现，主要是要反映出资产负债表中各个项目对现金流量的影响，并根据其用途划分为经营、投资及融资三个活动分类。现金流量表可用于分析一家机构在短期内是否有足够现金去应付开销。现金流量表，如图 6-5-6 所示。

利润表

年　　月　　日

编制单位：　　　　　　　　　　　　　　　　　　　　　　　　　　　　　　单位：元

项目	本期金额	上期金额
一、营业收入		
减：营业成本		
营业税金及附加		
销售费用		
管理费用		
财务费用		
资产减值损失		
加：公允价值变动收益(损失以"－"号填列)		
投资收益(损失以"－"号填列)		
其中：对联营企业和合营企业的投资收益		
二、营业利润(亏损以"－"号填列)		
加：营业外收入		
减：营业外支出		
其中：非流动资产处置损失		
三、利润总额(亏损总额以"－"号填列)		
减：所得税费用		
四、净利润(净亏损以"－"号填列)		

单位负责人：　　　　　　财会负责人：　　　　　　复核：　　　　　　制表：

图 6-5-5　利润表样表

4. 财务状况变动表

财务状况变动表又称资金表、资金来源与运用表，是根据企业在一定时期内资产项目和权益项目的增减变动来揭示资金的流入、流出和转换的会计报表。财务状况变动表的主要作用是反映企业在报告期内财务状况的全貌，并沟通了利润表和资产负债表。

5. 附表

财务报表中现行的主表主要有三张，即资产负债表、利润表和现金流量表。附表即从属报表，是指对主表中不能或难以详细反映的一些重要信息所做的补充说明的报表。现行的附表主要有：利润分配表和分部报表，是利润表的附表；应交增值税明细表和资产减值准备明细表，是资产负债表的附表。主表与有关附表之间存在着勾稽关系，主表反映企业的主要财务状况、经营成果和现金流量，附表则对主表进一步补充说明。

6. 附注

财务报表附注是为了便于财务报表使用者理解财务报表的内容而对财务报表的编制基础、编制依据、编制原则和方法及主要项目等所作的解释。其主要内容有：主要会计政策、会计政策的变更情况、变更原因及其对财务状况和经营成果的影响、非经营项目的说明、财务报表中有关重要项目的明细资料、其他有助于理解和分析报表需要说明的事项。

现金流量表

年　　月　　日

编制单位：　　　　　　　　　　　　　　　　　　　　　　　　单位：元

项目	行次	金额
一、经营活动产生的现金流量		
销售商品、提供劳务收到的现金	1	
收到增值税销项税额	2	
现金收入合计	3	
购买商品、接受劳务支付现金	4	
支付给职工以及为职工支付的现金	5	
支付的各项税费	6	
支付的其他与经营活动有关的现金	7	
现金支出合计	8	
经营活动产生现金净额	9	
二、投资活动产生的现金		
三、筹资活动产生的现金流量		
借款收到的现金	10	
现金收入小计	11	
偿还债务所支付的现金	12	
偿还利息所支付的现金	13	
现金支出小计	14	
筹资活动产生的现金净额	15	
四、现金及现金等价物增加额		

单位负责人：　　　　　财会负责人：　　　　　复核：　　　　　制表：

图 6-5-6　现金流量表样表

（四）财务分析

　　财务分析是以会计核算和报表资料及其他相关资料为依据，采用一系列专门的分析技术和方法，对企业等经济组织过去和现在有关筹资活动、投资活动、经营活动、分配活动的盈利能力、营运能力、偿债能力和增长能力状况等进行分析与评价的经济管理活动。它能为企业的投资者、债权人、经营者及其他关心企业的组织或个人了解企业过去、评价企业现状、预测企业未来做出正确决策提供准确的信息或依据。财务分析的主要工作内容包括：

　　（1）资金运作分析。根据公司业务战略与财务制度，预测并监督公司现金流和各项资金使用情况，为公司的资金运作、调度与统筹提供信息与决策支持。

　　（2）财务政策分析。根据各种财务报表，分析并预测公司的财务收益和风险，为公司的业务发展、财务管理政策制度的建立及调整提供建议。

　　（3）经营管理分析。参与销售、生产的财务预测、预算执行分析、业绩分析，并提出专业的分析建议，为业务决策提供专业的财务支持。

（4）投融资管理分析。参与投资和融资项目的财务测算、成本分析、敏感性分析等活动，配合上级制订投资和融资方案，防范风险，并实现公司利益的最大化。

（5）财务分析报告。根据财务管理政策与业务发展需求，撰写财务分析报告、投资财务调研报告、可行性研究报告等，为公司财务决策提供分析支持。

（五）成本控制

成本控制，是企业根据一定时期预先建立的成本管理目标，由成本控制主体在其职权范围内，在生产耗费发生以前和成本控制过程中，对各种影响成本的因素和条件采取的一系列预防和调节措施，以保证成本管理目标实现的管理行为。成本控制主要包括四个方面的内容：

（1）原材料成本控制。影响原材料成本的因素有采购、库存费用、生产消耗、回收利用等，所以控制活动可从采购、库存和消耗三个环节着手。

（2）工资费用控制。控制工资成本的关键在于提高劳动生产率，它与劳动定额、工时消耗、工时利用率、工作效率、员工出勤率等因素有关。

（3）制造费用控制。制造费用开支项目很多，主要包括折旧费、修理费、辅助生产费用、车间管理人员工资等，虽然它在成本中所占比重不大，但因不引人注意，浪费现象十分普遍，是不可忽视的一项内容。

（4）企业管理费控制。企业管理费指为管理和组织生产所发生的各项费用，开支项目非常多，也是成本控制中不可忽视的内容。

⊃ 能力训练

商品营销策划

【训练形式】

教师指导，学生分组完成。

【训练目的】

为特定商品进行营销策划，提升学生营销能力及创新能力。

【训练过程】

1. 设计商品、布置任务

教师设计营销商品，并将商品名称及对应的特定目标客户，写在一张卡片上。为增加训练难度，可以将特定目标客户设定为并不接受这些商品的客户。学生按3人一组进行分组，并抽取任务卡片。

2. 为商品设计广告

每个小组制定广告策划方案，用大约1分钟的广告语，向特定目标客户描述商品特性，推广内容可以重点展示以下内容：

（1）该商品如何能使目标客户群体的生活变得更好？

（2）该商品与目标客户群体特有的价值标准之间是如何匹配的？

3. 商品推广

每个小组依次展示广告策划内容。其他组成员扮演目标客户群体，根据广告内容举手示意已经被说服并愿意购买。根据购买人数的多少决定获胜小组。

4. 活动讨论

（1）为了卖出这种商品，小组采用了哪些方法？关于目标客户的需要、想法或价值标准，小组是怎样设想的？

_____

_____

_____

_____。

（2）在制定广告的过程中，哪些商品信息是最重要的？

_____

_____

_____

_____。

➲ 效果评估

员工素质考量

员工素质是指员工从事某项事情（行为）所需具备的知识、技巧、品质及工作的能力。现代企业员工素质是指主要员工的基本素质、专业素质和政治素质所构成的员工综合素质。

创业者在招聘员工时要同时考虑员工的文凭和能力两个方面，如果只有高文凭，能力很低也无法为公司创造价值。

✎ 堂间小练

请你当人力资源部主管

××公司财务部副经理一职空缺，在当地的人才网站上发布了招聘信息，要求条件：财经类本科学历、中级职称，三年以上财务岗位工作经验。招聘信息发出以后，人力资源部就收到很多应聘者信息。

财务部副经理一职，说到底是要带领财务部的员工实施上至总监、下至经理制订的工作计划，没有一定的工作经验积累和团队领导能力是做不来的。所以，刚毕业工作一两年的会计显然不行，而一般有三年以上工作经验的，眼光似乎更高些，在同等薪酬待遇下，他们宁愿选择去应聘财务经理或以上的职位。经过无数次电话沟通和初试后，最终确定三个人员参加由公司财务经理、总经理组成的复试。这三个人分别是：

曾先生：中等师范学校毕业，参加高等教育自学会计专业毕业，助理会计师职称，财务工作经验三年。

　　王先生：成人高考会计大专在读，财务岗位工作经验六年，无职称。

　　吕先生：财经类本科学历，会计师职称，会计岗位工作两年。

　　专业考评和综合能力测试排名依次为王先生、曾先生和吕先生，如果你是人力资源部主管，你会聘用哪位应聘者？说明理由。

　　类似上述公司的用人选择在现今的职场中屡见不鲜。按理来说，社会上既有文凭又有水平的人是最受用人单位欢迎的，不过往往事与愿违，因为种种原因，许多人业务水平比较高，但手中没有过硬的文凭，而另一些人虽然怀揣各种证书，但实际工作能力常常名不符实。其实文凭的高低和专业证书的拥有与否，只是在一定程度证明了知识的多少，其目的还是为了证明能力的高低。

　　明智的创业者会通过相应的招聘机制及试用期，了解所招聘员工能力的高下，而聪明的求职者也可以在面试时通过实例来说服用人单位自己对这份工作的胜任信心。双方都换种思维方式，立足于能否为公司创造出效益的宗旨，辩证地对待文凭、证书与实际工作能力之间的关系，总能达到共赢！

交
互
测
试

项目六

模块四
职业发展篇

　　2022 年 4 月 21 日，国务院新闻办公室发表《新时代的中国青年》白皮书，这是我国首次专门就青年群体发布白皮书。它开宗明义，提出"青年是整个社会力量中最积极、最有生气的力量，国家的希望在青年，民族的未来在青年"，给出"中国青年始终是实现中华民族伟大复兴的先锋力量"的定位。

　　时代将这一历史责任赋予青年。无论是传统的"工农商学兵""科教文卫体"，还是基于"互联网 +"的新业态、新领域、新职业，新时代的中国青年要坚守"永久奋斗"光荣传统，不怕苦、甘于苦、肯吃苦，志存高远，脚踏实地，团结拼搏，锐意进取，将奋斗精神印刻在一个个平凡的岗位中，美好的青春一定能够在实现中华民族伟大复兴中国梦的进程中绽放出夺目的光彩！

项目七
行则将至——转变职业角色

▶ 项目概览

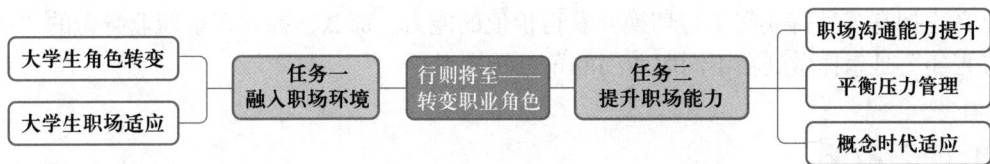

▶ 项目引言

"行则将至"语出《荀子·修身》："路虽迩,不行不至。事虽小,不为不成。"本书从认识自我与职业开始,到我们做出求职就业或是自主创业的选择并付诸实践,虽然道阻且长,但是行则将至,步入职场后,我们应积极调整自我,快速融入职场环境,顺利完成从"校园人"到"职场人"的角色转变。

任务一　融入职场环境

➲ 问题导入

　　"斜杠"（slash）的概念最早出自《纽约时报》专栏作家麦瑞克·阿尔伯所著《双重职业》一书中，指的是一个不再满足"专一职业"而选择拥有多重职业和身份的多元生活的人群。这些人在自我介绍中会用斜杠来区分，例如，张三，记者/演员/摄影师。"斜杠"便成了他们的代名词。"斜杠青年"并不是将自己的职业侧面简单罗列，而是真正拥有多种行业间平行切换并获得价值的能力。那么，拥有多重职业身份的"斜杠青年"是怎样做到在不同职业间的角色转换呢？

➲ 任务解码

　　"斜杠青年"之所以能够做到"分身有术"，除了现代化技术提供攻克之"术"外，对职业角色的心理认知及素质提升才是破解之"道"。当今社会，无论大学生选择求职就业还是自主创业，最终都要走向职场。只有深入认识和理解职业角色，才能快速实现从"校园人"到"职场人"的角色转变，提高职场适应能力，应对职场变化。

　　解锁本任务的密码有：

- 知识密码：理解职业角色及角色转变阶段，掌握职场适应的主要内容及适应途径。
- 能力密码：积极主动融入职场，实现职业角色转变。
- 素养密码：培养"不怕苦、甘于苦、肯吃苦"的奋斗精神与社会责任感。

➲ 知识对策

一、大学生角色转变

微课启学：
职场角色
转变

（一）学生角色与职业角色

　　角色转变是对个体在社会关系中的动态描述，大学生角色转变就是指大学生由学生角色转变到职业角色。尽管职业角色多种多样，具有鲜明的个性，但还是有着一定的共性，比如，职业角色扮演者具有一定的基础知识以及业务能力，拥有独立的经济，遵守相应的职业规范等。而职业人员的社会责任主要通过工作对象来体现，并需要从社会的角度评判其对社会的影响。因此，可以界定职业角色为"在某一职位上，以特定的身份，依靠自身知识和能力并按照一定的规范具体地展开工作，在行使职权、履行义务为社会作出贡献的同时取得相应的报酬"。

　　虽然大学毕业生完成从学生到职业者的转变并不需要花费太长时间，但角色性质的变化非常大，甚至可以说是大学生一生的重要转折。具体而言，学生角色和职业角

色主要有以下几方面的不同。

1. 社会责任不同

学生角色的主要任务是读书学习，为将来的工作做准备，这一角色履行得如何只是关系到本人知识掌握的多少以及能力培养的程度；而职业角色是以特定的身份、依靠自己的技能和本领履行职业角色要求的任务，且这一角色履行得如何关系到个人、单位以及行业的声誉。

2. 对自我管理和独立性的要求不同

学生的学校生活是一种集体生活，有统一的行为规范和作息制度，一旦违反纪律，就会受到相应的惩罚，因而很多学生依赖于学校管理，且学生需要家庭的经济等扶持，独立性较差；而职业者只有在工作时间内才需要遵守单位对其提出的要求，没有严格统一的方式进行管理约束，且职业者在经济、心理等方面开始逐渐独立。由此可见，职业角色对自我管理和独立性的要求较高。

3. 活动方式不同

学生角色主要强调的是对知识的输入、吸收和接纳，较少强调对知识的输出和应用；而职业角色主要强调的是职业人员能够对自己所学的知识和技能进行输出、应用和创造性地发挥，并向外界提供专业服务。

4. 人际关系不同

学生自身在很大程度上决定了其对科学文化知识的掌握以及自身素质与能力的提高，虽然也存在着竞争，但只是促进学习的手段，不能从根本上影响学生的利益，这也决定了学生的人际关系比较简单；而职业者之间的竞争成败直接关系到利益的分配，这决定了职业者之间存在着相对复杂的关系。

学生角色和职业角色存在的这些差异，再加上很多大学毕业生缺乏必要的思想准备和心理准备，致使他们在刚刚走上工作岗位时，往往不能完成从学生角色到职业角色的转变，不能很好地适应工作。

（二）大学生角色转变原则

具体而言，大学生在进行职业角色转变时，需要遵守以下几方面原则。

1. 增强职业角色意识

大学毕业生刚刚步入工作岗位，需要增强职业角色意识，充分认知职业角色的任务、责任以及工作要求，准确、及时地进入职业角色。爱岗敬业是学生角色转变到职业角色的基础，甘于吃苦是角色转变的条件。因此，大学毕业生在进入工作岗位后，要遵守职业角色规范，正确履行职业角色的义务和权利，进而使自己的言行适应职业角色的内在要求，全心全意地投入工作。

2. 增强独立自主意识

当前，不少大学生缺乏自主意识、独立生活能力差。但是，当他们成为职业者后，回报家庭和社会的责任，个人生存和发展的需要、均对其提出了增强自主意识与自立能力的要求。因此，大学毕业生要实现角色转变，需要增强独立自主意识，提高独立工作能力等。

3. 增强社会责任意识

大学毕业生在进入工作岗位后，社会主要从其承担的社会责任方面来评判其工作或服务的效率、质量、贡献等。因此，进入职业角色的大学毕业生要时刻意识到自己所从事的工作和社会发展的关系，并明确自己应对社会承担的责任。同时，大学毕业生要依照职业角色规范的要求，提高自身的职业道德和职业素质。

（三）大学生角色转变三个阶段

大学生职业角色的转换，大致可以分为以下三个阶段。

1. 在校期间的角色转变

虽然大学生在校期间的主要任务是学习，但由于大学是走进职场、进入社会的最后一个门槛，因此，大学生在进入大学伊始，就要认识职业，做好职业角色转变准备。具体要做好以下几点：

（1）要养成良好的学习习惯，广泛学习各方面的知识，培养自己的兴趣爱好。

（2）培养良好的交际能力，将学校看成是一个小型社会，通过加强和同学之间的良好交流与沟通，来锻炼自己的人际交往能力。

（3）积极参与社会实践，开拓视野，提高实践能力。

2. 毕业前夕的角色转变

这里所说的毕业前夕是指从开始择业到毕业离校的这段时间，这段时间是"有针对性地学习知识、培养能力进而转换角色的最佳时期，是毕业生转换角色的重要阶段"。大学生在这一段时间内，不仅要按照学校的教学计划完成课程的学习、实习实践以及毕业论文，而且要充分合理地利用这段时间，提前打下良好的知识、技能和心理基础，做好角色转变的准备工作。

（1）在择业的过程中，系统地接受就业指导，通过积极参与市场竞争、与用人单位"双向选择"的过程，加深对用人单位的了解，并结合自身的综合情况，不断调整职业期望值，从而确定自己未来的职业。

（2）通过毕业实习、就业实习、工作实习三者并重，进而提前进入职业角色。要不断调整和完善自己的职业知识和能力结构，同时要注意加强非智力因素技能的训练，逐步使自己的职业技能得到训练，以更好地承担职业角色。

3. 试用期内的角色转变

大学生在刚刚走上工作岗位时，会先进入试用期，之后才转为劳动合同期，而试用期往往决定着就业的成败，一定要做好试用期的角色转变。

（1）树立良好的第一印象。仪表是职业形象的基本外在特征，端庄的仪表通常能给人留下良好的第一印象。要注意自己的穿着打扮符合自己的现实身份和经济状况，同时也要注意个人的卫生。

（2）调整好生活节奏。在校期间，大学生的学习与生活压力较小，生活节奏较缓和。但成为职业者后，就要主动调整自己的时间观念，适应越来越快的工作环境和工作节奏。

（3）重视岗前培训。通过岗前培训，新员工不仅能够基本了解单位的基本情况、规章制度以及工作程序，而且能够树立集体主义观念，培养奉献精神以及人际协调能力，因此，岗前培训理应得到大学毕业生的重视。

（4）善于展现自己的知识。通常情况下，大学毕业生在工作中展现自己的知识，获得同事青睐的同时，也容易造成同事之间的隔阂和不愉快。因此，大学生一定要尊重同事丰富的经验，随和、谦虚，适度、适时地展现自己的知识。

（5）强化工作责任意识。大学毕业生在刚步入工作岗位时，虽然踌躇满志，但在工作之初通常不会被委以重任，而是先从小事、底层、基层做起。因此，不管工作的高低、轻重，大学毕业生都要以高度的责任感和事业心认真对待。

（6）安心本职工作。安心本职工作是大学生职业角色转变的基础。进入工作岗位后，大学毕业生要尽快脱离学生的状态，全身心地投入工作中。通过第一份工作，大学毕业生可以尽快地适应社会，重新认识自己，进而完成从学生角色到职业角色的转变，找到安全感和归属感。

二、大学生职场适应

职场适应，又称职业适应，指的是"个体在职业认知和职业实践的基础上，不断调整和改善自己的观念、态度习惯、行为和智能结构等，以适应职业实践的发展和变化"。个体从自然人转向社会人，是职场适应的实质。大学毕业生需要经过对职业环境、职业规范、职业实践等的观察、认知、领悟、模仿、认同、内化等一系列的学习和实践的过程，才能够能动地适应职场。

（一）职场适应主要内容

1. 角色适应

角色适应指的是对职业岗位的性质、地位、职责的主动适应，以创造"人岗适配"的最大经济效益和社会效益。大学毕业生在就业初期，由于不能深入地认识和理解职业角色，很容易发生角色错位或角色偏差，因此，大学毕业生还需要了解和把握职业角色的权利和义务、职业角色规范等，进而增强对职业角色的认同感和归属感。

2. 智能适应

智能适应指的是大学毕业生依据职业岗位要求的知识与能力结构，不断充实自己，以适应职业岗位要求的过程。

3. 群体适应

群体适应指的是大学毕业生对新的协作集体的适应过程。

4. 生理适应

生理适应指的是大学毕业生对劳动、工作的强度、紧张度、节奏和时间的适应，也包括身体各感觉器官和运动器官的适应过程。

5. 心理适应

心理适应指的是大学毕业生的大脑对职业的各种信息引起的各种心理变化，心理也有一个适应过程。

从时间上而言，职场适应包括三个阶段，即不适应阶段、思考调整阶段、协调与适应阶段。大学毕业生走入工作岗位后，要尽量缩短前两个阶段的时间，尽快进入第三个阶段，从而快速地完成学生角色到职业角色的转变。

值得注意的是：职业适应是相对的，不是绝对的。这是由于科学技术和职业实践不断发展，呈现动态变化，当解决旧的问题以后，新的问题就会出现，因此，大学生对职场的适应是一个连续不断的过程。

（二）职场适应的途径

通常情况下，为了能够充分发挥自己的优势，进而取得事业的成功，大学毕业生可以从三个方面来进行职场适应。

1. 对工作岗位的适应

（1）积极树立岗位意识。作为职场新人，大学毕业生要想较为全面地认识和把握工作岗位，就必须首先树立岗位意识，而岗位意识主要通过独立意识、责任意识和团队意识来体现。

（2）对岗位的工作内容进行熟悉。首先，明确自己所在岗位的工作所需要的基本技能、责任与任务、处理事务的工作权限以及工作的执行程序，并依据程序办事；其次，以饱满的热情、认真的态度和最大的努力完成自己所在岗位规定的任务以及领导交办的其他事情，及时将事务的办理和进展情况或是结果汇报至有关部门或人员；最后，要对有助于改进本部门工作效率的问题以及单位的生存与发展问题提出自己的合理化建议等。

（3）对岗位的工作要求进行适应。要严格遵守所在岗位的规章制度，自觉用工作单位的规章制度来规范和约束自己的日常行动，养成良好的生活习惯。要以所在部门和单位的兴衰为荣辱，树立起主人翁意识，并以主人翁的姿态投入工作中。

2. 对职场人际关系的适应

相对和谐的人际关系有助于人们尽快地消除对新环境的陌生感和孤独感，进而更快地适应新环境。职场中的人际关系比较复杂，对于刚刚走上工作岗位的大学毕业生而言，适应新的人际关系，进而建立和谐的职场人际关系是必须要学会的一项基本"技能"。要遵循主动、协作、尊重、谦虚、宽容以及自我批评的原则，建立和谐的职场人际关系。

（1）提高职业素质，加强职业道德修养。要将岗位的职业道德规范与原则内化为自己的坚定信念和内心的要求，逐步养成良好的职业行为习惯，提高自己的职业道德和职业修养。为此，大学毕业生需要谦虚谨慎、尊重他人、平等待人、诚实守信、严于律己、乐于助人。

（2）端正工作态度，做好本职工作。大学毕业生进入工作岗位后，给人留下最深印象的就是工作态度，即是否热爱本职工作、是否认真工作等。工作态度决定着人生态度，要爱岗敬业，做好自己的本职工作。同时，要不断钻研与本职工作相关的业务知识，提高自己的业务能力，以便更快地适应工作环境，做出工作成绩，这是大学毕业生建立和谐职场人际关系的基本前提。

（3）主动接触、慢慢融入新环境。进入工作岗位后，无论是领导还是周围的同事，都要积极主动地去接触。作为一个职场新人，这些人都是前辈，尊重是第一要义，同时自觉服从领导和同事交付的工作安排，虚心向他们请教，以真诚踏实的态度赢得他们的信任，慢慢融入新环境中。

3. 对职业发展的适应

进入职场，只是职业生涯的开始，只有不断学习、开拓视野，才能获得更大的职业发展空间，促进自身的职业发展。为此，大学毕业生还需要做到：

（1）科学有效地进行工作。首先，要制定自己分步发展的工作计划，使工作有计划性；其次，要紧张有序地开展工作，使工作有组织性；最后，要掌握一定的工作技巧，缩短工作时间，提高工作效率。

（2）保持高度的工作热情，避免不良情绪。这需要有信念的支持、情感的投入以及一定的艺术技巧，同时还要做到勤于思考和学习，不断调整工作心境与心态，学会在工作中扬长避短。另外，大学毕业生在工作进展顺利时，也要认真审视自己仍存在的不足，并以积极的态度进行改进并提高。

（3）树立终身学习的理念。当今社会，是终身学习的时代，学习是伴随整个职业生涯的重要任务，大学毕业生要想在职场中立足，就必须树立终身学习的理念，不断地在工作中接受教育，进行学习，吸收新知识，掌握新技术。

➲ 能力训练

如何快速融入一个新行业或新领域

【训练形式】

自己独立完成。

说明：已经具备实习经历的大学生，可以设计如下场景，比如从现有实习岗位调换到另一实习岗位，如何快速熟悉并适应新岗位。如果是还没有职业经验或工作经历的大学生，可以将这个训练场景设置为如何快速建立对另一专业的认知。

【训练目的】

构建对新行业或新领域的认知，掌握快速融入行业或领域的方法。

【训练过程】

首先，确定要进入的新行业、新岗位或是要了解的新专业是_____，然后按照以下四个步骤，进行训练。

1. 构建框架

无论是进入新行业、调换新岗位还是认识新专业，第一步都是建立一个整体框架，因为在整体认知的前提下，更容易理解和掌握局部。如何建立整体框架，可以使用以下方法：

（1）借助人脉。咨询与这些方面相关的从业的人员或专家，向他们请教他们对这个行业或领域的整体认知框架，说说得到哪些认识？

_____。

（2）自己看书。选择内容较浅但覆盖广泛的图书，比如行业蓝皮书、行业研究报告等，可以选的图书有"从零开始 ×××""图解 ×××"之类的入门书。可以把找到的书列出，当然，一定要看三本以上。

_____。

（3）参加培训。互联网的发展，带动了线上培训，也能大大节约学习成本。关注一些知识付费类网站，当然还有很多在线开放课程平台，如中国大学慕课，智慧职教·MOOC学院等，说说都看到哪些相关培训？

_____ 。

通过对利用上述途径得到的认识进行汇总，建立这个行业或领域的整体框架。

_____

_____ 。

2. 对比迁移

对照第一步中的整体框架，哪些知识和技能是已掌握的？能否直接迁移？

_____

_____ 。

哪些是已知但未掌握的？哪些是尚未掌握的？建立一个学习计划。

_____

_____ 。

3. 目的性学习

经过第二步的对比迁移，知道了尚未掌握的知识和技能，接下来就是有目的地学习，主要学习：新行业或新领域必备的基础知识和技能；所要从事的工作迫切需要的知识和技能。可以建立一个学习内容框架。

_____

_____ 。

4. 应用及改进

任何学习都要通过实践进行检验，通过学习，企业布置的新任务，能否圆满完成？或者另一专业的学习能否通过考核？谈谈收获。

_____

_____ 。

如果不能，哪里出了问题？是个人理解问题还是学习内容不完善？根据实践结果，做出改进：_____ 。

说明：以上步骤可以不断重复迭代，以快速融入一个新的行业或领域。

➡ **效果评估**

职业角色转变评估

创业是就业的重要形式，属于高质量的就业，选择自主创业的大学生需要比一般从业者更快地转变职业角色，将自己训练成合格的CEO。一名合格的创业CEO要有明确而崇高的信念、坚持不懈的精神、强大的团队领导能力。如果你是一名创业者或是有志于创业的大学生，请按照表7-1-1内容进行检验，评估自己是否达成了创业CEO的职业角色转变。

表 7-1-1 职业角色转变自我评估

职业角色转变目标	检验内容	自我评估
明确而崇高的信念	（1）检查是否有明确的信念 （2）检查是否有明确的执行步骤来达到信念的 （3）检查自己研发的产品的价值是否符合自己的信念	
坚持不懈的精神	为自己的"坚持"打分，满分10分。根据得分，安排意志力实验，5分钟练习大脑冥想	
强大的团队领导力	检查在领导力的三个来源上是否更进一步： （1）专业的力量是否更强？ （2）情感的力量是否更有影响力？ （3）CEO岗位赋予的力量是否更强	
强化五项修炼	（1）每天回顾自己一天的行为，列出自信的行为和不自信的行为，并明确如何改善不自信的行为 （2）每周给熟悉的人甚至陌生人讲创业或管理进程中的故事，并征求他们的改进意见 （3）每周安排时间进行广泛而有效的社交 （4）多读书，多分享 （5）每天参加体育锻炼，让身体为创业做好准备	

任务二　提升职场能力

➲ 问题导入

　　元宇宙 Metaverse 是由 Meta 和 Verse 两个单词组成，Meta 表示超越，Verse 代表宇宙 (Universe)，合起来即为"超越宇宙"的概念：元宇宙一词诞生于 1992 年美国小说家尼尔·史蒂芬森的科幻小说《雪崩》，小说描绘了一个庞大的虚拟现实世界，在那里，人们用数字化身来控制，并相互竞争以提高自己的地位。准确地说，元宇宙不是一个新的概念，它更像是一个经典概念的重生，是在扩展现实(extended reality,XR)、区块链、云计算、数字孪生等新技术下的概念具化。那么，你能想象这是个怎样的世界吗？元宇宙又会对未来的职业带来哪些变化？

➲ 任务解码

　　有人说"只有变化才是这个时代唯一不变的主题"，这就要求职场新人必须以开放的心态拥抱这变化，并使自己具备与这个时代匹配的职场能力，因为，能力永远是应对变化的核心灵魂。

解锁本任务的密码有：

- 知识密码：理解职场沟通及平衡压力的重要性，以及概念时代的内涵。
- 能力密码：提升适应概念时代的能力，促进职业全面发展。
- 素养密码：永葆职业的初心和使命。

⊃ 知识对策

微课启学：
让沟通更
有效

一、职场沟通能力提升

著名的人际关系专家戴尔·卡耐基曾说过：一个人的成功只有 15% 是依靠专业技术，而 85% 却要靠人际交往、有效沟通等能力。所以有效沟通不但是一门艺术，更是社会生存的技能。有效沟通是需要多次与人进行互动才能得到锻炼和提升的，但在沟通之前要先学会观察、聆听，最后再发表个人的建议。

（一）学会观察

职场要学会观察，需要察言观色。《论语·颜渊》有云："夫达也者，质直而好义，察言而观色，虑以下人。"其含义是：仕途畅达的人品质正直，懂礼义，善于观察别人讲话时的神色，以考虑如何谦恭对待他人。在职场中，你要有一双善于察言观色、洞察人心的慧眼，通过对他人的言语、表情、手势、动作，以及看似不经意的行为有较为敏锐细致地观察，才是掌握对方意图的先决条件。

（二）学会倾听

英国管理学家 L. 威尔德曾经说过："人际沟通始于聆听，终于回答。"没有积极的倾听，就没有有效的沟通和人际交往。倾听的状态是等待承接的状态，不评判、不挑剔，迎接对方的目光，以表情或简短的话语适时回应对方的倾诉，只有用心倾听，我们才能获得说话者所要表达的完整信息，也才能让说话者感受到我们的理解与尊重。

在倾听的交谈过程中，80% 的时间应由对方说话，受众说话的时间则占 20%。在倾听的过程中也要适度表达，但内容不要过多，主要以倾听为主，表达的方式可以通过眼神、动作和陈述的方式来进行。倾听过程中要注意对方说的内容，最好能够在对方讲完后简单地复述一遍，这样可以让对方感受到你在认真倾听，同时也确保理解了对方所讲的内容。

（三）学会提问

"先思考，再提问"，也是快速提升工作能力的一种途径，任何难题通过思考后再找到解决问题的答案，虽然看似走了一些弯路才到达终点，实际上却有助于养成思考问题的习惯。提问要掌握技巧，要尽可能地进行开放性提问、所提问题必须切中实质、同时，要注意提问的速度要适度、语气要合适、态度要礼貌。

二、平衡压力管理

微课启学：
平衡压力
管理

经常听见很多人将"压力山大"挂在嘴边，压力可以说无处不在，尤其是面对职场压力，未能妥善处理时，不仅会造成员工绩效不佳、工作倦怠、职业停滞、意志减退、健忘出错等职业心理问题，甚至对身心造成不利影响，生病概率会增加3~5倍，过劳死、猝死、抑郁症、焦虑等几乎都来自压力。那有人说既然这么多不利影响，干脆就完全忽略这些，让自己毫无压力。可就像压力油井泵，一点压力都没有，油井也不会喷油，所以，没有压力，生活失去动力，没有追求也就失去幸福感。那职场中究竟应该怎样平衡压力？

（一）明晰压力与绩效关系

压力是在内外部因素影响下的一种体内平衡紊乱，尤指心理压力。在图7-2-1中，横轴是压力水平，纵轴是工作表现，当毫无压力时，绩效也为0，随着压力增加，压力产生促进推动作用，绩效提高，但达到一定压力值时，绩效达到峰值，此时，压力再增加，就超出人们的承受极限，此后就会感到疲劳、精力被耗尽（P点）直至崩溃，于是过劳死、焦虑等严重后果不断出现，通过这条曲线，可以得出这样的结论：每个人都会有不同的压力曲线，压力过低或过高都对身心产生不利影响，所以压力管理的目的在于，使压力处于曲线的"最佳区域"也就是平衡点——从而能达到绩效高峰。

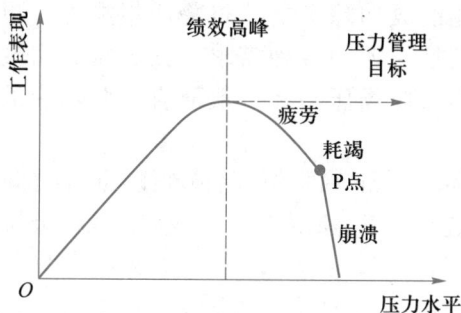

图7-2-1　压力与绩效关系

（二）识别压力状态

平衡压力，首先要明确自己的压力状态，可以通过一些简单的心理测试完成。如果下面题目中所说的情况从未发生在自己身上，记作0分；间或发生，记作1分；经常发生，记作2分。如果得分在16分以上，则表明压力偏高，应寻求缓解压力的方法。

▶ 自我小测

压力状态自测

（1）觉得手上事情太多，无法应付。

（2）觉得时间不够，所以要分秒必争。

（3）觉得没有时间消遣，终日记挂着学习或工作。

（4）遇到挫败时很易会发脾气。

（5）担心别人对自己学习或工作表现的评价。

（6）觉得上司、老师和家人都不欣赏自己。

（7）担心自己的经济状况。

（8）有头痛／胃痛／背痛的毛病，难于治愈。

（9）要借药物、零食等抑制不安的情绪。

（10）需要借助安眠药去协助入睡。

（11）与家人／朋友／同事／同学的相处令你发脾气。

（12）与别人倾谈时，打断对方的话题。

（13）临睡觉前思潮起伏，还牵挂很多事情。

（14）太多事情，不能每件事做到尽善尽美。

（15）当空闲时轻松一下也会觉得内疚。

（16）做事急躁、任性而事后感到内疚。

（17）觉得自己不应该享乐。

（三）判断压力来源

如果压力较高，就要判断压力的来源，这样才能有针对地采取措施。从心理学的视角来看，职业的成功除了能获得物质报酬外，更重要的是自己能否在职场中"乐业"，即满足心理的各种需求，完成自我实现，如果对职业的心理需求不能满足，就会形成职场压力。一般而言，职场中的压力源可以从以下三个方面考虑：

（1）客观的工作环境。领导者的才能是否胜任，同事之间的人际关系是否良好，对工作成绩的评价标准是否公正、清晰等，是我们进入一个新的工作单位后必须考察的重要方面。

（2）主观的自我实现。个人能力是否胜任、从事工作是否具有挑战性、价值取向是否一致、是否能够获得成就感等。

（3）职业的未来展望。行业的发展性、职业的发展性、个人能力的发展性。

（四）有效平衡压力

合理地控制压力源，是可以从根源处有效预防压力的。下面我们分别从上述压力源的三个方面展开，说说如何有效平衡压力。

（1）针对来自客观环境的压力，通常无法轻易改变，唯有改变自身才是明智之举。其实，有些压力是自身错误的认知模式造成的，缓解压力的最好方法：一要加强沟通及协作，不要独自承担压力，切记压力过大时，可以向领导和同事寻求帮助；二要改变对事物的看法，尝试换个角度看问题。

比如，一位职场新人总觉得领导让自己处理一些公司难以解决的复杂问题，与同事之间的相处关系也不是很融洽，这时候，不妨试试"ABC疗法"进行自我调节。

知识小阅

"ABC"疗法

"ABC 疗法"的原理是通过改变认识，达到改变心态。"A"是诱发事件，"B"是对事件的看法，"C"是当事人的情绪。这种方法认为，"A"是客观存在，是无法改变的事实；"C"是由"B"所导致的，即一个人对同一事件的不同认识，会产生不同的情绪，所以，改变情绪的愿望可以通过改变对事件的认识来实现。如果这位职场新人将领导经常让自己从事复杂工作看作是"培养自己、锻炼自己"，错误情绪也可能就会立刻改变。

（2）如果是来自主观的自我实现产生的压力，比如感觉能力欠缺或是觉得工作平淡、没有挑战感等，那就需要重新审视自己的价值观及人生定位，问问自己到底准备成为什么样的人？从而明确人生价值、角色定位；同时也要学习、了解并提升自身能力，能力提升才能做到应付自如。

（3）对职业未来过于焦虑和担心，也是产生压力的来源之一，应对这样的压力，首先，要面对现实，与其为明天的事情担忧，还不如努力把今天的工作做到尽善尽美。其次，要学会时间管理，工作压力的产生与时间的紧迫感相伴，总觉得事情紧迫，时间不够用。这时候就需要建立一个时间矩阵，权衡各种事情的优先顺序，把重要但不一定紧急的事情放在首位，让自己摆脱被动。

三、概念时代适应

（一）概念时代内涵

尽管此时，刚要从校园转身踏入职场的新人，还处在或新奇或茫然的状态，也可能还没有深切地感受到时代的变化。但是人类社会已经悄然地从逻辑、线性、以计算能力为基础的"信息时代"向"概念时代"转变。在"概念时代"，经济和社会的基础是建立在创造性思维、共情能力和全局能力的基础上，代表创造力、共情力、快乐感和探寻意义等的"右脑"时代已经来临，并将决定世界的未来。

概念时代更注重"高概念"和"高感性"能力。具体而言，高概念能力主要包括创造艺术美感、发现各种机会、创造令人满意的故事，以及将看似无关的观点组合成某种新观点的能力。高感性能力主要表现在：理解他人，了解人际交往的微妙，能发现快乐并感染他人，能够打破常规，探寻生活的目标和意义等。

（二）概念时代的能力要求

职场新人要能适应这个新兴的"概念时代"，需要努力练就以下能力。

1. 设计能力

这并不是设计师才需要具备的能力，在概念时代，具备设计思维，人人都是设计师，因为设计是人类的基本天性。

2. 具备会讲故事的能力

这就需要职场新人具备联想型的叙事能力，其实，这是人类最基本的思维方式，每个人都不缺故事，大部分人的经历、知识及思想本身就是一个故事，但是缺乏的是将这些散在的故事连接起来并赋予意义的能力。

3. 整合能力

这也就是将独立的要素组合在一起的能力。这是一种综合能力，就像交响乐。创业的进程中，也需要这种整合能力去整合资源，才能达到最优化的配置。想锻炼自己的整合能力，可以试着将自己的想法画出来，绘画调用了人类的感受、记忆、想象、抽象思维、造像等多种能力，本身就是一种整合能力。

4. 跨界能力

具备跨界能力的人，善于从不同角度考虑问题，乐于接受不同的信息，始终和外部世界保持同步，这样面对现实问题时，解决问题的思路才会更开阔。

5. 同理心

也就是共情能力、换位思考，能够站在别人的立场感知他人的感受，具有同理心的人往往比一般人看问题更深入、更透彻。

6. 娱乐感

娱乐是每个人的天性，只有释放天性，才能激发创意。娱乐感已经成为企业、工作和个人幸福的重要因素，娱乐感主要表现在三个方面：游戏、幽默和快乐。于此，爱因斯坦还有句名言——游戏是最高形式的研究。

"未来已来，你我同行"，要想点亮梦想之光，就要永葆初心使命，它能使职场中日复一日的工作，从仅仅是谋生的一种手段最终上升到终生的事业和挚爱！

至此，本书从认识职业和自我开始，沿着就业及创业历阶而上，又回到了我们认识职业适应职业的初心，但这不是回到起点，而是螺旋式上升的过程，因为，每个人经过这些历练，不仅实现了从校园到职场的角色转变，更能以开阔的胸怀、广博的视野创造这变化的时代！

➲ 能力训练

共搭"高楼"

【训练形式】

每 3~5 人为一组，小组完成。

【准备道具】

每组的材料为 20 张 A4 纸、一卷胶带，教师准备直尺和一把剪刀。

注意：教师手里的剪刀可在不经意的情况下，放到讲台上，目的是看看学生们能否发现周围可用的资源。

【训练目的】

训练学生的创新能力、团队协作能力、沟通交流能力和资源利用能力。

【训练过程】

（1）要求学生利用现有材料，在 10 分钟内创造一个尽可能高的并能保持耸立的纸制"高楼"。

（2）10 分钟后，第一轮结束，所有小组成员离开高楼，并保证高楼不借助任何支撑保持耸立。

（3）教师使用直尺测量高楼的高度，高度最高的为第一名，记为最高分，其余依次类推。

（4）给学生 10 分钟自由讨论时间，然后进入第二轮，对第一轮的模型进行修复、完善。

（5）第二轮结束后，继续评选得分，两轮得分最高者取胜。

（6）活动结束后，请优胜组谈谈他们的构思和分工。

⊃ 效果评估

学会用故事表达

在当今这个概念时代，在实施项目或工作推进时，即使理论和数据很有说服力，但是如果不能引发他人的共鸣，也难以达到既定目标。而会讲故事的人因为善于设置情境，就很容易让他人产生代入感及共鸣。具有"转机"效果的故事更容易吸引人，现在围绕着上面的"共搭高楼"活动，或者设计一个情境——某天早晨醒来，发现自己置身于一个庞大虚拟的"元宇宙"世界中。使用图 7-2-2 这个框架，从"负面处境"开始，设计一个故事，讲述一下小组活动或者自己在"元宇宙"空间里的虚拟感受，以此训练自己讲故事的能力。

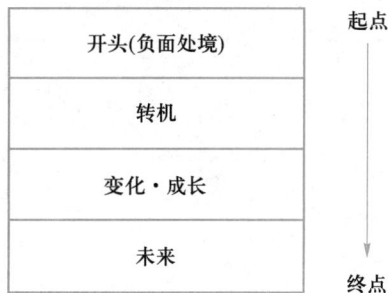

	起点
开头(负面处境)	
转机	
变化·成长	
未来	终点

图 7-2-2　故事型演讲模板

项目七

参考文献

［1］ 戴裕崴.高职生职业生涯规划与就业创业指导［M］.5版.北京：高等教育出版社，2022.

［2］ 叶蓉，冯玫，大学生职业指导［M］.3版.北京：高等教育出版社，2022.

［3］ 王培俊，等.职业规划与创业体验［M］.4版.北京：高等教育出版社，2021.

［4］ 高丽华，王蕊.创新创业基础［M］.北京：高等教育出版社，2021.

［5］ 布鲁克·诺埃尔·摩尔.批判性思维［M］.12版.朱素梅.译，北京：机械工业出版社，2020.

［6］ 黄一帆，朱瑞丰.从0到1开公司：新手创业必读指南：实战强化版［M］.北京：人民邮电出版社，2020.

［7］ 黄彦辉.智能时代的创新创业实践［M］.北京：人民邮电出版社，2020.

［8］ 韩树杰.创业地图：商业计划书与创业行动指南［M］.北京：机械工业出版社，2020.

［9］ 通识教育规划教材编写组.大学生创新创业教程：慕课版［M］.2版.北京：人民邮电出版社，2019.

［10］ 迈克尔·勒威克，等.设计思维手册：斯坦福创新方法论［M］.高馨颖，译.北京：机械工业出版社，2019.

［11］ 蔡中华.创新教育与就业基础［M］.北京：人民邮电出版社，2020.

［12］ 王振杰，刘彩琴，刘莲花，等.大学生创新创业基础［M］.北京:高等教育出版社，2018.

［13］ 清华大学职业能力发展研究中心.初入职场ABC：毕业生如何迈好职业生涯第一步［M］.北京：化学工业出版社，2018.

［14］ 布莱恩.远见：如何规划职业生涯3大阶段［M］.北京：北京联合出版公司，2018.

［15］ 彼得·德鲁克.创新与企业家精神［M］.蔡文燕，译.北京：机械工业出版社，2018.

［16］ 彼得·德鲁克.管理的实践［M］.齐若兰，译.北京：机械工业出版社，2018.

［17］ 全联军.股权一本通：股权分配＋激励＋融资＋转让实操［M］.北京：清华大学出版社，2018.

郑重声明

高等教育出版社依法对本书享有专有出版权。任何未经许可的复制、销售行为均违反《中华人民共和国著作权法》，其行为人将承担相应的民事责任和行政责任；构成犯罪的，将被依法追究刑事责任。为了维护市场秩序，保护读者的合法权益，避免读者误用盗版书造成不良后果，我社将配合行政执法部门和司法机关对违法犯罪的单位和个人进行严厉打击。社会各界人士如发现上述侵权行为，希望及时举报，我社将奖励举报有功人员。

反盗版举报电话　　（010）58581999　58582371

反盗版举报邮箱　　dd@hep.com.cn

通信地址　北京市西城区德外大街 4 号　高等教育出版社法律事务部

邮政编码　100120

读者意见反馈

为收集对教材的意见建议，进一步完善教材编写并做好服务工作，读者可将对本教材的意见建议通过如下渠道反馈至我社。

咨询电话　400-810-0598

反馈邮箱　gjdzfwb@pub.hep.cn

通信地址　北京市朝阳区惠新东街 4 号富盛大厦 1 座

　　　　　高等教育出版社总编辑办公室

邮政编码　100029

防伪查询说明

用户购书后刮开封底防伪涂层，使用手机微信等软件扫描二维码，会跳转至防伪查询网页，获得所购图书详细信息。

防伪客服电话　（010）58582300